2021

글로벌 스타트업 생태계

2021 ㉖

글로벌 스타트업 생태계

북 미 · 동아시아

세계적 스타트업의 탄생을 바라며

"청년들이 공무원을 꿈꾸는 사회에 희망은 없다." 세계 3대 투자자 가운데 한 명인 짐 로저스(Jim Rogers) 로저스홀딩스 회장이 한국 사회의 공무원 열풍을 바라보며 건넨 우려 섞인 조언이다. 한 나라의 젊은이들이 세계 무대에서 새로운 기회를 탐색하며 도전하지 않고 현실에 안주하려 든다면 그 사회의 앞날이 밝을 수 없다는 것은 당연한 사실일 것이다.

지금 세계 각국의 많은 젊은이가 스타트업에 뛰어들어 혁신적인 아이디어로 가슴 벅찬 도전을 하고 있다. 세계 경제를 선도하는 기업들만 봐도 그렇다. 단순히 전기자동차 회사가 아닌 2만여 개 인공위성과 연결되는 자율주행시스템을 선도하는 IT 기업으로 코로나 이후 시대를 선도하고 있는 테슬라의 일론 머스크(Elon Reeve Musk), 15초 영상의 마법으로 전 세계 젊은이들을 열광시킨 중국의 30대 젊은 사업가 틱톡의 장이밍(張一鳴)도 그 시작은 아이디어와 열정, 집념만 있었던 작은 스타트업이었다.

올해는 코로나19 팬데믹 사태로 인해 전 세계가 커다란 사회경제적 변화를 겪고 있는데, 그 중심에는 스타트업에서 성장한 기업들이 있다. 비접촉이면서도 편리한 온라인 쇼핑이 백화점, 할인점 등 유통 거인들을 제치고 유통 중심으로 자리 잡았고, 유튜브와 넷플릭스는 TV와 영화관이 오랜 기간 견고하게 쌓아온

아성을 위협하고 있다. 만년 왕국일 것만 같았던 제철, 정유사들이 고전하는 반면, 네이버, 카카오 등 IT 기술 기업들은 우리 사회의 신경망을 점점 더 장악하고 있다. 또한 학원과 학교가 평상시의 역할을 하지 못해서 생기는 공백은 줌(Zoom)과 같은 원격 화상회의 시스템과 온라인 콘텐츠가 훌륭하게 메우고 있다.

이런 변화의 흐름은 AI, IoT 등 신산업의 발달로 더욱 가속화 될 것이 분명하다. 나스닥에 상장해 투자금을 끌어모으고 몸집을 불리는 스타트업들이 속속 등장하고 있다. 우리가 주목해야 할 것은 스타트업의 주식 대박 소식이 아니라 창업가의 도전정신에 기꺼이 주주가 될 만큼 열려있는 미국 사회의 스타트업에 대한 긍정적 인식과 사회적 토양이다.

서두에서 언급한 짐 로저스의 말을 되새김 해본다. 갈수록 각박해지고 기회의 문이 좁아지는 사회 현실 속에서, 생존 경쟁에 내몰려 안정적인 선택을 하려는 젊은이들을 마냥 탓해서는 안 된다. 오히려 새로움에 두려움 없이 도전할 수 있는 젊음에게 대한민국 사회 전체가 어떻게 하면 폭넓고 다양한 기회를 제공하고 창업 정신, 기업가 정신을 북돋을 수 있는 토양을 만들어줄지 이제 더 깊은 고민이 필요한 때다.

KOTRA는 수출, 투자 유치 등 글로벌 비즈니스를 지원해 국민경제 발전에 이바지하는 것을 목표로 중소·중견기업의 해외 시장 진출과 글로벌 일자리 창출을 선도하기 위해 노력하고 있다. 이에 대한 일환으로 KOTRA는 해외 진출을 도모하는 국내 스타트업을 지원하기 위해 해마다 정기적으로 세계 각국의 스타트업 현황을 조사하고 결과를 분석해 제공해왔다. 하지만 기존에는 가독성이 떨어지는 보고서 형태로 정보를 제공하다 보니 세계 곳곳의 현장에서 수집한 소중한 정보의 활용도가 다소 기대에 미치지 못한 것도 사실이다. 그래서 올해는 좀 더 많은 이들이 한눈에 정보를 읽고 활용할 수 있도록 단행본으로 펴냈다.

이 책에는 16개 국가의 스타트업 현황과 정부의 지원 정책, 투자 규모와 트렌드, 주요 콘퍼런스와 프로그램, 현지 주요 벤처캐피털, 액셀러레이터, 기업형 벤처캐피털 등의 소개, 현지 진출에 성공한 국내 스타트업 사례 등을 포함해 다양한 내용이 담겨 있다. 특히 세계 각국에 포진하고 있는 KOTRA 무역관의 전문가들이 직접 조사하고 수집한 생생하고 소중한 정보들이 실려 있다. 세계의 스타트업과 관련된 기업 현황과 경제 환경, 투자 동향 등을 구체적이고 상세하게 소개한 책자를 아직 찾아보기 힘든 현실에서 이 책이 스타트업 창업을 꿈꾸고 준비하는 이들에게 많은 도움이 되기를 기원한다.

이제 코로나 이후의 변화된 경제 환경 속에서 세계적인 스타트업이 대한민국에서 탄생하기를 기대해본다. 전 세계를 통틀어 코로나 위기를 가장 잘 방어하고 있다는 평가를 받는 대한민국이기에 이 기대가 그저 헛된 꿈만은 아닐 것이다. 대한민국 무역·투자 진흥에 앞장서온 KOTRA는 급변하는 환경에도 끊임없는 혁신을 통해 대한민국이 '포스트 코로나 시대 선도형 경제'를 개척할 수 있도록 최선을 다할 것이다.

KOTRA 사장 **권 평 오**

이 책의 구성

01. 국가별 스타트업 상황

02. 주요 도시별 스타트업 생태계의 특징

03. 스타트업에 대한 투자규모와 트렌드

04. 정부의 스타트업 지원 정책

05. 주요 콘퍼런스와 프로그램

● 현지 투자자 인터뷰

● 현지 진출에 성공한 국내 스타트업

CONTENTS

North America
북미
1

East Asia
동아시아
2

1

North America

북미

AMERICA

AMERICA

미국

지금 미국 스타트업 상황

최다 유니콘 보유, 세계 1위 규모의 스타트업 생태계

미국은 전체 유니콘 기업의 48%를 배출한 세계 1위 규모의 스타트업 국가다. 유니콘은 기업가치 10억 이상인 스타트업 기업을 의미한다. 미국 벤처캐피털 전문 조사 기관인 CB 인사이트(CB Insights)에 따르면 2020년 3월 기준, 451개 유니콘 기업 중 미국 기업만 220개다.

단일 거대 소비층을 상대하기 위해서는 기술력과 함께 끈기가 필요하다. 세계 최대 스타트업 커뮤니티인 스타트업 그라인드(Startup Grind)에 따르면 점진적으로 고객층을 확장해 손익분기점을 넘기기까지 평균 3~5년이 걸린다. 이 기간에 경쟁과 투자금 확보가 스타트업의 성공을 좌우한다. 각 펀딩 라운드에 걸리는 시간을 분석해보면 시드 → 시리즈 A(22개월) → 시리즈 B(24개월) → 시리즈 C(27개월) 정도다. 하지만 일단 시장을 선점하면 추가 경쟁자가 진입하기 어렵고, 거대 소비력과 규모의 경제를 바탕으로 막대한 이윤을 창출해서 비교적 수월하게 유니콘으로 성장할 수 있는 구조다. 1억 달러에 이르는 기초 투자를 바탕으로 독과점 시장을 형성한 우버, 리프트(Lyft)의 사례를 봐도 알 수 있다.

인터넷 스타트업에 최다 투자

미국 스타트업 생태계의 핵심 특징은 자금력이 독보적이라는 사실이다. 세계적 금융의 중심지로 시드 및 초기에서 성장 단계까지 폭넓게 지원 가능한 투자가, 벤처캐피털, 기관 소액 대출 등 다양한 옵션이 있다.

2019년 머니트리(MoneyTree) 리포트에 따르면 스타트업 투자는 인터넷 분야가 가장 높았으며 이어서 헬스케어, 소프트웨어, 모바일 통신, 소비재 및 서비스 분야에 대한 투자가 두드러진다.

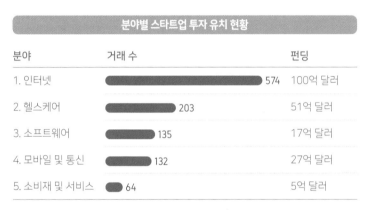

분야별 스타트업 투자 유치 현황		
분야	거래 수	펀딩
1. 인터넷	574	100억 달러
2. 헬스케어	203	51억 달러
3. 소프트웨어	135	17억 달러
4. 모바일 및 통신	132	27억 달러
5. 소비재 및 서비스	64	5억 달러

출처: PwC, CB Insights, MoneyTree 4Q Report

스타트업 중심의 혁신 경제 추진

민간 주도 창업 생태계를 갖춘 미국은 2011년 스타트업 아메리카 이니셔티브(Startup America Initiative)로 적극 지원 정책을 펼치고 있다. 임팩트 투자 펀드(민간 투자금의 2배 자금 지원), 멘토링, 패스트랙 특허 처리, 외국인 창업 비자 제공 등을 지원한다. 트럼프 행정부는 'Make America Great Again(미국을 다시 위대하게)'을 모토로 제조업·인공지능·5G 산업을 강화하는 정책을 추진하고 있다. 단, 외국인 창업 비자 제공은 중단했다.

주요 도시별 스타트업 생태계의 특징

실리콘밸리 | 독보적인 글로벌 투자 및 스타트업의 중심지

실리콘밸리는 공유 경제, 자율주행차 등 혁신적인 비즈니스모델이 시작
되고, 우버와 에어비앤비 등 세계적인 스타트업을 배출한 곳으로 독보
적인 글로벌 투자와 스타트업의 중심지다. 구글, 페이스북 등 실리콘밸
리 대기업들은 스타트업의 혁신을 성장 동력으로 보고 스타트업의 아이
디어와 기술 개발을 적극적으로 지원하고 있다. '실리콘밸리 지수 2020'
에 따르면 투자 규모에서 캘리포니아주의 79%, 미국 전체 벤처캐피털
투자의 40%가 실리콘밸리와 샌프란시스코에 집중되어 있을 정도로 창
업 자금이 풍부하다.

실리콘밸리와 샌프란시스코의 벤처캐피털 투자 비교

단위: 십억(Billions) 달러 · · · · · · · · · · · · · · · · · · 캘리포니아주 및 미국 전체 투자

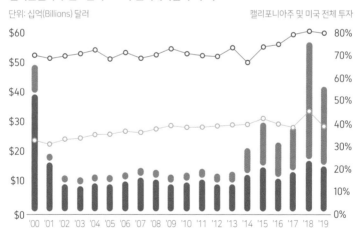

● 실리콘밸리 ● 샌프란시스코

○─ 캘리포니아주 전체 투자 중 실리콘밸리와 샌프란시스코가 차지하는 비율

○-- 미국 전체 투자 중 실리콘밸리와 샌프란시스코가 차지하는 비율

대표적인 회수 시장으로는 기업공개(IPO)와 인수합병(M&A)을 들 수 있다. 2019년 실리콘밸리에서는 22건의 IPO가 단행됐으며, 금액 기준 39억 달러에 달한다. 2019년 캘리포니아에서 일어난 630건의 M&A 건수 중에 17%에 해당하는 거래가 실리콘밸리에 있는 회사와 연관되어 있다. 2019년 실리콘밸리에서 일어난 가장 큰 M&A로는 브로드컴(산호세 소재)의 107억 달러 규모 시만텍 엔터프라이즈 시큐리티 비즈니스 및 자산 인수(마운틴뷰 소재), 세일즈포스(샌프란시스코 소재)의 149억 달러 규모 타블로 소프트웨어(시애틀 소재) 주식 인수를 대표적으로 꼽을 수 있다.

실리콘밸리는 인터넷 및 모바일 기술의 근원지이며 클라우드, 인공지능(AI)의 알파고, 자율주행차 등 4차 산업혁명의 핵심 기술이 모두 실리콘밸리에서 등장했다. 스탠퍼드대학교, UC버클리대학교 등 세계적으로 경쟁력을 가지고 있는 고등교육 기관이 위치해 있으며, 교육 수준도 미국 전체와 비교했을 때 매우 높다. 실리콘밸리 지역연구기관 자료에 따르면 2018년 기준 실리콘밸리 거주자의 약 50%가 학부 이상의 고학력 졸업자로 미국 평균(31%) 대비 매우 높은 수준이다. 또 문화 측면에서 실리콘밸리 주민의 38%가 외국 태생 이민자여서 개방적이고 역동적인 문화를 형성해 창의적인 혁신가의 비즈니스 확장에 도움을 주고 있다.

● 개인화 영향으로 전자상거래 비즈니스모델 정착

붐 인슈런스

e-커머스가 성장함에 따라 오프라인 소매영업은 부가 기능으로 전락했다. 사회적으로 개인화 경향이 강해지면서 '수요자가 원하는 바를 즉각적으로 제공'하는 온디맨드 비즈니스가 발달하는 추세다. 모바일 기기 증가, 위치 기반 기술 개선, 통신기술 발달에 따른 거래비용 감소가 이런

추세를 뒷받침하고 있다. 대표적인 스타트업으로 붐 인슈런스(VOOM Insurance)가 있다. 2016년에 설립된 스타트업으로, 후드론, 소형항공기, 보트, 오토바이, 전기 스쿠터를 온디맨드와 UBI보험(Usage-Based Insurance)의 보험 서비스를 제공하는 테크 기업이다.

● 소비자의 제품, 서비스 이용 행태 변화로 구독 모델 확산

사용자 경험이 중요해지면서, 소유권에서 사용권 기반의 구독 경제로 제품·서비스 이용 형태가 변화하고 있다. 미국 전자상거래 이용자의 50%는 구독 서비스를 이용하며, 최근에는 화장품, 의류, 영양제, 반려동물

페더

제품으로 확대되고 있다. 대표적인 스타트업으로 페더(Feather)가 있다. 저렴한 구독 비용으로 소비자에게 가구를 제공한다. 소비자는 필요에 따라 가구를 추가, 변경, 구매, 반납할 수 있다.

뉴욕 | 세계적 스타트업 허브, 광대한 소비력과 유능한 인재풀 보유

구글, 마이크로소프트, IBM 등 대기업부터 바이스 미디어(Vice Media), 버즈피드(Buzzfeed) 등 유니콘 스타트업까지 다양한 플레이어가 공존한다. 스타트업 게놈에서는 뉴욕을 전 세계 3위의 스타트업 생태계 도시로 선정했으며, 기술 분야에서는 2위로 선정했다. 다양성 측면에서

도 뉴욕은 유리한 생태계 환경이 조성되어 있다. 850만 명의 인구가 거주하고 《포춘》지 선정 500대 기업 중 47개 사가 뉴욕에 소재한다. 41만 명의 여성 CEO가 있으며, 50% 이상의 기술 전문가가 외국인 태생이다. 뉴욕은 연간 8만 명 이상의 학사학위 소지자를 배출하는 곳으로 풍부한 인재풀을 보유하고 있다. 120개 이상 대학이 집중되어있고, 첨단 과학(STEM) 및 생명과학 분야 대학 순위에서 전 세계 1위를 기록했다.

뉴욕시 스타트업 생태계 개요(2019)			
스타트업 수	지원 기관 수	테크 분야 일자리 수	테크 생태계 가치
9,000개	100개	333,000개	710억 달러(세계 2위)

● 투자 가능성과 잠재력 세계 1위

뉴욕 광역 도시권 기준 170억 달러 펀딩을 받았고, 2019년 기준 883건 이상의 벤처캐피털 투자가 이뤄졌다. 초기 단계 기업이 펀딩받을 확률이 실리콘밸리에 이어 2위로 높다. 프라이스워터하우스쿠퍼스(PwC)에 따르면 2014~2018년 사이 22.39%의 연평균 복합성장률(CAGR)을 기록했고 같은 기간 미국 전체가 13.25%, 타 지역 평균 10.78%, 실리콘밸리는 13.37%를 기록했다.

● 수월하게 엑시트(Exit)할 수 있다

2019년 이래 뉴욕 광역 도시권 내 벤처캐피털 지원의 기업공개(IPO) 사례가 증가하며 전통적 강세인 Investment Banking(IB) 및 헤지펀드 외 벤처캐피털 지원의 엑시트가 신규 투자처로 주목받고 있다. 엑시트 형태를 보면, 기존 M&A 방식에서 벗어나 벤처캐피털 백업을 기반으로 한 기업공개 방식이 증가하는 추세다. 엑시트 규모는 2013년 엑시트 110건, 43억 달러 규모에서 2018년 엑시트 110건, 94억 달러 규모로 건당 투자 금액이 2배 이상 증가했다.

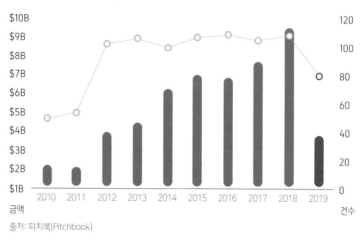

뉴욕시 엑시트 수와 금액 추이

● 엑시트 가치 ○— 엑시트 건수

출처: 피치북(Pitchbook)

주요 기업 엑시트 방식 및 규모			
Etsy	Jet	MOAT	mongoDB
2015(IPO, $1.8B)	2016(M&A, $3.3B)	2017(M&A, $850M)	2017(IPO, $1.18B)
Trello	flatiron	DATADOG	HARRY'S
2017(M&A, $425M)	2018(M&A, $2.1B)	2019(IPO, $6.4B)	2019(IPO, $6.4B)

출처: TechNYC

● 주요 산업군(금융, 소비재)을 바탕으로 한 IT 기술 창업 강세

핀테크(FinTech), 프롭테크(PropTech), 인슈어테크(Insurtech) 등 금융 관련 분야가 두드러지며, 이외 SaaS(Software as a Service), 패션·뷰티, 광고·미디어, 푸드테크(FoodTech) 소비재 테크 기업의 창업이 활발하다. SaaS는 서비스형 소프트웨어, 인터넷 기반의 모듈형 솔루션

으로 정보화 하드웨어를 임대 제공해 수익을 창출한다. 대표적으로 드롭박스(Dropbox), 구글 앱(Google App) 같은 플랫폼 기업이 있다.

● 뉴요커의 특성과 기호를 반영한 생활밀착형 스타트업

헬스테크(체중조절, 운동, 정신상담, 노인 홈케어), 웰빙(건강식품, 밀키트, 친환경 식료품, 반려동물 용품), 교육(학교, 학생, 취미 및 특기 개발을 원하는 성인 대상), 배달과 픽업(음식 배달, 처방약, 세탁물) 같은 생활밀착형 스타트업이 약진하는 추세다. 주요 기업을 살펴보면, 2019년 기준 오디오 미디어 기업 루미너리 미디어(Luminary Media)가 6억 달러, 소프트웨어 전문기업 언코크(Unqork)는 8억 달러, 헬스테크 기업 로(Ro)는 8억 5천만 달러, 배달과 픽업 전문 식당 개업 컨설팅 기업 키토피(Kitopi)는 6억 달러 등의 투자 자금을 유치했다.

뉴욕의 주요 스타트업 투자 유치 현황(2019)			
분야	기업명	서비스 설명	투자 유치 금액(달러)
핀테크	데이터마이너 (Dataminr)	실시간 글로벌 투자 정보 제공	3억 9천만
프롭테크	콤파스 (Compass)	온라인 부동산 중개 서비스	4억
인슈어테크	오스카 헬스 (Oscar Health)	건강보험 및 원격진료 서비스	5억 3천만
웰빙테크	펠로톤 (Peloton)	실내 바이크 스트리밍 서비스	5억 5천만
헬스케어 및 바이오	슈뢰딩거 (Schrodinger)	머신러닝 기반 신약 개발 지원 플랫폼	1억
e-커머스	렛 고 (Letgo)	온라인 중고품 거래 플랫폼	5억

출처: PwC, CB Insights, MoneyTree 4Q Report

로스앤젤레스 | 미국 3대 스타트업 창업 도시

미국의 주요 창업 도시로 1위 샌프란시스코 인근의 실리콘밸리 (Silicon Valley), 2위 뉴욕의 실리콘앨리(Silicon Alley), 3위 로스앤젤레스의 실리콘 비치(Silicon Beach)가 꼽힌다. 실리콘 비치는 기술·벤처기업들이 밀집한 LA 해안 지역(산타모니카, 베니스, 마리나 델레이 등)을 지칭하는 말이다. 다양한 스타트업들이 바닷가 인근 지역을 중심으로 분포한 데서 비롯됐다. 스냅(Snap), 틴더(Tinder), 넷플릭스(Netflix) 등 500개가 넘는 스타트업이 있다.

LOS ANGELES TECH

As companies have grown, they've moved out of what was once "Silicon Beach."
The Los Anfeles tech ecosystem has grown to encompass rhe vroadat city.

출처: BCG(Boston Consulting Group), AMPLIFY

유망 분야로는 VR, AR, e스포츠, 항공우주 및 교통산업 등이 떠올랐다. 전 세계 영화산업을 대표하는 할리우드가 인근에 있어 엔터테인먼트 산업이 발달해 있으며 미 서부 최대 항만인 롱 비치(Long Beach) 항만과 LA 항만 인근 지역으로 물류·유통, 온·오프라인 소비재가 유망산업으로 꼽힌다. 그 외에도 패스트패션, 우주·항공, 교통산업이 유망하며 최근 가상현실(VR), 증강현실(AR), e스포츠 관련 유망 스타트업들이 LA에서 창업해 e스포츠 시장을 견인하고 있다. e스포츠 분야에서는 스타크래프트와 오버워치의 액티비전 블리자드(Activision Blizzard)와 리그 오브 레전드의 라이엇 게임즈(Riot Games)가 LA 지역에 위치해 있다. 액티비전 블리자드는 최근 콜 오브 듀티(Call of Duty) 리그를 2020년 1월에 출범해 4개국에서 12개 팀들이 참가했다. 소셜미디어 기업인 스냅챗(Snapchat), 온라인 자동차 거래 기업인 트루카(TrueCar), 남성용 면도용품 구독 서비스인 달러셰이브클럽(Dollar Shave Club), 전기 스쿠터 셰어링 서비스 기업인 버드(BIRD) 등이 실리콘 비치에서 창업했다.

LA 지역의 창업 전문 액셀러레이터인 앰플리파이(Amplify)의 자료에 따르면 2018년 기준 로스앤젤레스와 오렌지 카운티의 스타트업 투자 규모는 64억 달러를 기록해서 2017년도의 50억 달러 투자 규모 대비 28% 성장했다. 2017년 기준, 로스앤젤레스 지역에 설립된 스타트업 수는 375개 사이며 2016년에 상장이나 인수합병 등으로 엑시트에 성공한 스타트업 수는 89개 사다. 페이스북이 20억 달러에 인수한 오큘러스(Oculus), 애플이 30억 달러에 인수한 비츠바이 닥터드레(Beats by Dr. Dre), 유니레버가 10억 달러에 인수한 달러셰이브클럽, 아마존이 10억 달러에 인수한 링(Ring), 240억 달러 규모의 주식 상장에 성공한 스냅챗 등이 대표적인 사례로 꼽힌다.

● **로스앤젤레스의 장점 3가지**

로스앤젤레스는 미국의 다른 대도시에 비해 비교적 물가가 저렴하며 교통이 편리하다. 예를 들어 평균 월세를 비교해보면 실리콘 비치는 1,475달러(원룸 기준) 수준인 데 비해 실리콘밸리는 2,775달러에 달한다. 캘리포니아의 주요 공항인 로스앤젤레스 공항(LAX)에 접근하기도 쉽다. 실리콘 비치에서 LAX까지 2시간 내외의 거리다.

또한, 로스앤젤레스는 재능과 다양성을 갖춘 인적자원의 메카다. 캘텍(Caltech), UCLA, USC 등 다수의 명문대학교가 있다. 《U.S. News & World Report》에 따르면 미국 전체 상위 50개 대학 중 남가주 지역의 5개 대학이 포함되어 있다. LA 지역 거주자의 35%가 외국 출생으로, 다문화 환경이 잘 조성되어 있고, 약 140개국 출신이 224개의 다른 언어를 사용한다. 이를 통해 더 신선한 아이디어와 고급 인력을 효율적으로 활용할 수 있다.

LA 지역에는 미국 내 유명한 다수의 산업별 벤처캐피털이 존재하므로 금융 자본, 벤처캐피털 자본 활용이 용이하다. 대표적으로 부동산 분야에서는 피프스 월(Fifth Wall), 소비재는 BAM 벤처스 및 M13, 항공공학 분야는 테크스타스 스타버스트 스페이스 액셀러레이터(Techstars Starburst Space Accelerator) 등이 위치해 있다. 지리적 이점으로 스타트업의 본고장인 실리콘밸리와 가까워 외부 지역 벤처캐피털의 투자가 실리콘밸리 다음으로 높다.

외부 지역 벤처캐피털(VC)의 LA 지역 투자 규모

Historically, LA startups had to look outside the city to raise capital, Aside from the Bay Area, LA startups attract more net outside capital than any other U.S. metro.

도시	2010년 이래 일어난 VC 펀드 총액($B)	2010년 이래 VC의 투자 금액($B)	순 외부자본($B)
샌프란시스코	166.0	277.2	111.2
로스앤젤레스	**6.3**	**42.2**	**35.9**
뉴욕	44.7	77.0	32.3
보스턴	43.0	61.5	18.5
샌디에이고	1.7	16.9	15.2
시애틀	3.6	14.9	11.2
오스틴	1.9	10.8	8.9
시카고	4.5	13.2	8.8

At least $35B has been invested in LA startups from outside the city over the last decade

For every dollar under management locally, $6B has been invested in LA startups since 2010

도시	2010년 이래 일어난 VC 펀드 총액($B)	2010년 이래 VC의 투자 금액($B)	순 외부자본($B)
덴버	1.6	9.4	7.8
달라스	0.5	6.8	6.3
애틀랜타	0.9	7.0	6.1
필라델피아	1.6	7.6	5.9
마이애미	0.7	6.7	5.8
워싱턴	6.1	11.9	4.5

출처: AMPLIFY(2019)

● **대표적인 스타트업**

• 버드(BIRD)

전기 스쿠터 셰어링 서비스를 제공하는 기업으로, 라이드 셰어링 대표 기업인 우버에서 근무하던 직원이 2017년에 창업했다. 캘리포니아주 산타모니카와 베니스비치 지역을 포함해 전 세계 100여 개 도시에서 서비스를 제공한다. 연간 매출 규모는 약 5,300만 달러에 달한다. 2018년도에 유치한 투자 금액은 4억 달러로, 2017년 창업 이후 총 6억 230만 달러를 유치했다.

• 스페이스X(SpaceX)

온라인 전자 결제 시스템인 페이팔(PayPal)의 창업자이자 전기자동차 테슬라 최고경영자인 일론 머스크가 창업한 민간 우주선 개발기업으로 2002년에 설립됐다. 재활용할 수 있는 우주항공기와 운송용 로켓을 디자인, 생산, 발사하고 있으며 궁극적으로 우주여행과 우주 이민 사업을 목표로 한다. 2018년에 유치한 투자 금액은 2억 1,400만 달러로, 2002년 설립 이후 총 32억 달러를 유치했다.

• 모어랩(More Labs)

모닝리커버리(Morning Recovery) 숙취 해소 음료 제조 스타트업이다. 테슬라에 근무하던 이시선 대표가 창업한 회사로, 테슬라 재직

중 한국에서 헛개나무 숙취 음료를 경험한 후 2017년에 설립했다. 철저한 시장 조사와 무료 샘플 시음 행사, 크라우드펀딩, SNS 마케팅 등을 활용해 주 소비자층을 효과적으로 타깃팅하고, 관련 커뮤니티 활성화에 기여했다. 모닝리커버리 출시 이후 숙취 해소 음료뿐 아니라 다양한 기능성 음료를 개발 중이다. 2017년 창업 이후, 1년 6개월 만에 미국과 유럽 등에서 1천 만 달러의 매출을 기록했다.

기타 LA 지역의 대표 스타트업

기업명	설립 연도	주요 제품 및 서비스	투자 금액 (단위: 백만 달러)
페어(FAIR)	2016	임대차 계약 서비스 앱	435
왜그(WAG!)	2014	반려견 산책·케어 전문 서비스 앱	300
태스크 어스(Task Us)	2008	비즈니스 고객 관리 시스템	250
래디올로지 파트너스 (Radiology Partners)	2012	방사능 치료와 케어 서비스	234
서비스 타이탄 (Service Titan)	2013	홈 서비스 앱	165
집리크루터 (ZipRecruiter)	2010	온라인 구직 및 채용 서비스	156
사일런스(Cylance)	2012	사이버보안 및 관련 서비스	120
보링컴퍼니 (The Boring Company)	2016	지하 운송 터널 네트워크	113

출처: AMPLIFY(2018)

오스틴 | 빠르게 성장하는 도시

미국 텍사스주의 주도인 오스틴(Austin)은 가장 빠르게 성장하는 도시 중 하나다. 신규 스타트업에 다양한 기회가 제공되며 스타트업에 대한 자본 투자가 활발히 이뤄지는 도시다. 스타트업 관련 정책 및 연구기관인 스타트업 게놈이 전 세계 150개 도시의 약 100만 기업을 조

사해 발표한 보고서에 따르면, 스타트업 1개 사당 초기 펀딩 규모가
전 세계 평균이 28만 달러인 데 반해 오스틴은 35.7% 높은 38만 달러
에 달했다. 총 초기 펀딩 규모는 전 세계 평균이 8억 3,700만 달러였
고, 오스틴은 이보다 7.5% 높은 9억 달러 수준으로 나타났다. 특히 생
명과학 및 테크 분야의 방대한 인재풀과 풍부한 스타트업 경험을 장
점으로 글로벌 스타트업 생태계 도시 중 16위, 미국 내 도시 중에서는
6위를 기록했다.

스타트업 생태계 가치는 세계 평균 50억 달러인 데 반해 오스틴은 96억
달러로, 평균보다 약 2배 가까이 높다. 소프트웨어 스타트업 수는
전 세계 평균이 1,010개, 오스틴은 1,800에서 2,400개 사이로 그 또
한 약 2배다. 2015년 오스틴 소재 스타트업 중 시드~엔젤 단계 스타
트업이 전체의 56%, 후기 단계 스타트업이 9%를 차지했으나 2019년
시드~엔젤 단계가 43%로 하락하고 후기 단계가 12%로 늘어난 것으
로 보아 오스틴 스타트업 생태계는 꾸준히 성숙해가고 있음을 알 수
있다.

오스틴 소재 스타트업의 성장 단계별 점유율

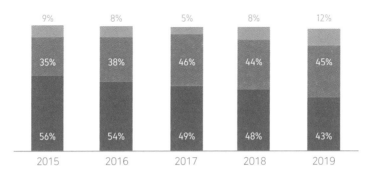

출처 : Crunchbase(2020.1.)

오스틴에서 창업하는 스타트업이 갈수록 느는 추세다. 2017년 오스틴에서 창업한 기업 수는 52,858개 사이며 평균 설립 시기는 2012년이었다. 특히 분야별로 보자면 e-러닝 플랫폼을 운영하는 아카데움(Acadeum), AI 분야의 딜리전트 로보틱스(Diligent Robotics), 인터넷 분야의 욘더(Yonder) 등 테크 기업의 창업이 다수를 차지한다.

오스틴 지역 스타트업 펀딩 규모			
구 분	1곳당 초기 펀딩 규모	총 초기 펀딩 규모	소프트웨어 엔지니어 연봉
오스틴	$383,000	$900,000,000	$81,500
평 균	$284,000	$837,000,000	$58,300

출처: 스타트업 게놈 보고서(2019)

오스틴 창업 추이

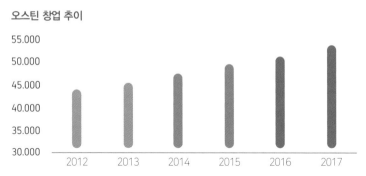

자료: 미 통계국(2020.3.)

● 오스틴 스타트업 강점 분야

• 클린테크(Clean Tech)

스타트업 게놈 보고서에 따르면 오스틴은 전 세계 도시 중 클린테크(청정기술) 부문에서 탑 20에 들어가는 도시다. 클린테크 부문은 오스틴 지역경제에 약 25억 달러의 경제적 효과를 일으키며 2만여 개의 일자리를 제공한다. 오스틴에 소재한 텍사스대학교의 클린에너지 인큐베이터(Clean Energy Incubator)는 오랜 역사를 가진 클린테크 인큐베이터의 본거지다. 오스틴 소재의 대표적인 클린테크 스타트업으로는 홈 에너지 모니터링 시스템 개발 기업인 에너지 커브(Energy Curb), 스마트 수자원 관리 시스템 개발 기업인 반얀 워터(Banyan Water) 등이 있다. 유해한 가정폐기물을 분류하는 데이터 기반 기술 기업인 스마터 소팅(Smarter Sorting)은 2018년 930만 달러 모금에 성공했다. 이외에도 재사용할 수 있는 저장 용기 시스템을 만드는 블루아보카도(BlueAvocado), 맥주 제조 시 이산화탄소 회수 시스템을 만드는 얼스리랩(EarthlyLabs), 곤충을 활용한 식품 기술을 개발하는 어스파이어 푸드 그룹(Aspire Food Group), 수자원, 에너지 혁신 연구 기술을 개발하는 피컨 스트리트(Pecan Street Inc.), 에너지 관련 인공지능 기술을 개발하는 그리드4C(Grid4C), 폐기물 없는 패키징을 사용한 밀키트를 제공하는 레터스(Lettuce), 환경 모니터링 시스템을 만드는 트로포스피어(Troposphere), 자동차 배기가스를 추출하여 업사이클링 제품을 생산하는 그래비키랩(Graviky Labs) 등 다양한 클린테크 스타트업이 있다.

• 사이버보안

스타트업 게놈에 따르면 오스틴은 사이버보안 부문 탑 10에 들어가는 도시다. ID 및 액세스 관리 공급기업인 세일포인트(Sailpoint)는 2억 4천 만 달러, 관리형 클라우드 공급기업인 클리어데이터(ClearDATA)는 2,600만 달러, 이글 아이 네트워크(Eagle Eye Networks)는 2,500만 달러, 스파이클라우드(SpyCloud)는 2,100만 달러를 모금했다. 오스틴에 소재한 사이버보안 스타트업에는 빈티지 IT 서비스(Vintage IT Services), 지프텐(Ziften), 프래토리언(Praetorian), 어슈어드 엔터프라이즈(Assured Enterprises), 사이너지스 텍(Cynergis Tek), 포스포인트(Forcepoint), 세일포인트 (Sailpoint), 래피드7(Rapid7), 사이버디펜스(CyberDefenses) 등이 있다.

● **거의 매주 엑시트, 스타트업 인수, 기업공개 발생**

스타트업 게놈에 따르면 오스틴의 엑시트 성장지수는 5를 기록했다. (엑시트 성장지수는 1~10 이내에서 책정되며, 1이 최저, 10이 최고를 의미한다.) 2019년 오스틴 스타트업의 대표적인 엑시트 사례를 살펴보자.

• 코니(Kony)

　2019년 8월, 디지털 앱 플랫폼인 Kony는 스위스 거대 은행 소프트웨어 기업인 테메노스(Temenos)에 인수됐다. 코니는 2007년에 설립됐으며 1억 5천만 달러 이상의 투자 자금을 모금했다.

• 큐2(Q2)

　핀테크 기술 기업인 Q2는 2019년 6월, 2차 주식 공모를 통해 약 300만 주가 주당 69.50달러에 팔렸다. 발행주식의 시가 총액은 36억 달러다.

• 행거 테크놀로지(Hanger Technology)

　드론 워크플로우 자동화 스타트업으로 2015년 설립됐다. 2019년 9월 LA에 소재한 드론용 항공우주 정보 제공기업 에어맵(AirMap)에 인수됐으나 세부 사항은 발표되지 않았다. 룩스 캐피털(Lux Capital), R/GA 벤처스, 인터록 파트너스(Interlock Partners) 등으로부터 650만 달러를 모금한 바 있다.

• 리얼사비(RealSavvy)

　2019년 10월 부동산 기술 벤처기업인 OJO Labs는 부동산 스타트업인 RealSavvy를 인수했다. 거래조건은 공개되지 않았다. 2014년에 설립됐으며, 티미아 캐피털(TIMIA Capital), 패스파인

더(Pathfinder), 캐피털 팩토리(Capital Factory), 스테이지닷오 (StagedotO), 코사 벤처스(Corsa Ventures) 등으로부터 620만 달러를 모금한 바 있다.

• 올로노(Olono)

2015년에 설립된 영업 소프트웨어 스타트업이다. ATX 벤처 파트너스, 와일드캣 벤처 파트너스(Wildcat Venture Partners) 등으로부터 약 700만 달러를 모금했다. 보스턴에 있는 인사이트스퀘어드(InsightSquared)에 인수됐으며 인수조건은 공개되지 않았다.

● **대표적인 스타트업**

• 인디드(Indeed)

2004년 11월 설립된 미국의 구인 구직 검색 포털이다. 유니언 스퀘어 벤처스(Union Square Ventures), 뉴욕타임스(New York Times), 앨런&컴퍼니(Allen & Company)로부터 500만 달러를 모금했다. 2010년 10월 당시 최대 경쟁 사이트인 몬스터닷컴(Monster.com)의 트래픽을 초과하는 최대 구인구직 포털로 등극했다. 2012년 9월 일본의 HR 기업인 리크루트(Recruit Co.)에 인수됐다. 인수 가격은 발표되지 않았으나, 7억 5천만~10억 달러 수준이었을 것으로 추정된다.

• 휠(Wheel)

2018년 1월 설립된 원격의료 서비스 및 고용관리 서비스 제공 스타트업이다. 2018년 시드 펀딩에서 실버톤 파트너스(Silverton Partners)와 그 외 투자자들로부터 170만 달러를 모금했다. 2020년 1월 터스크 벤처 파트너스(Tusk Venture Partners), 실버톤 파트너스(Silverton Partners)등이 진행한 시리즈 A 라운드에서 1,390만 달러를 모금했다.

- 아웃도어 보이스(Outdoor Voices)

2014년 1월 뉴욕에서 설립된 온·오프라인 기능성 의류 판매 기업이다. 2017년 스타트업에 친화적인 환경에 반해 오스틴으로 이주했다. 제너럴 캐털리스트(General Catalyst), 포어러너 벤처스(Forerunner Ventures), GV, 드렉슬러 벤처스(Drexler Ventures) 등으로부터 6,700만 달러를 모금했다. 오프라인 매장은 뉴욕, 캘리포니아, 텍사스에 각각 2곳, 콜로라도에 1곳이 있다.

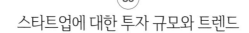

03 스타트업에 대한 투자 규모와 트렌드

실리콘밸리

주요 투자 분야로 인터넷 기업이 압도적 1위

2019년 실리콘밸리의 벤처캐피털 투자 규모는 투자 건수 기준 1,722건, 금액 기준 472억 달러로, 투자 금액 면에서 2018년에 이어 최근 10년간 두 번째 최고기록을 달성했다. 주요 투자 분야로는 인터넷 기업(100억 달러, 574건)이 압도적인 1위를 기록했으며 뒤를 이어 헬스케어(51억 달러, 203건)와 소프트웨어(17억 달러, 135건) 등의 산업군이 유망한 것으로 나타났다.

대기업의 사내 벤처캐피털(Corporate Venture Capital, CVC)은 재무적 투자뿐만 아니라 피투자 기업과 투자 자문단과의 멘토링 프로그램을 운영한다. 자사의 각 분야 전문가와 연계 및 공동 프로젝트 진행을 지원한다. 자사의 글로벌 공급망 안에 있는 기업과의 연계 활동 등 투자한 스타트업 기업의 성공을 위해 파트너 프로그램을 운영하고 있다. 대표적인 사례로 어플라이드 벤처스(Applied Ventures)가 있다. 어플라이드 벤처스는 세계 1위 반도체 제조장비 기업인 어플라이드 머티리얼스(Applied Materials)의 CVC로 2006년에 설립됐다. 운영 자산은 2억 4천만 달러로 매년 5천만 달러 정도를 투자한다. 투자 건별로 주로 25만 달러에서 3백만 달러 사이의 초기 단계 스타트업에 투자하나 최대 1천만 달러까지도 투자를 검토한다. 전 세계적으로 유망 기업에 투자하고 있으며 투자 분야로는 반도체, 디스플레이, 산업용 자동화, 로보틱스 등을 들 수 있다. 펀드는 모기업의 전략적 투자 협조뿐만 아니라 재무적 투자와 협력 기회 발굴 등으로 활용된다.

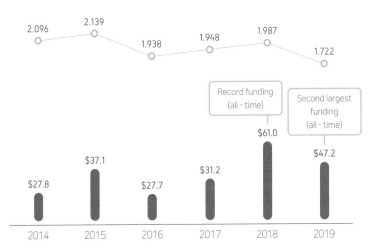

출처: MoneyTree(2019)

한국 스타트업에 대한 투자 동향

● 세쾨이어 캐피털

무신사(패션 공유 오피스, 1억 1,500만 달러, 2019년)와 마켓컬리(전자상거래, 6,400만 달러, 2019년)에 투자를 진행했다. 무신사는 '무지하게 신발 사진이 많은 곳'이라는 프리첼 커뮤니티로 시작해, 현재는 대한민국의 온라인 패션커머스 기업으로 성장했다. 마켓컬리는 2015년에 설립되어 국내 최초로 새벽 배송을 시작하며 신선식품 배달 시장을 개척한 기업이다.

● 알토스 벤처스

마이리얼트립(자유여행 온라인 플랫폼, 790만 달러, 2019년)과 생활연구소(홈서비스 플랫폼, 340만 달러, 2019년)에 투자를 진행했다.

현지 주요 벤처캐피털			
회사명	투자 건수	회수 건수	주요 투자 분야
New Enterprise Associates	1,607	351	생물공학, 소비자, 에너지, 헬스케어
Accel	1,392	287	파이낸스, 온라인 포털, 벤처캐피털
Sequoia Capital	1,308	273	엔젤투자, 금융
Kleiner Perkins	1,160	247	파이낸스, 금융 서비스, 벤처캐피털
Bessemer Venture Partners	935	205	소비자, 전자상거래, 엔터프라이즈 소프트웨어
Lightspeed Venture Partners	787	157	비트코인, 클라우드 컴퓨팅, 금융
Andreessen Horowitz	772	126	엔젤투자, 파이낸스, 벤처캐피털
Khosla Ventures	712	97	금융 서비스, 헬스케어, 모바일
Greylock Partners	697	202	소비자, 엔터프라이즈 소프트웨어
Norwest Venture Partners	657	139	B2B, 소비자, 금융, 헬스케어
Venrock	629	164	생물공학, 핀테크, 하드웨어, 헬스케어
Redpoint	606	127	벤처캐피털

현지 주요 벤처캐피털			
회사명	투자 건수	회수 건수	주요 투자 분야
Canaan Partners	595	118	바이오제약, 앱, 핀테크, 헬스케어
GGV Capital	582	88	사업 개발, 금융 서비스
Foundation Capital	520	121	파이낸스, 금융 서비스, 벤처캐피털
Mayfield Fund	512	122	소비자, 엔터프라이즈 소프트웨어, 헬스케어
U.S. Venture Partners (USVP)	500	127	엔터프라이즈 소프트웨어, 금융 서비스
CRV	497	125	소비자, 엔터프라이즈 소프트웨어, 벤처캐피털
True Ventures	478	81	엔터프라이즈 소프트웨어, 금융 서비스
Highland Capital Partners	428	108	파이낸스, 금융 서비스, 핀테크
Felicis Ventures	422	117	인공지능, 엔터프라이즈 소프트웨어, 핀테크, 사물인터넷, 로보틱스
Inter West Partners	406	100	생물공학, 파이낸스, 벤처캐피털
Trinity Ventures	401	113	파이낸스, SaaS, 벤처캐피털
Social Capital	377	47	파이낸스, 금융 서비스, 벤처캐피털
Vertex Ventures	372	73	파이낸스, 금융 서비스, 인터넷, 모바일
Shasta Ventures	338	63	파이낸스, 금융 서비스, 벤처캐피털
Sierra Ventures	311	74	파이낸스, 벤처캐피털
Versant Ventures	302	75	금융 서비스, 헬스케어

출처: Crunchbase

현지 주요 액셀러레이터

● 와이콤비네이터(Y Combinator)

2005년에 설립된 액셀러레이터로 마운틴뷰(Mountain View)에 소재한다. 3개월 멘토링 프로그램을 운영하며, 운영 기간은 연 2회, 1월, 6~8월이다. 선발 규모는 100~120개 사다. 데모데이를 통해 선발된 스타트업은 세계 유수 벤처캐피털 앞에서 피칭할 기회를 얻는다. 프로그램에서 최종 선정되면 15만 달러 투자(7% 지분율)를 받을 수 있다.

🌐 ycombinator.com

● 500 스타트업스(500 Startups)

2010년에 설립된 액셀러레이터로 샌프란시스코에 소재한다. 4개월 멘토링 프로그램을 운영하며 수시 모집으로 연간 약 20~30개 사 규모의 스타트업을 선발한다. 데모데이를 통해 선발된 스타트업은 세계 유수 벤처캐피털 앞에서 피칭할 기회를 얻는다. 프로그램에서 최종 선정되면 15만 달러 투자(6% 지분율)를 받을 수 있다.

🌐 500.co

● 플러그앤플레이(Plug N Play)

2006년에 설립된 액셀러레이터로 마운틴뷰에 소재한다. 3개월 멘토링 프로그램을 운영하며, 운영 기간은 매년 3~6월이다. 연간 약 20개 사 규모의 스타트업을 선발한다. 데모데이를 통해 선발된 스타트업은 세계 유수 벤처캐피털 앞에서 피칭할 기회를 얻는다. 프로그램에 선정된 기업에 대한 확정 투자금이나 지분율 요청은 없다. 별도 프로세스를 통해 25,000~500,000달러 규모의 투자를 진행한다.

🌐 www.plugandplaytechcenter.com

회사명	투자 건수	회수 건수	주요 투자 분야
와이콤비네이터	2,734	280	컨설팅, 금융, 벤처캐피털
500 스타트업스	2,248	223	파이낸스, 금융 서비스, 벤처캐피털
플러그앤플레이	985	71	사업 개발, 벤처캐피털
스타트X (Stanford-StartX Fund)	236	28	인공지능, 오토모티브, 빅데이터, 생물공학, 컴퓨터 비전

출처: Crunchbase

회사명	투자 건수	회수 건수	주요 투자 분야
Intel Capital	1,349	388	클린테크, 엔터프라이즈, 벤처캐피털
GV	682	144	파이낸스, 벤처캐피털
Next47	216	58	어드바이스, 파이낸스, 금융 서비스, 벤처캐피털
Dell Technologies Capital	180	42	파이낸스, 금융 서비스, 임팩트 투자
GE Ventures	170	27	에너지, 엔터프라이즈, 헬스케어, IT
Mitsui Global Investment	140	45	파이낸스
CapitalG	70	18	파이낸스, 금융 서비스, 벤처캐피털
American Express Ventures	64	11	벤처캐피털
BMW i Ventures	62	6	벤처캐피털
Applied Ventures	60	12	어드밴스드 머티리얼스, 나노테크놀로지, 반도체
Gradient Ventures	46	1	금융 서비스, 벤처캐피털
BP Ventures	44	8	에너지, 혁신 경영, 벤처캐피털
Takeda Ventures	42	9	건강진단, 치료학
PayPal Ventures	36	2	자산 관리, 금융 서비스
Samsung Catalyst Fund	31	5	파이낸스, 금융 서비스, 벤처캐피털
Rogers Venture Partners	25	8	벤처캐피털
Illumina Ventures	25	1	벤처캐피털
Presidio Ventures	21	2	벤처캐피털
SK Telecom Ventures	20	6	반도체, 벤처캐피털, 무선통신

출처: Crunchbase

뉴욕

'닷컴 버블' 이후 벤처캐피털 투자 기준 역대 최고 투자 금액 경신

최근 몇 년간 벤처캐피털의 투자 회수(exit) 성과가 눈에 띄게 나오자 자본 규모가 큰 기업형 벤처캐피털(CVC), 뮤추얼 펀드, 국부펀드 등이 스타트업 투자에 뛰어들어 역대 최고 투자 금액을 경신하고 있다. 1990년 말 인터넷 보급과 함께 벤처투자 금액이 급증했던 시대와 유사하다.

엔젤과 시드 단계의 투자가 점진적으로 증가하는 것과 달리 최근 대형 M&A 투자는 급격히 증가하는 추세다. 엔젤과 시드 성장세 대비 투자별 금액이 큰 후기 단계에 대한 투자 및 50억 달러 이상의 대형 투자(Mega-deal)는 2010년 대비 10배 이상 증가했다.

미국의 벤처캐피털 투자 단계별 비중

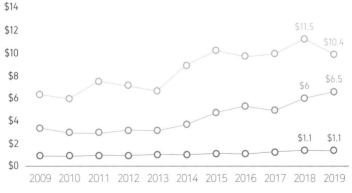

Median US VC deal sizes ($M) by stage

출처: Pitchbook

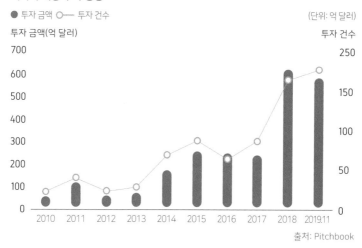

미국의 대형 투자 동향

● 투자 금액 ○— 투자 건수

(단위: 억 달러)

투자 금액(억 달러)

투자 건수

출처: Pitchbook

소프트웨어, 바이오·헬스케어 및 소비재 테크 분야 강세

실리콘밸리(AI, 소프트웨어), 뉴욕(핀테크, 정보보안, 소비재 테크), 보스턴(바이오테크, 로봇)을 중심으로 지역별로 강세인 산업이 뚜렷한 특징을 보인다.

미국 산업별 스타트업 투자 규모

● 인터넷 ● 헬스케어 ● 모바일&텔레콤 ● 소프트웨어 ● 비즈니스 제품 / 서비스 ● 소비재 제품 / 서비스 ● 그 외

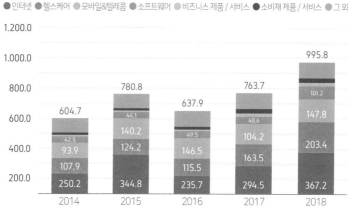

(단위: 억 달러)

출처: MoneyTree(PwC/CB)

뉴욕에 있는 벤처캐피털의 투자 현황

벤처캐피털 투자 금액이 건수 대비 크게 증가해 대형 투자에 집중하는 경향이다. 투자 건수는 2018년 1,216건에서 2019년 842건으로 감소했지만 투자 금액은 9% 증가한 15억 6천만 달러에 달했다. 뉴욕 벤처캐피털들이 주목하는 투자처는 뉴욕에 소재한 기업들이다. 수익 및 투자회수율이 높고, 포트폴리오 관리 측면에서 유리하기 때문이다. 그리고 로컬 기업에만 투자하는 내규를 가진 투자 회사가 많은 만큼 투자를 유치하려면 초기 투자의 일환으로 현지에 법인을 설립해서 활동하는 것이 중요하다. 실제 주요 벤처캐피털 중 하나인 레러 히포 벤처스(Lerer Hippeau Ventures)의 총 거래 482건 중 59%(287개, Casper, Blade 등)가, 또 RRE 벤처스 역시 10년간 209건 투자 중 59%(Kinbody, URSA 등)가 뉴욕에 소재한 기업에 집중됐다.

2013~2017년에 걸쳐 투자 유치에 성공한 주요 산업 분야는 광고, 핀테크, 부동산, 패션 등이다. 부동산(프롭테크) 분야의 경우 투자 건수는 낮지만 위워크(Wework), 컨빈(Convene) 등 코워킹 스페이스 주도로 많은 투자를 유치해 투자 금액에서는 3위를 기록했다.

한국 스타트업에 대한 투자 동향

한국에 투자한 해외 투자사 중 절반이 미국 투자사로 분석된다. 2019년 국외로부터 투자가 이뤄진 129건 중 절반 이상인 71건이 미국 투자사로부터 발생했다. 실리콘밸리에 소재한 알토스 벤처스는 우아한형제들, 비바리퍼블리카, 타다, 쏘카, 스푼라디오 등에 투자했다.

한국 스타트업에 투자한 해외 투자사 국가 비율 분석(2019)

기타(프랑스, 인도, 중동, 태국, 호주) **10건**
홍콩 **7건**
중국 **9건**
일본 **22건**

7.8%
5.4%
7.0%
55.0%
17.1%

베트남 **2건**
영국 **4건**
싱가포르 **4건**
미국 **71건**

투자를 받은 한국 스타트업과 분야

● 센드버드(Sendbird)

실리콘밸리 스타트업 액셀러레이터인 와이콤비네이터가 키워낸 유니콘 기업의 수는 엄청나다. 센드버드는 고객 관리 메시지 솔루션 개발사로, 와이콤비네이터로부터 투자를 받아 캘리포니아에 진출했다. 기업이 메신저 및 라이브 채팅을 고객의 앱이나 웹 서비스에 손쉽게 탑재할 수 있도록 해당 기능을 서비스형 소프트웨어 형태(SaaS)로 제공한다. 이후 2019년 2월 시리즈 B 투자금 5,200만 달러(한화 약 600억 원)를 유치했고, 5월에는 뉴욕 벤처캐피털 '타이거 글로벌 매니지먼트(Tiger Global Management)'가 합류하여 전체 투자 규모가 배로 증가했다. 타이거 글로벌 매니지먼트는 페이스북, 링크드인, 스포티파이 등에 투자한 이력이 있다.

● 미미박스(MemeBox)

와이콤비네이터가 투자한 첫 번째 한국 스타트업이 바로 뷰티 커머스 플랫폼 미미박스였다. 미미박스는 2014년 와이콤비네이터를 최우수 졸업한 후 캘리포니아에 진출했다. 이후 존슨앤드존슨 계열 벤처캐피털로부터 약 400억 원 규모의 투자를 유치했다. 이외 포메이션 그룹, 굿워터 캐피털, 알토스 벤처스 등이 주요 투자자로 참여해 총 2,148여억 원을 유치하는 데 성공했다.

● 테라(Terra)

티몬 창립자가 이끄는 블록체인 기반의 결제 특화 플랫폼이다. 2018년 국내외 크립토펀드와 거래소로부터 3,200만 달러를 유치했다. 이후 2019년 4회에 걸쳐 미국 율리시스 캐피털 외 카카오 벤처스, 싱가포르 룬엑스 벤처스, 홍콩 해시키 캐피털 등으로부터 추가로 투자를 유치했다.

현지 주요 벤처캐피털, 액셀러레이터, 기업형 벤처캐피털

● 인사이트 파트너스(Insight Partners)

1995년에 설립된 뉴욕 소재 벤처캐피털이다. 주로 시드, 초기, 후기, PE 단계 스타트업에 투자한다. 주요 투자 분야는 AI, 사이버보안, 교육, 금융, 핀테크, 의료기술, 인터넷, SaaS, 소프트웨어 등이다. 지금까지 트위터, 스포티파이, 이스라엘 보안회사 체크막스(Checkmarx), SNS와 일반 블로그의 중간 형태의 서비스를 제공하는 텀블러(Tumblr) 등 스타트업에 투자했다. 투자 건수는 406회, 엑시트 건수는 98회에 이른다. 펀드를 10개 이상 보유하고 있으며, 65개국에 투자했다. 40회 이상의 기업공개 경험이 있고 한국 기업 티몬과 넥슨에도 투자했다.

🌐 www.insightpartners.com

● 유니언 스퀘어 벤처스(Union Square Ventures)

2008년에 설립된 뉴욕 소재 벤처캐피털로 주로 시드, 초기, 후기, PE 단계 스타트업에 투자한다. 주요 투자 분야는 인터넷, 통신 등이다. 지금까지 징가(Zynga), 인디드(Indeed), 텀블러, 렌딩클럽(Lending Club), 엣시(Etsy), 클라우드 커뮤니케이션 플랫폼 서비스를 제공하는 트윌리오(Twilio), 몽고DB(MongoDB) 등의 스타트업에 투자했다. 투자 건수는 394회, 엑시트 건수는 40회에 이른다. 세계 톱 상환율의 벤처캐피털 펀드 중 하나이며, 10억 달러 이상의 AUM(운용 자산)과 2011~2017년까지 매년 10억 달러의 엑시트를 달성했다.

🌐 www.usv.com

● RRE 벤처스

1994년에 설립된 뉴욕 소재 벤처캐피털로 주로 시드, 초기, 후기 단계의 스타트업에 투자하며 주요 투자 분야는 빅데이터, 클라우드 컴퓨팅, 전자상거래, 핀테크, 하드웨어, IT, 인터넷, 통신, 암호화폐 등이다. 지금까지 비즈니스 인사이더(Business Insider), 바인(Vine), 벤모(Venmo), 바크(Bark), 메이커봇(MakerBot), 움짤(gif) 검색 플랫폼인 기피(Giphy), 버즈피드(BuzzFeed) 등의 스타트업에 투자했다. 투자 건수는 487회, 엑시트 건수는 92회에 이른다. 20억 달러 이상의 자금을 조달했고, 한국계 스타트업 눔(Noom)에 투자한 이력이 있다.

🌐 rre.com

● 레러 히포(Lerer Hippeau)

2010년에 설립된 뉴욕 소재 벤처캐피털로 주로 시드, 초기, 후기 단계의 스타트업에 투자한다. 주요 투자 분야는 SaaS, 엔터프라이즈 솔루션, 소비자 제품, 디지털 미디어, 전자상거래 등이다. 지금까지 올버즈(Allbirds), 버즈피드, 캐스퍼(Casper), 기피, 그룹 나인(Group Nine), 글로시어(Glossier), 소이렌드(Soylend), 와비파커(Warby Parker) 등 스타트업에 투자했다. 투자 건수는 448회, 엑시트 건수는 94회에 이른다. 뉴욕에서 가장 활동적인 초기 단계 투자자로 주로 뉴욕, 샌프란시스코, 로스앤젤레스 지역에 투자가 집중되어 있다. 창업주 전원이 디지털 미디어(Huffpost, BuzzFeed, Group Nine) 출신이다.

🌐 www.lererhippeau.com

- **엔터프레너 라운드테이블 액셀러레이터(Entrepreneurs Roundtable Accelerator, ERA)**

2011년에 설립된 뉴욕 소재 액셀러레이터로 주로 시드, 초기 단계의 스타트업에 투자한다. 주요 투자 분야는 기술 산업 외 다양하다. 주목할 만한 스타트업에는 니고시아투스(Negotiatus)가 있다. 지금까지 투자한 기업 수는 200개 이상이며 엑시트 건수는 17회다. ERA 액셀러레이터 프로그램은 500명 이상의 투자자, 기술자, 제품·마케팅·고객 유치 전략가, 세일즈 임원 등이 참여하는 멘토링 네트워크를 갖춘 뉴욕시 최대의 액셀러레이터 프로그램이다. 연 2회, 4개월 간 진행되며 기업별 펀딩 금액은 10만 달러. 세션별 10개의 스타트업이 참가한다. 투자 조건은 8% 지분이다. ERA는 전문가팀과 함께 초기 단계 스타트업 육성을 위해 시드 캐피털 지원 프로그램을 운영하며 공용사무공간 등을 지원한다.

🌐 www.eranyc.com

- **그랜드 센트럴 테크(Grand Central Tech, GCT)**

2012년에 설립된 뉴욕 소재 액셀러레이터로 주로 시드, 초기 단계의 스타트업에 투자한다. 주목할 만한 투자 스타트업에는 커먼

(Common), 메이븐 클리닉(Maven Clinic), 녹(Knock), 노매드 헬스(Nomad Health) 등이 있다. 지금까지 투자한 기업 수는 96개에 달한다. GCT에서 운영하는 액셀러레이터 프로그램에는 참가 횟수 제한이 없고 기간은 1년으로 진행된다. 기업별 펀딩 금액은 10만 달러이며 세션별 30개 스타트업까지 참가한다. GCT의 'Start-in-Residence' 프로그램은 1년간 자기자본금 무료로 미드타운에 위치한 110만 평방피트 규모의 프리미엄 사무공간을 제공한다.

🌐 www.grandcentraltech.com

● 블루프린트 헬스(BluePrint Health)

2011년에 설립된 뉴욕 소재 액셀러레이터로 주로 시드 단계의 스타트업에 투자한다. 주요 투자분야는 의료기술이다. 주목할 만한 투자 스타트업에는 케오나 헬스(Keona Health), 메드파일럿(MedPilot) 등이 있다. 지금까지 투자한 기업 수는 80개, 엑시트 건수는 8건이다. 액셀러레이터 프로그램은 3개월 간으로 진행되며 투자 조건은 6% 지분이다. 기업별 펀딩 금액은 20만 달러다. 블루프린트 헬스의 액셀러레이터 프로그램에는 수익이 없는 초기 단계 스타트업도 신청이 가능하며, 스타트업의 팀 빌딩, 시장 기회, 제품 등을 종합적으로 평가해 기업을 선발한다. 블루프린트 헬스는 체계적인 멘토 매칭 프로그램을 운영한다. 15분 동안 50명이 넘는 멘토들과 온라인 미팅을 할 수 있으며, 상담을 희망하는 멘토를 지정해 오프라인 상담도 할 수 있다. 이외 동문 네트워크를 형성해 주기적으로 각종 이벤트를 개최하며, 고객과 투자자를 위한 마케팅 자료 제작도 지원한다.

🌐 www.blueprinthealth.org

● 컴캐스트 벤처스(Comcast Ventures)

1999년에 설립됐으며 샌프란시스코와 뉴욕에 소재한 컴캐스트 소속의 기업형 벤처캐피털이다. 주로 초기에서 후기 단계의 스타트업에 투자하며 주요 투자 분야는 광고, 엔터프라이즈, 소비자, 인프라 등이다. 주요 투자 스타트업에는 슬랙(Slack), 팬듀얼(FanDuel), 제네피츠(Zenefits), 타불라(Taboola), 플립보드(Flipboard) 등이 있다. 지금까지 투자한 기업 수는 303개, 엑시트 성공 건수는 68건이다. 컴캐스트 벤처스의 모토는 자사가 보유하고 있는 거대한 플랫폼(Comcast/NBCUniversal/Sky)과 네트워크를 활용해 투자 기업의 가치를 성장시키는 것이다.

🌐 comcastventures.com

● 화이자 벤처스(Pfizer Ventures)

2004년에 설립된 뉴욕 소재 기업형 벤처캐피털로 글로벌 제약회사 화이자 소속이다. 주로 시드에서 후기 단계의 스타트업에 투자하며 주요 투자 분야는 화이자의 핵심 영역(염증과 면역학, 내과학, 종양학, 희귀병, 백신) 관련 응용 치료 분야다. 주요 투자 스타트업에는 코르텍자임(Cortezyme), 사이톰엑스 세러퓨틱스(CytomX Therapeutics), 메사나(Mersana) 등이 있다. 지금까지 투자한 기업 수는 94개, 엑시트 성공 건수는 29건이다. 화이자의 현재와 미래의 전략적 관심 분야에 투자하며, 자체 파이프라인을 향상시키고 자회사 상장에 도움 될 만한 잠재력을 가진 의약품과 바이오테크 개발사를 발굴해 투자한다. 현재는 미국 중심으로 투자하고 있으나 국제적 투자도 포트폴리오의 최대 20%를 차지한다.

🌐 www.pfizer.com/partners/venture-investments

● 존슨앤드존슨 이노베이션(Johnson & Johnson Innovation)

1973년에 설립됐으며 뉴저지 뉴브런스윅과 뉴욕에 소재하는 존슨앤드존슨 소속의 기업형 벤처캐피털이다. 모든 단계의 스타트업에 투자하며 주요 투자 분야는 헬스케어다. 주요 투자 스타트업에는 카본(Carbon), 애디센트 바이오(Adicent Bio), 히스토소닉스(HistoSonics) 등이 있다. 지금까지 투자한 기업 수는 54개, 총 54건의 엑시트에 성공했다. 존슨앤드존슨 이노베이션은 지원 스타트업들과 협력해 의료기기, 진단 기술, 소비자 의료 제품, 의약품 등 헬스케어 분야를 발전시키고자 한다. 스타트업에 초기 단계 연구자금, 시드펀딩, 지분투자, 라이선스, 협업 등의 재정지원과 더불어 가격책정과 상환, 시장 테스트, 기업 창출 서비스 등 마케팅 관련 지원을 제공한다. 지역 내 인큐베이터, 위성 기업, 모듈식 실험실, 공유 사무공간 등을 지원해 기업을 육성한다.

🌐 jnjinnovation.com

● 버라이즌 벤처스(Verizon Ventres)
1990년에 설립된 뉴욕 소재 기업형 벤처캐피털로 미국 최대 정보통신회사인 버라이즌 커뮤니케이션스(Verizon Communications) 소속이다. 주로 초기에서 후기 단계의 스타트업에 투자하며 주요 투자 분야는 언론, 기술, 데이터 분석, 클라우드다. 주요 투자 스타트업에는 크런치베이스(Crunchbase), 클라우드비스(CloudBees), 옵티버스(Optibus) 등이 있다. 지금까지 투자한 기업 수는 122개, 총 29건의 엑시트에 성공했다. 버라이즌 벤처스는 버라이즌 통신사 이용고객과 기업 고객을 위해 주요 기술전략을 가진 기업에 투자한다. 버라이즌 커뮤니케이션스 네트워크와 플랫폼 액세스 권한을 제공해 연계 기술과 제품 개발 관련 펀드를 지원하고, 시장 진출 전략과 마케팅, 세일즈 전략을 교육한다.

🌐 www.verizonventures.com

로스앤젤레스

모바일 통신 분야에 대한 투자 강세

2019년 한 해 78억 달러를 투자 유치했다. 투자 금액은 2014년 이래 지속적으로 성장곡선을 그리고 있다.

2019년 4분기를 보면 LA에서 가장 투자를 많이 유치한 분야는 모바일 통신이다. 이어서 항공우주 및 보안, 헬스케어 분야가 높은 순위를 차지했다.

2018년 LA 경제발전조합(LAEDC)에 따르면 벤처캐피털 웨스트레이크 빌리지 바이오파트너스(Westlake Village BioPartners)는 지역 내 의약품, 의료기기, 의학 진단 기술에 3억 2천만 달러 투자 계획을 밝혀 해당 업계에 기대감을 불러일으켰다.

현지 주요 벤처캐피털, 액셀러레이터, 기업형 벤처캐피털

● 업프론트 벤처스(Upfront Ventures)

1996년 설립된 벤처캐피털로 캘리포니아주 산타모니카에 소재한다. 주요 투자 분야는 IT, 테크 비즈니스이며 주로 시리즈 A 단계의 스타트업에 투자한다. 지금까지 투자한 주요 스타트업은 캔버스(Canvas), 버드(Bird), 음식 주문 앱인 차우나우(ChowNow) 등이다. 41개 사가 엑시트에 성공했다.

🌐 upfront.com

● 웨이브메이커 파트너스(Wavemaker Partners)

2003년 설립되어 로스앤젤레스에 소재한 벤처캐피털이다. 주로 소프트웨어 기반 스타트업에, 그리고 시드에서 시리즈 A 단계의 스타트업에 투자한다. 지금까지 투자한 주요 스타트업에는 캐시쉴드(CashShield), 이글루홈(Igloohome), 스마트카르마(Smartkarma) 등이 있다. 31개 사가 엑시트에 성공했다. 로스앤젤레스, 싱가포르 등에 진출해 있다. 특징은 아시아, 미국 본사 2중 체제이며 인큐베이팅 프로그램을 보유하고 있다는 점이다.

🌐 wavemaker.vc

● 그레이크로프트 파트너스(Greycroft Partners)

2006년에 설립된 벤처캐피털로 로스앤젤레스에 위치해 있다. 주요 투자 분야는 게임, 헬스케어, 애드테크, 전자상거래, 데이터 등이며, 주로 시드에서 시리즈 A 단계의 스타트업에 투자한다. 지금까지 투자한 주요 스타트업에는 버드, 온라인 송금 서비스 기업 아지모(Azimo), 더블록(The Block), 아사나레벨(Asana Rebel) 등이 있다. 60개 사가 엑시트에 성공했다.

🌐 greycroft.com

● 머커 캐피털(Mucker Capital)

2012년에 설립된 벤처캐피털로 로스앤젤레스에 있다. 주요 투자 분야는 인터넷, 제품 디자인, 벤처캐피털 등이며 주로 시드에서 시리즈 A와 B 단계의 스타트업에 투자한다. 지금까지 투자한 주요 스타트업에는 오디트보드(Auditboard), 금융보안업체 이메일리지(Emailage), 오더마크(Order Mark) 등이 있다. 7개 사가 엑시트에 성공했다.

🌐 muckercapital.com

● SV 엔젤(SV Angel)

2009년 설립된 벤처캐피털로 샌프란시스코에 있다. 주요 투자 분야는 금융, 기술 기반의 스타트업이며 주로 프리시드에서 시드 단계의 스타트업에 투자한다. 지금까지 투자한 스타트업에는 어퍼케이스(Upper

Case), 디피니티(Dfinity), 그린 스쿠터스(Grin Scooters), 이븐닷컴 (Even.com) 등이 있다. 247개 사가 엑시트에 성공했다.

🌐 www.svangel.com

● 앰플리파이(Amplify)

2011년 설립된 벤처캐피털로 캘리포니아 베니스에 있다. 주요 투자 분야는 소셜, 모바일, 컨슈머 인터넷(Consumer Internet), SaaS, 디지털미디어 등이며 주로 프리시드 단계의 스타트업에 투자한다. 지분을 취득하는 조건으로 투자한다. 지금까지 투자한 스타트업에는 창고 스타트업 클러터(Clutter), 꽃배달 업체 부크스(The Bouqs co.), 알파드래프트(AlphaDraft), 비티움(Bitium), 마펜스(Mapsense) 등이 있다. 6년간 75개 스타트업에 투자했고 약 5천억 원 투자를 유치했다.
테크 스타트업을 연중 4회 모집한다. 지원 업체 수는 97개이며 지원 기간은 4~8개월이다. 펀딩(50,000~200,000달러), 공유 사무공간 지원, 네트워킹, 멘토링, 마케팅, 제품 유효성 확인 등을 지원한다.

🌐 www.amplify.la

● 더블 M 파트너스(Double M Partners)

2012년 설립된 벤처캐피털로 로스앤젤레스에 있다. 주요 투자 분야는 소프트웨어, 미디어, 커뮤니케이션, 보안 등이며 프리시드에서 시드 단계의 스타트업에 투자한다. 지금까지 투자한 주요 스타트업에는 차우나우, 모먼트피드(MomentFeed), 인스파이어(Inspire), 개인 간 명품 재판매 온라인 사이트 트레데시(Tradesy) 등이 있다. 8개 사가 엑시트에 성공했다.

🌐 www.doublempartners.com

● 애로루트 캐피털(Arrowroot Capital)

2014년 설립되어 캘리포니아 산타모니카에 소재한 벤처캐피털이다. 펀드는 1억 7천만 달러 규모다. 주요 투자 분야는 SaaS, 인터넷 기반 사업 등이다. 주로 프리시드에서 시드 단계의 스타트업에 투자한다. 지금까지 투자한 주요 스타트업에는 후킷(Hookit), ICIX, 4텔(4tell) 등이 있다. 1개 사가 엑시트에 성공했다.

🌐 www.arrowrootcapital.com

● 폰티팩스 애지테크(Pontifax AgTech)

2014년에 설립된 벤처캐피털로 로스앤젤레스에 있다. 펀드는 1억 3천만 달러 규모다. 주로 기술 기반 사업, 농업 공급망의 실용성과 효율성을 높이는 분야 등에 투자하며 주로 시리즈 A 이상 단계의 스타트업에 투자한다. 지금까지 투자한 주요 스타트업에는 블루리버(Blueriver), 커넥트릭(Concentric), 카리부(Caribou), 애누비아(Anuvia) 등이 있다. 1개 사가 엑시트에 성공했다.

🌐 www.pontifaxagtech.com

● BAM 벤처

2014년에 설립된 벤처캐피털로 신기술 스타트업 위주로 투자하며 로스앤젤레스 지역에서 활동한다. 주로 초기 단계 스타트업에 투자한다. 지금까지 투자한 주요 스타트업에는 코빗(Korbit), 피트몹(Fitmob), 디인사이드(The Inside), 패스스폿(PathSpot) 등이 있다. 2개 사가 엑시트에 성공했다. 한국계 변호사 및 한국계 비즈니스 CEO 위주로 구성된 점이 특징적이다.

🌐 www.bam.vc

● 백스테이지 캐피털(Backstage Capital)

신기술 스타트업 위주로 투자하며 미국 로스앤젤레스 지역에서 활동 중이다. 특징은 흑인, 장애인, 여성, 동성애자 등을 위한 사회적 기업에 집중적으로 투자한다는 점이다.

● 메이크 인 LA(Make in LA)

푸드테크, 자동화, 모빌리티, 항공우주, 기후테크, 헬스&웰니스 등과 같은 분야에서 B2B, B2C 하드웨어 기반 스타트업에 집중적으로 투자한다. 로스앤젤레스, 라틴아메리카 등에 진출해 있다.

● 스트롱 벤처(Strong Venture)

사무 자동화, 통계 분석, 지능 분야의 시드 단계 스타트업에 투자한다. 로스앤젤레스, 한국 등에 진출해 있다. 특징은 한국계 투자자로 구성되어 있다는 점이다.

● 솔가닉앤코(Solganick & Co.)

IT 서비스, 헬스케어, 인공지능, 핀테크, 애드테크 등의 분야에 투자한다. 로스앤젤레스, 토론토, 샌프란시스코, 달라스 등에 진출해 있다.

● 베리파이 인베스터(Verify Investor)

소프트웨어, 헬스케어, 인공지능, 에듀테크 등의 분야에 투자하며 미국 로스앤젤레스 지역에서 활동한다. 변호사로 구성된 벤처캐피털이라는 점이 특징이다.

● 테크코스트 엔젤그룹(Tech Coast Angel Group)

스타트업 전반에 투자하며 로스앤젤레스, 오렌지 카운티, 샌디에이고 등에 진출해 있다. 특징은 1997년부터 400개 회사에 2억 3천만 달러를 투자한 대규모 투자 회사라는 점이다.

● 파사데나 엔젤스(Passadena Angels)

스타트업 전반에 투자하며 남가주 전체 지역에 진출해 있다. 누적 195개 회사에 7,500만 달러를 투자한 대규모 투자 회사다.

● 스터브스 앨더톤&마카일스(Stubbs Alderton & Markiles, SA&M)

로스앤젤레스에 소재한 액셀러레이터다. 2002년 pre-accelerator 프로그램으로 창업해, 현재는 산타모니카 대표 pre-accelerator 중 하

나다. SA&M은 스타트업들이 창업하기에 앞서 세금, 저작권, 기업 소
송, 매입, 합병 등 창업자들이 반드시 알아두어야 할 법률 관련 교육
과 컨설팅을 하며 투자 유치 연결을 지원한다.

🌐 www.stubbsalderton.com

● 엘리베이터 X(Elevator X)

로스앤젤레스에 소재한 액셀러레이터다. 2018년에 설립된 엘리베이
터 X는 대형 공유 오피스 회사인 에토스 소사이어티(Ethos Society)
와 협력 중이며, 해외 스타트업들이 미국 시장 진출을 하는 데 필요한
다양한 서비스를 지원한다. 한국어 담당자가 15시간 이내 피드백을
처리하는 것이 기준일 정도로 신속하게 업무를 진행한다. 한국 기업에
게 친숙한 카카오톡과 메신저를 통해서도 업무를 지원한다. 크라우드
펀딩, 투자 유치 컨설팅, 온라인마케팅, 인큐베이팅 프로그램 등 서비
스를 제공한다.

🌐 www.elevatorxla.com

● 클린테크(LA CLEAN TECH)

로스앤젤레스에서 운영하는 그린사업에 중점을 둔 비즈니스 인큐베
이터로 클린 테크놀로지 상용화와 일자리 창출을 위해 2011년 설립
됐다. 42개의 스타트업이 입주해 있으며, 입주 기업에 CEO 코칭, 금
융모델링(Financial Modeling), 사업 개발, IP 등 서비스를 제공한다.
《UBI Global》에 따르면 LA 클린테크는 2014년, 전 세계 67개국 800
여 개의 인큐베이터 중 6위로 평가됐다. 친환경 · 그린사업 분야의 스
타트업이 아니면 입주할 수 없다.

🌐 www.laincubator.org

● 론치패드(Launch Pad)

로스앤젤레스에 소재한 론치패드는 2012년에 설립된 인큐베이터다.

입주 대상 기업은 신재생 에너지, 대체 연료, 정수 기술, 배기가스 감소 차량 기술 등의 클린에너지 기업 위주로 선정한다. 우선, 이익을 추구하는 클린 기술 기업이어야 하며 초기 단계의 업체, 사업 잠재력, 경영팀의 자질, 전략적 적합성, 재정적 상황, 지역사회에 대한 잠재적인 경제 효과 등을 체계적으로 검토한 후 입주 기업을 선정한다. 입주 신청은 수시로 할 수 있으며 입주 기간은 1년을 기본으로 계약 체결 이후 입주 30일 이전이나 계약 만료에 의한 퇴거 30일 전에 미리 통지해야 한다. 해외 기업의 경우, LA 지역에서 사업을 지속할지에 대한 가능성을 먼저 검토하므로 체계적인 현지 진출 계획이 있는 기업에게 유리하다.

테크 스타트업을 연중 1~2회 모집한다. 지원 기업 수는 26개이며 지원 기간은 3개월이다. 펀딩(25,000~150,000달러), 공유 사무공간 지원, 구글 페이드 트레이닝, 구글 지원 품목 크레딧 지원, 맞춤형 전담 멘토링, 지원 종료 후 6개월 서포팅 등을 지원한다.

🌐 www.laincubator.org

● 월트 디즈니 액셀러레이터(Walts Disney Accelerator)

기술 엔터테인먼트 분야의 스타트업을 연중 1~2회 모집한다. 지원 기업 수는 23개이며 지원 기간은 3개월이다. 펀딩(20,000~100,000달러), 디즈니 고위간부 멘토링, 공유 사무공간, 마케팅 등을 지원한다.

● TYTL Lab

클린테크 텔레콤, 헬스케어, CE 패션, 엔터테인먼트 분야의 스타트업을 연중 6회 모집한다. 지원 기업 수는 41개이며 지원 기간은 3~6개월이다. 펀딩(50,000~2,000,000달러), 전략 수립 컨설팅, 브랜딩과 마케팅 계획, 기업공개 자문, 공유 사무공간 등을 지원한다.

● 다저스 액셀러레이터(Dodgers Accelerator)

기술 전자상거래, 엔터테인먼트 분야의 스타트업을 연중 3회 모집한다. 지원 기업 수는 16개이며 지원 기간은 4~6개월이다. 펀딩(12만 달러 이상), 공유 사무공간 지원, 네트워킹, 워크숍, 제품 유효성 확인, 시장 유효성 확인 등을 지원한다.

오스틴

인터넷, 무선통신, 소프트웨어에 투자 집중

벤처캐피털 투자가 증가하는 추세에 있다. 2019년 오스틴의 벤처캐피털 투자액은 약 17억 3천 만 달러로 미국 7위 규모다. 1위는 샌프란시스코 473억 달러, 2위는 뉴욕 172억 달러다. 2019년 오스틴 벤처캐피털 투자 건수는 151건으로 미국 9위를 기록했다. 1위는 샌프란시스코로 1,722건, 2위는 뉴욕으로 883건이다.

2014~2018년 사이 오스틴 벤처캐피털 투자액 중 47.3%가 인터넷 분야에서 이뤄졌다. 전국 평균인 39.5%를 상회했다. 모바일 및 통신, 소프트웨어, 컴퓨터 하드웨어 및 서비스는 각각 15.6%, 12%, 5.3%를 차지했다.

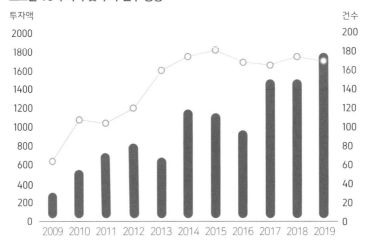

오스틴 VC 투자액 및 투자 건수 동향

	2009	2010	2011	2012	2013	2014	2015	2016	2017	2018	2019
● 투자액($M)	321	567	736	804	663	1199	1112	971	868	1479	1729
○ 투자건수	58	95	93	109	141	156	162	148	147	157	151

출처: PWC, Money Tree

주요 CVC 프로그램

	오스틴		미국
	투자액(백만 달러)	점유율(%)	점유율(%)
인터넷	2,405.1	47.3	39.5
모바일 및 통신	792.1	15.6	16.7
소프트웨어 (인터넷/모바일 제외)	608.1	12.0	7.4
컴퓨터 하드웨어 및 서비스	267.8	5.3	2.9
헬스케어	261.8	223	18.9
전자기기	223.7	4.4	1.7
식음료	218.3	4.3	1.1
소비자 제품 및 서비스	105.8	2.1	2.1
재무	54.9	1.1	1.1
자동차 및 수송수단	52.0	1.0	0.9

출처: PWC, Money Tree

현지 주요 벤처캐피털, 액셀러레이터, 기업형 벤처캐피털

● 센트럴 텍사스 엔젤 네트워크(Central Texas Angel Network)

180여 명의 엔젤투자자로 구성됐다. 2006년 설립 이후 174개 스타트업에 총 1.08억 달러를 투자했다. 성장 초기 단계 기업들에 자금 지원은 물론 멘토링, 전략 조언, 교육 지원 등을 제공한다. 투자가들은 스타트업을 공식적으로 선별하고 피치(Pitch) 과정을 통해 평가해 매년 최대 7회 자금 조달이 이뤄진다. 현재 2020년 5회의 자금 조달 일정(1월, 2월, 4월, 5월, 8월)이 나와 있으며, 이후 추가될 예정이다.

주요 투자 분야는 헬스케어, 소프트웨어, 인터넷 부문이며 이외에 식음료, 소비자 제품 및 서비스 산업 등이 있다. 헬스케어 분야 총 26개, 소프트웨어 총 24개, 인터넷 총 24개, 식음료 18개 스타트업에 투자했다.

🌐 www.ctan.com

● 상테 벤처스(Sante Ventures)

생태공학 전문 벤처캐피털로 2006년에 설립된 이후 50여 헬스케어 벤처를 통해 3억 4천만 달러 이상을 투자했다. 3개 펀드에 걸쳐 약 50억 달러 이상의 자본을 운용한다. 주로 초기 단계 스타트업에 투자를 진행하며, 일반적으로 라운드당 투자는 200~1,000만 달러다. 총 투자는 800~2,000만 달러 수준이다. 상테 벤처스는 주로 의료기술, 생명공학, 의료 서비스, 헬스케어 IT 등 헬스케어 산업에 중점적으로 투자한다. 생명공학 쪽에 11개 스타트업, 헬스케어 서비스 및 IT 쪽에 3개 스타트업에 투자했다. 이외에 익스플로리스 메디컬(Explorys Medical), 어큐로(Accuro), 클라렛 메디컬(Claret Medical), 헬스스프링(Healthspring) 등 11개 스타트업에 투자한 이력이 있다.

🌐 www.santeventures.com

● 리브 오크 벤처 파트너스(Live Oak Venture Partners)

2000년 설립되어 24건, 총 4억 달러 규모의 투자를 진행했다. 주로 텍사스에 소재한 테크놀로지 스타트업의 초기 단계 투자에 중점을 둔다. 2019년에는 1억 500만 달러의 펀드를 모금했다. 초기 투자는 100~400만 달러이며, 총 투자는 700~1,000만 달러 수준이다.

주요 투자 분야는 인터넷, 소프트웨어, 사이버보안 등이다. 현재 앰플리파이, 사이버포트리스(CyberFortress), 데이터닷월드(Data. World), 디스코(DISCO) 등 22개 스타트업에 투자했다. 과거 나비니 네트워크(Navini Networks), 라이프사이즈(Lifesize), 블랙샌드 테크놀로지(Black Sand Technologies), 스택 엔진(Stack Engine) 등에 투자했으며, 각각 시스코(Cisco), 로지텍(Logitech), 퀄컴(Qualcomm), 오라클(Oracle)에 인수됐다. 최근 엑시트 기업으로는 디지털 파머시스트(Digital Pharmacist)가 K1 Investment Management에 1억 달러에 인수됐고, 옵시티(Opcity)가 News Corp에 2억 1천만 달러에 인수됐다. 그리고 오조랩(OJO Labs)은 2019년 4,500만 달러의 신규 투자를 유치했다.

🌐 liveoakvp.com

● 인터내셔널 액셀러레이터(International Accelerator, IA)

2012년 설립한 미국의 스타트업 기업으로, 외국인을 위한 액셀러레이터다. 미국 거주를 지원하고 스타트업 기업에 전문 지식과 투자 유치 기회를 제공한다. 프로그램은 1년 단위로 진행되고, 매년 10개 팀을 선발해 각 팀에 4명의 멘토와 5만 달러를 지원하며, 사무공간을 제공한다. 투자 및 멘토링의 대가로 예비 창업가로부터 15%의 지분을 받는다.

• Founder Assimilation: 신청한 스타트업을 평가 후 선발해 미국 이주와 정착을 지원하는 프로그램이다.

- Business Model/Product Design: 상품에 대한 시장 조사, 분석, 브랜드 개발 및 투자 유치 전략 수립, 특허 신청 등을 지원하는 프로그램이다.
- Execution: 상품 개발과 생산 위주로 지원하는 프로그램이다.
- Growth: 벤처캐피털 매칭과 독립 회사 설립을 지원하는 프로그램이다.

🌐 iaccelerator.com

● 테크랜치 오스틴(Tech Ranch Austin)

2008년 설립 이후 소프트웨어, 대체에너지, 신기술 등 500여 스타트업이 참가했다. Venture Start, Venture Forth의 단기 프로그램과 Venture Builder의 장기 프로그램 등을 제공한다.

- Venture Start: 명확한 아이디어 개발과 비즈니스모델을 제시하고, 시장 분석과 경쟁 업체 파악, 사업 전략 수립에 필요한 아이디어를 제공하는 프로그램이다. 1일 과정이다.
- Venture Forth: 한 기수당 20개 스타트업을 선발한다. 초ㆍ중기 스타트업 기업을 위한 프로그램으로, 창업 단계별 전략을 제시한다. 8주에 걸쳐 진행된다.
- Venture Builder: 전문가 멘토가 26주간 스타트업을 집중적으로 지원한다. 26주에 걸쳐 진행된다.

🌐 techranchaustin.com

● 캐피털 팩토리(Capital Factory)의 액셀러레이터

텍사스에 소재한 스타트업이 인재, 투자자, 고객을 유치할 때 도움을 준다. 사무공간, 투자자 네트워크, 교육, 호스팅 신용 제공 등을 통해 스타트업이 자금을 조달하고 멘토 그룹과 연결되도록 돕는다. 초기 비용은 없으나, 1% 상당의 주식 및 대규모 자금 지원에 투자할 수 있는 권리를 받는다. 지금까지 참가한 스타트업은 렉티파이(Rectify), 블루체크(BlueCheck), 앱부즈(appVuze Inc.), 젠 비즈니스(Zen Business), 애서블(Aceable) 등이 있다.

- 교육 및 멘토링: 투자자, VIP 등 수백 명의 기술과 비즈니스 리더를 지원하고, 교육과 워크숍 등을 지원한다.
- 네트워킹: 투자자와의 네트워킹을 통해 자금 조달 성공 가능성을 높인다.
- 행사: 멘토, 파트너 등과의 정기적인 저녁 식사 모임, SXSW 기간 동안 VIP 라운지를 이용할 수 있다.
- 공유 오피스: 6개월간 공유 사무공간을 제공한다.
- 호스팅 신용: 아마존, 구글, 마이크로소프트, IBM 등에 1~2년간 호스팅 신용(25만 달러 상당)을 부여한다.

● 델 테크놀로지 캐피털(Dell Technologies Capital)

2012년에 설립된 기업형 벤처캐피털이다. 주요 투자 분야는 앱/서비스, 데이터 개발, 인프라, 보안, 반도체 등이며 전략적 투자, 재무적 투자 형태로 협업을 진행한다. 매년 투자 금액은 1억 5천만 달러 수준이며 현재 운영 중인 포트폴리오는 영국 인공지능(AI) 반도체 스타트업 그래프코어(Graphcore), 라이트벤드(Lightbend), 헤드스핀(Headspin), 배블랩(Babble Labs) 등 52개 사다. 이 중 해외 투자는 총 3건으로 이스라엘(Vdoo), 영국(Graphcore, Cloud66) 등이다. 지금까지 기업공개와 인수 등 엑시트에 성공한 기업은 45개 사다.

🌐 www.delltechnologiescapital.co

04

정부의 스타트업 지원 정책

백안관 주도의 혁신 정책

스타트업 육성에 적극적이었던 오바마 행정부에 이어 트럼프 행정부 내에서도 백악관 산하의 미국 혁신국(Office of American Innovation)을 설치해 운영 중이다. 미국 혁신국은 대국민 서비스 개선, 국민의 삶의 질 향상, 고용 촉진 정책 수립과 운영을 하며 경기 부양 계획에 관해 대통령에게 제언하는 기관이다.

스타트업 및 중소기업을 위한 국가 주도 주요 법제 및 정책

● Startup Act

신생 기업들의 자금 및 인력 조달을 용이하게 해 일자리를 창출하는 것이 핵심 목표다. 대학 연구 촉진을 위해 연방 연구자금을 활용해 R&D 자금 등을 지원한다. 비자 완화 정책으로 석사 이상 학위를 가진 이민자들에게 비자 취득 프로세스를 간소화해 제공할 예정이다. 국제적인 휴대폰 협의체인 셀룰러 통신산업협회(CTIA) 및 소비자기술협회의 지원을 받아 과학, 기술, 공학 또는 수학(STEM) 분야 석박사 학위 소지자에 조건부 영주권 또는 학생비자 만료 이후 1년 체류권을 최대 5만 명의 외국인에게 제공해 경영 환경을 지원하고자 한다.

● Tax Reform 2.0

트럼프 행정부는 중소기업 및 개인 소득세 감세 조항을 목표로 세법개정안을 추진하고 있다. 핵심은 중소기업 및 개인 소득세 감세 조항이다.

스타트업 기업의 세금 공제 가능액을 최대 2만 달러로 상향 조정하는 내용을 포함한다.

● 코로나 19 피해 중소기업·소기업 대상 대출 프로그램

트럼프 행정부는 코로나19로 인해 피해가 발생한 피고용인 500명 미만의 중소기업, 소상공인 가운데 원리금 연체나 자본잠식, 폐업 등 부실경영 사례가 없는 경우 저금리 대출 프로그램을 제공한다. 특이사항으로 민주당 소속 낸시 펠로시(Nancy Pelosi) 하원의장 등은 재무부, 중소기업청에 스타트업이 이 같은 구제기금을 받을 수 있도록 추진 중이다.

뉴욕

스타트업을 지원하는 정부 부처 및 제도

2014년 취임한 빌 드 블라지오(Bill de Blasio) 뉴욕시장은 스타트업을 지원해 뉴욕시를 혁신 기술을 선도하는 도시로 조성하려는 계획을 세웠다. 당선 이후 시장 직속의 최고기술책임자 사무국(MOCTO, Mayor's Office of the Chief Technology Officer)을 마련하고, NYCx, NYC Cyber Command, 뉴욕시 경제개발국(NYCEDC) 등의 기관을 조성했다.

● 산학연계 예비 창업가 면세 정책

뉴욕시가 NYU, 뉴욕 주립대, 뉴욕 시립대와 연계한 면세지역을 설립하고 그 지역에 스타트업을 유치·육성해 일자리 창출 등을 목적으로 하는 정책이다. 2014부터 실시해 현재까지 이어지고 있다. 요건을 충

족할 경우 신규 창업자에 대해 10년간 주세 및 지방세를 감면하는 혜택을 준다. 최초 5년간 주세, 지방세를 감면하고 이후 5년간 20만 달러 매출액 이하 기업에 적용된다. 상세조건은, 뉴욕주 면세지역에서 처음 창업하거나 다른 지역에서 이주해야 하며, 뉴욕 지역사회의 일자리 창출에 도움을 준 것을 입증해야 한다. 또 서비스 제공업(아웃소싱), 요식업, 부동산중개업, 회계법인, 개인병원 등은 제외된다.

🌐 www.nysedc.org/economic-incentive/start-up-ny-program

● 테크, 바이오테크, 커머스, 스타트업 지원 제도

• Qualified Emerging Technology Companies(QETC)
  시의 인증을 받은 신규 테크 관련 기업을 대상으로 30만 달러의 보조금을 지원하는 프로그램이다.

🌐 www.tax.ny.gov/pit/credits/qetc_capital.htm

• 뉴욕 바이오테크 면세 혜택
  바이오테크 관련 투자자나 법인 소유자가 시설, 교육 또는 운영 관련 발생 비용에 대해 세금 공제를 신청하는 프로그램이다.

🌐 www1.nyc.gov/nycbusiness/description/nyc-biotech-tax-credit

• 로어 맨해튼 임대료 감면 혜택
  뉴욕시 재무부에서 소규모 사업자 및 스타트업에 제공하는 세금 인센티브 혜택이다. 1975년 이전에 지어진 로어 맨해튼 상업 건물 개선 세입자에게 $2.5/sqft(square feet) 기준으로 세금을 줄여준다. 연간 임대료가 20만 달러 이상인 소상공인에게 상업용 임대 세금 면제 혜택을 준다.

🌐 www.downtownny.com/leasing-and-financial-incentives

● 뉴욕 경제개발국(NYCEDC)

뉴욕시의 투자, 도시 환경 개선, 일자리 창출 및 스타트업 및 기업 성장 촉진을 목적으로 1991년 설립된 비영리 기관으로, 다양한 프로그램을 운영한다. 산하 기구로 뉴욕 NCC(Neighborhood Capital Corporation), 뉴욕 IDA(Industrial Development Agency)를 두고 있다. 뉴욕 NCC는 학교, 복지센터, 식료품점 등 지역 내 인프라 구축을 위해 자금 투자 및 관리 등을 담당한다. 뉴욕 IDA는 뉴욕시로의 기업 유치, 성장 등을 돕기 위해 법인세 협상, 소득세 면제 등을 관장한다.

• 블록체인 이니셔티브

뉴욕시의 블록체인 생태계를 육성하기 위해 2019년 뉴욕 블록체인 센터(blockchaincenter.nyc)를 설립했다. 멤버십에 가입하면 사무 공간, 산학 파트너십, 멘토링 및 교육, 포럼 및 이벤트 등을 제공한다. IBM, 마이크로소프트, 스카이코인(Skycoin) 등과 협력 관계를 맺고 있다(edc.nyc/program/blockchain-initiative).

• 뉴욕 미디어랩

뉴욕시의 미디어테크 기업과 대학교를 연결해 기술혁신, 창업, 인재 육성을 목적으로 하는 프로그램이다. 경제개발국과 뉴욕의 미디어 관련 대학교(비주얼아트 학교, 뉴욕대학, 콜롬비아대학, 뉴스쿨, 뉴욕 시립대학 등)가 합작해 설립했다. 미디어랩에 가입하면 프로토타입 제작 지원, 투자자 미팅, 워크숍 등의 혜택을 받을 수 있다. 3개월 과정의 'Combine'이라는 액셀러레이터 프로그램을 운영한다(edc.nyc/program/nyc-media-lab).

● 뉴욕시 최고기술책임자 사무국(MOCTO)

타 정부 부처인 정보기술부, 데이터 분석 사무국, 경제개발국으로부터 각 분야 전문가를 리더로 임명해 운영한다. 'OneNYC 계획(One New York: The Plan for a Strong and Just City, 하나의 뉴욕: 강력하고 완전한 도시를 위한 계획)'에 근거해 기업, 스타트업, 비영리 단체, 대학 등을 연결해 뉴욕시를 혁신 기술을 선도하는 도시로 만드는 것을 목표로 한다. 'OneNYC 계획'은 2007년 블룸버그 전 뉴욕시장의 도시기본계획인 'PlaNYC'를 계승해 현 뉴욕시장이 'Strong and Fair City'를 모티브로 추진 중이다. 2019년부터는 8대 전략과 목표를 포함한 'OneNYC 2050'으로 운영 중이다.

🌐 www.tech.cityofnewyork.us

● 뉴욕 비즈니스 홈페이지

뉴욕시에서는 스타트업, 소규모 창업가를 위한 정보 창구를 운영한다. 신규 비즈니스를 시작, 운영, 확장하는 사업가를 위한 라이선스와 인증 관련 시·주·연방의 규제, 미국의 각종 제도에 관한 설명이 원스톱으로 제공되는 홈페이지다. 창업가를 위한 교육 코스, 워크숍, 타사 경영주의 컨설팅 등도 제공한다. 아울러 예비 창업가를 위한 비즈니스 가이드북도 제공된다.

🌐 www1.nyc.gov/nycbusiness/index

● Digital.NYC(digital.nyc)

뉴욕시의 공식적인 스타트업·기술 생태계 플랫폼으로, 뉴욕시 정부와 엔젤투자 정보기업 및 기술·미디어 회사들의 합작으로 설립됐다. 뉴욕 5개 자치구 내 회사, 투자자, 액셀러레이터 및 인큐베이터, 이벤트, 일자리, 강의 정보 등을 총괄한다. 협력 기관으로 뉴욕시, 뉴욕 경제개발국, Gust(민간 투자가 플랫폼), AlleyWatch(스타트업 관련 인터넷 언론), NY Tech Meetup(스타트업 종사자 모임), 뉴욕벤처캐피털협회 등 14개 단체가 있다. 2020년 3월 기준, 등록된 스타트업 수는 48,583개 사, 채용 공고는 234건, 이벤트는 45건이다.

● 뉴욕주 개발공사(Empire State Development Corp., ESD)

뉴욕주의 경제 성장, 투자 촉진, 일자리 창출을 목적으로 1995년 설립된 경제개발공사다.

- 뉴욕 벤처스

주 정부 펀드를 스타트업에 투자하는 프로그램으로, 우선 혁신 벤처캐피털 펀드는 1억 달러 규모의 펀드로, 일부 시드와 시리즈 A단계에 투자한다. 투자 금액 기준 한 회사당 50~150만 달러로 IT, 생명과학, 신재생에너지, 첨단 제조업 분야에 투자한다. 또 혁신 기술 상업화 기금(Innovation Technology Commercialization Fund)은 10만 달러 규모를 프리시드 단계에 주로 투자하며 롱 아일랜드 액셀러레이터(Accelerate LI) 등 4개 기관에 위탁해 운영한다.

🌐 www.esd.ny.gov/innovation-venture-capital-fund

오스틴

스몰 비즈니스 개발(Small Business Development)을 통한 스타트업 지원

오스틴시는 이전, 투자, 일자리 창출을 하는 스타트업에 다양한 인센티브와 장려금을 수여하고 교육 프로그램을 제공한다. 비즈니스 확장 인센티브, 에너지 리베이트, 테크 기업을 위한 장려금, 스타트업 지원 인센티브 등을 운영한다. 무료로 비즈니스 전문가들과 만나 실질적이고 기본적인 정보와 조언을 들을 수 있는 'BizAid'라는 비즈니스 오리엔테이션을 개최하고 마케팅 기술, 효율적인 네트워크 방법, 경쟁력 있는 비즈니스 계획 설계와 같은 개별 코칭 프로그램을 제공한다.

스타트업 교육 프로그램, 패스트포워드(FASTFORWARD)

오스틴시와 텍사스대학교 IC2 연구소가 추진하는 12주간의 집중적인 스타트업 교육 이니셔티브다. 참가 지원을 받은 후 면접을 통해 총 20개의 혁신 기업을 선정해 교육한다. 경제적 기회와 우수하고 명확한 솔루션을 제공하며 재무 모델 개발, 경제적 기회 실현 방법 등을 교육한다.

● **텍사스 경제개발부서(Texas Economic Development, TED)**

텍사스의 일자리 창출과 경제개발을 목표로 하는 주 정부 기관이다. 창업 과정을 7가지 기본단계로 세분화해 지원한다. 2020년 텍사스 전역에서 15개 스타트업 이벤트가 개최될 예정이다. 다른 비즈니스 및 전문가와 네트워킹, 비즈니스 성장에 도움이 되는 주요 정보를 얻을 기회를 제공한다.

🌐 www.gov.texas.gov/business

● **텍사스 경제개발의회(Texas Economic Development Council, TEDC)**

오스틴에 소재한 이곳은 텍사스의 경제 및 고용 기회를 개발하는 비영리 전문가협회다. 새로운 투자와 일자리 유치가 목표다. 교육 프로그램(Future Leaders Training), 팟캐스트를 통한 노하우 전수, 정기 세미나/콘퍼런스 개최, 멘토십 프로그램을 통한 1:1 보육 등을 지원한다.

🌐 www.texasedc.org

● **캐피털 팩토리(Capital Factory)**

2009년 설립된 텍사스의 대표적 창업 지원 기관이다. 2013년 이래 텍사스에서 가장 활발하게 투자하는 기업이기도 하다. 텍사스 오스틴과 달라스에서 연 1,600회 행사를 개최하고, 라이브 스트림을 포함해 연 참가 인원이 20만 명이며, 150여 명의 멘토를 보유하고 있다. 스타트업을 위한 사무공간, 캐피털 팩토리의 파트너 기업과의 모임, 교육, 네트워킹 기회 등을 제공한다. 파트너 기업은 마이크로소프트, 오라클, 보스, 월마트랩스, 아마존웹서비스(AWS) 등이다. '기업가

거주(Entrepreneur-In-Residence)' 프로그램을 통해 캐피털 팩토리 내 지정된 공간 제공, 타 스타트업과의 네트워킹, 멘토링 등을 지원한다. 6개월간 진행되는 액셀러레이터 프로그램이다.

🌐 www.capitalfactory.com

● **텍사스대학의 오스틴 기술 인큐베이터(Austin Technology Incubator, ATI)**

1989년에 설립된 미국 내에서 가장 오래된 기술 인큐베이터다. 오스틴에 소재한 텍사스대학과 제휴를 맺고 심층기술 인큐베이터로 솔루션을 탐구해 오스틴의 혁신 스타트업 생태계를 개발하는 데 촉매제 역할을 담당한다. 'What starts here changes the world(여기서 시작하는 것이 세상을 변화시킨다)'라는 목표에 따라 혁신제품의 상품화를 지원한다. 지금까지 실적은 IPO 10여 건, M&A 50여 건, 경제적 효과 30억 달러, 총 모금액 17억 달러, 지원 기업 300여 사 등이다(ai. utexas.edu). 주요 육성 부문은 순환경제, 에너지, 식량과 농업 기술, 헬스케어, 모빌리티, 수자원 등이다.

• 순환경제

학계, 산업계, 정부와 연계해 전자, 섬유, 식품, 화학, 건설 및 제조 등 다양한 산업에서 폐기물을 줄이기 위한 설계와 재사용을 위한 세계적 과제를 해결하는 것이 목적이다. 미국 내 순환경제 인큐베이터 3곳 중 하나로 2018년 10월에 설립됐다. ATI 순환경제 회원사는

ICON

re:3D

2040년까지 제로 폐기물, 매립지에 도달하는 폐기물의 양을 90%까지 줄이는 것을 목표로 하는 오스틴 자원 복구 마스터플랜에 기여한다. 파트너는 오스틴시와 오스틴 리소스 리커버리(Austin Recource Recovery)가 있다. 참여한 스타트업에는 Earthly(탄소 포획 기술개발), ICON(3D 프린팅 이용 주택건설 기술), Mekaworks(쓰레기수거 관련), re:3D(산업용 3D 프린팅 기술) 등이 있다.

• 에너지

ATI 클린에너지 인큐베이터는 2001년에 설립된 미국에서 가장 오래된 에너지 및 청정기술 인큐베이터 중 하나다. 에너지 효율성, 재생에너지, 그리드 현대화 및 최적화, 배터리, 스토리지, 수요 대응, 분산 발전 등의 기술을 연구한다. 22개 단체와 기업이 파트너로서 협력 관계를 맺고 있다. 참여한 스타트업에는 Inovues(외부 창 업 그레이드 기술), New Dominion Enterprises(무기 전해액 기술), Yotta Energy(에너지 저장 기술) 등이 있다.

Inovues

Yotta Energy

• 식량과 농업 기술

날씨, 해충, 토양, 온도에 대한 정보를 모니터링하고 분석해 농업의 효율성과 수익성을 개선하는 기술을 개발한다. 디지털 기술을 통해 세계 식량 시스템 개

Big Wheelbarrow

선, 풍부하고 지속 가능한 식량의 미래 기술 개발이 목표다. 식품 분야의 다양한 기업과 협력하고 있다. 파트너는 오스틴시 Office of Sustainability, GFPP 등이 있고 참여한 스타트업에는 Big Wheelbarrow(지역 농부와 도매상과 연결) 등이다.

• 헬스케어

의료산업의 혁신, 의료제품 및 서비스 증가 요구를 충족시키기 위한 목적으로 2008년 ATI 생명과학 인큐베이터가 설립됐다. 바이오오스틴, 생명과학 인큐베이터 등 11개 사가 파트너로서 협력하고 있다. 참여한 스타트업에는 Atom Mines(암 치료용 동위원소 기술), ClearCam(복강경 렌즈 클리너), Confirmed Consent(클라우드 기반 전자 동의 확인), Environmental Quality Operations(Zebra mussel 모니터링), Health Discovery Labs(중증환자용 전기적 근육 자극 시스템), HiPR Innovation(스마트 휠체어 쿠션 시스템) 등이 있다.

Clear Cam

HiPR Innovation

• 모빌리티

스마트시티, 에너지, 공급망, 여
행, 화물, 트럭이나 비행기 등 이
동성에 대한 신기술 개발을 목
적으로 한다. 파트너는 Austin
Energy, B.P., GM 등 5개 사다.

New Dominion Enterprises

참여한 스타트업에는 New Dominion Enterprises(무기 전해액 기
술) 등이 있다.

• 수자원

수자원 기술 인큐베이터는 2015년에 설립됐다. 수자원, 유통 시스
템, 처리 및 소비 등 관련 기술 상용화 지원을 목적으로 한다. 9개
단체와 협력 관계를 맺고 있으며 참여한 스타트업에는 EGP Eco(수
자원 절약 기술), Environmental Quality Operations(Zebra
mussel 모니터링), Hydroid(스마트 수량계), Shower Stream(스마
트 샤워시스템) 등이 있다.

Hydroid

Shower Stream

로스앤젤레스

캘리포니아주와 로스앤젤레스 중소기업 지원 정책

● 캘리포니아주

최첨단 제조업과 운송업, 대체에너지 분야에 대해 세금 감면 혜택을 제공한다. 관련 분야 스타트업도 이용할 수 있다. California Alternative Energy and Advanced Transportation Financing Authority(CAEATFA)에서 판매세 및 이용세 감면 혜택 프로그램, Sales and Use Tax Exclusion(STE) 프로그램을 운영한다.

🌐 www.treasurer.ca.gov/caeatfa/ste/index.asp

● 로스앤젤레스

스마트 펀딩 프로그램을 운영한다. 로스앤젤레스 카운티 정부 산하 지역개발위원회(Community Development Commission)에서 스마트 펀딩 융자 프로그램을 운영하며, 스타트업을 포함해 중소기업까지 참여할 수 있다. 첨단 기술 기업, 클린 테크놀로지, 의학 산업 및 의료관련업, 물류 운송 관련 개발 산업을 대상으로 하며, 기업 역량에 따라 맞춤형 대출 조건으로 저금리 자금 대출도 할 수 있다. 25,000~1,500,000달러까지 융자할 수 있으며 재고자산 구매, 유동자산, 신규 장비와 기기 구매, 임차 시설 개량, 일자리 창출과 유지, 채권 금융 등에 사용할 수 있다. 스마트 펀딩 프로그램 안내는 홈페이지에 나와 있다

🌐 wwwa.lacda.org/economicdevelopment/smart-funding

- 그리드 110(GRID 110)
  현 LA 시장실과 파트너십을 맺고 있는 비영리 비즈니스 인큐

베이터다. 2020년 3월 기준 145개(44 Residency, 101 Idea to Prototype) 기업이 참가 중이다. 참가 기업들의 산업 분야는 헬스, 웰빙, 전자상거래, 인공지능, 패션, 스포츠, 교통수단, 뷰티 등으로 다양하게 분포해 있다.

🌐 www.grid110.org

• 빅셀 익스체인지(BIXEL EXCHANGE)
미 중소기업청 협력 기관으로 '스타트업 론치 SBDC' 프로그램을 운영한다. LA 지역전문가들이 자본금, 상품, 마케팅, 고용 분야 관련 1:1 멘토링을 제공한다. 2013년 이래 550여 개, 2018년 한 해 275개 스타트업을 지원했다.

🌐 www.bixelexchange.info/startup

• 에토스 소사이어티(Ethos Society)

로스앤젤레스 한인 타운 중심부에 위치한 에토스 소사이어티는 약 280명을 수용할 수 있는 창업가들을 위한 대규모 공용 사무 공간으로 주변 상권과 대중교통 또한 잘 발달해 있다. 오피스 멤버십을 보유한 창업가들에게 내부 편의시설 또한 무료로 제공된다. 주소는 3435 Wilshire Blvd 14th Floor, Los Angeles, CA 90010이다. 매일 24시간 사용할 수 있으며 총 64개 공용 사무공간이 있다. 멤버십 종류나 가격은 공용 데스크는 일일 50달러, 1개월에 300~450달러, (1~8인실)사무실의 경우 1개월에 749~5,499달러다. 무료 편의시설에는 공용 주방, 방음처리 전화 부스, 개인 로커, 샤워실, 콘퍼런스룸, 라운지, 명상실, 영상 제작 부스, 요가 스튜디오, 프린터, 애플 TV, 그린스크린, 프로젝터 등이 있다.

실리콘밸리

● 산호세 바이오큐브(San Jose Biocube)

산호세시에서 지원하는 아웃소싱 창업 프로그램이다. 현재 15개 사가
입주 중이다. 멘토링, 투자, 법률 등의 서비스를 지원한다. 3개월 창
업 프로그램을 운영한다.

🌐 www.sanjosebiocube.com

● 스타트업 인 레지던스(Startup in Residence, STIR)

2014년에 샌프란시스코에서 만든 창업 지원 프로그램이다. 혁신제
품, 서비스를 공공영역에 도입하기 위한 스타트업과 정부 간 연결을
추진한다. 31개 주와 시 정부가 프로그램 파트너사로 등록되어 있다.
16주간 정부와 스타트업이 공공 이슈에 대한 솔루션을 공동 개발한
다. 하이테크 위주 기업으로 2018년에 15개 사가 입주했다.

🌐 www.startupinresidence.org

● 스타트업 워싱턴(Startup Washington)

투자 유치, 자금 조달, 트레이닝, 멘토링, 교육, 정보 제공 등을 지원
한다. 스타트업 센터에서 스타트업과 스몰 비즈니스 기업인에게 컨설
팅, 멘토링 그리고 다양한 교육 프로그램을 제공한다.

🌐 www.startup.choosewashingtonstate.com

● 스카이덱(Skydeck, 버클리대학 졸업생을 위한 프로그램)

버클리에 소재한 액셀러레이터다. 지원 대상은 디지털 헬스케어, 인
공지능, 빅데이터 등의 분야이며 심사 절차는 ①서류 접수, ②(1차) 인
터뷰 웹엑스(webex) 진행, ③(2차) 대면 인터뷰 진행, ④내부 최종심

사로 이뤄진다. 4명까지 사용할 수 있는 사무공간을 지원한다. 6개월 기준으로 보통 20개 정도의 스타트업을 선정하며, 선정된 스타트업에는 버클리 스카이덱 펀드(Berkeley SkyDeck Fund)에서 10만 달러를 투자한다. 선정된 스타트업은 6개월의 멘토링 프로그램 동안 매주 지정된 이벤트에 참석해 스카이덱 커뮤니티의 가이드를 받고, 데모데이 때 600개가 넘는 스카이덱 커뮤니티 회사에 피칭할 기회를 얻는다.

🌐 www.skydeck.berkeley.edu

● 스타트X(StartX, 스탠퍼드대학 졸업생을 위한 프로그램)

팔로알토에 소재한 액셀러레이터다. 지원 대상은 디지털 헬스케어, 인공지능, 빅데이터 등의 분야이며 심사 절차는 ①홈페이지 통해 기업 ·사업소개서 제출, ②비디오 콘퍼런스 진행, ③피칭데이 참가 및 선발 등으로 이뤄진다. 3개월 프로그램이며 단계별 멘토링을 제공한다. 네트워킹 이벤트, 워크숍 등을 지원하고, 데모데이를 통해 스탠퍼드대학교 출신 벤처캐피털 앞에서 피칭할 기회를 제공한다. 스탠퍼드 스타트X 펀드를 통해 투자하기도 한다.

🌐 www.startx.com

주요 콘퍼런스와 프로그램

스타트업 관련 주요 콘퍼런스

● 뉴욕 엠파이어 핀테크 콘퍼런스(NY Empire FinTech Conference)
핀테크 분야 콘퍼런스로 2020년 10월 14일에 열릴 예정이다. 예상 참가자는 600명 이상이다. 핀테크 스타트업 데모, 패널 토론 및 네트워킹 등의 프로그램이 진행된다.

🌐 www.empirestartups.com/events/fintech-conference-2020

● 디벨로퍼 위크(Developer Week NYC)
2020년 12/8~12/10에 걸쳐 Brooklyn Expo Center, NY에서 열릴 예정이다. 예상 참가자는 3천 명 이상, 연설자는 45명 이상이다. 동부 최대 tech 이벤트로 콘퍼런스, 워크샵, 해커톤 대회를 포함한다. 12월 8일에 VIP 리셉션, 인재채용 박람회 등이 개최되고, 10일에는 Top 5 Live demo show와 winner 발표가 이어진다.

🌐 www.developerweek.com/NYC

● The AI Summit New York 2020

2020년 12월에 이틀에 걸쳐 열리는 행사로, 예상 참가자는 4천 명 이상, 스타트업은 70개 사가 넘을 것으로 추정한다. 양일간 금융, 소매, 헬스케어 등 분야별 서밋이 개최되고, 트레이닝 아카데미를 통해 멘토링 프로그램을 운영한다.

🌐 newyork.theaisummit.com

● 사우스 바이 사우스웨스트(South by Southwest, SXSW) 피치

SXSW는 1987년 첫 개최 이후 오스틴에서 매년 열리는 세계 최대 스타트업 축제다. SXSW 피치(Pitch) 행사를 통해 스타트업은 업계 전문가, 벤처캐피털 투자자 및 엔젤투자자로 구성된 패널에 자사의 제품과 기술을 선보이는 기회를 얻는다.

2009년에서 2019년 사이 5천여 스타트업이 SXSW 피치 신청을 했으며, 이 중 503개 사가 참가했다. 참가기업 중 75%는 펀딩을 유치했으며, 총 펀딩 규모는 66억 달러에 달한다. SXSW 피치에 참여했던 스타트업으로는 클라우트(Klout), 아이콘(ICON), 힙멍크(Hipmunk), 와일드파이어(Wildfire), 시리(Siri), 튜브모굴(TubeMogul), 푸드스포팅(Foodspotting), 탱고(Tango) 등이 있다. 2020년에는 블록체인, 인공지능, 가상현실, 증강현실, 스마트시티 등 10개 부문에 50개 기업이 피치할 예정이었다. 한국 기업은 룩시드랩스(Looxid Labs), 바이시큐 스마트 바이크 락(Bisecu Smart Bike Lock) 2개 사가 파이널리스트로 선정됐다. 이외에도 호주, 영국, 덴마크, 인도, 스페인 기업 등이 선정된 바 있다.

출처: SXSW

● 오스틴 스타트업 위크(Austin Startup Week)

2011년 첫 개최된 이래 오스틴에서 매년 5일간 오스틴 스타트업들이 모여 쇼케이스를 여는 축제다. 무료로 공공에 개방하며, 매년 약

출처: 오스틴 스타트업 위크

7,500명이 방문하고 참여한다. SAP, 벨 (Bell), 캐피털 원(Capital One), 마이크로소프트, 토론토 스톡 익스체인지 등 총 15개 기업이 후원한다.

블록체인, 사이버보안, 디지털 경험, 제품 및 디자인, 판매 및 비즈니스 개발, 인공지능, 마케팅 등 분야별로 교육 세션, 해피아워, 워크숍 외에도 130여 이벤트를 진행한다.

- 블록체인: 블록체인 네트워킹을 위한 아침 식사와 질의응답, 새로운 건축기술과 블록체인, 헬스케어 부문 블록체인 적용 등 주제를 다룬다.
- 사이버보안: 새로운 표준에 필요한 사이버보안, 최소 가치 보안, 플루이드어택스(FluidAttacks)가 주최하는 해피아워를 진행한다.
- 핀테크: 히스패닉 시장을 위한 핀테크 서비스, 핀테크를 통한 B2B 관계 등의 주제를 다루고, 네트워킹을 위한 해피아워를 진행한다.

● 소칼 스타트업 데이(SoCal Startup Day)

매년 캘리포니아에서 개최되는 행사로 남부 캘리포니아 스타트업, 투자자(벤처캐피털 및 엔젤투자자 포함), 액셀러레이터와 관계자들의 네트워킹 기회와 스타트업 피칭 기회가 주어진다. 우승자에게는 총 1만 달러 상당의 상금과 상품을 준다. 참석자 1,200여 명, 투자자 300여 명이 참가하는 규모다.

🌐 www.socalstartupday.com

● 테크데이 로스앤젤레스(TechDay Los Angeles)

매년 개최되는 행사로 2020년 10월 중 개최될 예정이다. 2019년에는 8월 17일 개최됐으며, 2020년 일정은 코로나19로 인해 10월로 연기됐다. 매년 로스앤젤레스, 뉴욕과 런던에서 개최되는 테크 전문 전시회이자 콘퍼런스로 테크 관련 스타트업들과 투자자, 액셀러레이터,

얼리어답터(early adopter), 기업 사용자, 기술 인재들의 네트워킹과 비즈니스 연결을 지원한다. 전시 기업 250개 사, 참석자 7,500여 명, 액셀러레이터 15개 등이 참가한다.

🌐 www.techdayhq.com/los-angeles

● 데이터콘 로스앤젤레스(DataCon LA)

매년 개최되는 행사로 2020년 10월 24일에 열릴 예정이다. UCLA, 로스앤젤레스, 캘리포니아에서 열린다. 데이터 관련 전문 콘퍼런스로 LA 지역 관계자들이 모여 주요 이슈들을 함께 통찰하고 모범 사례와 케이스 스터디 공유, 네트워킹 기회 등을 제공한다. 1,800여 명이 참가한다.

🌐 www.dataconla.com

● 블랙스톤 론치패드 스타트업 위켄드(Blackstone LaunchPad Startup Weekend)

매년 개최되는 행사로 2020년 일정은 코로나19로 취소됐다. UCLA, 로스앤젤레스, 캘리포니아에서 열린다. 주말 54시간 동안 진행되는 스타트업 전문 콘퍼런스로 전 세계 150개국 700여 도시에서 진행된다. 누구나 참석 가능한 것이 특징이다. 학생들의 경우 팀으로 참여할 수 있으며 인기 투표로 결정된 아이디어들을 가지고 팀별 비즈니스모델 작성, 코딩, 디자인 및 시장 검증 과정을 현 기업가나 전문가들 앞에서 피칭하고 피드백 받을 기회를 제공한다. 75~100명의 학생, 그리고 10여 명의 기업가, 전문가가 멘토로 참여한다.

🌐 www.communities.techstars.com/usa/blackstone-launchpad-ca-usa

● 소칼 K-콘퍼런스(SoCal K-Conference)

매년 개최되는 행사로 2019년 10월 19일 개최됐다. 더소스(The Source), 부에나 파크(Buena Park), 캘리포니아에서 열린다. 남가주 한인 IT 아트·테크 전문가 그룹이 주최한다. LA 지역의 한인 대상 창업 및 취업 콘퍼런스로 남부 캘리포니아 지역에서 활동 중인 예술 및 테크 분야의 창업자와 전문가들의 강연과 스타트업 피칭, 토론과 네트워킹의 기회가 제공된다. 스타트업 및 창업 관련 기관 포함 300여 명이 참어한다.

● 테크크런치 디스럽트 SF(TechCrunch Disrupt SF)

매년 9~10월 샌프란시스코 모스코니센터에서 미국 미디어 기업인 오스미디어 산하 테크크런치 주최로 열린다. 2019년에는 10월 2일에서 4일에 걸쳐 개최됐다. 참가 기업 수는 20여 개국 총 550개 사에 이른다. 유명 IT업계 CEO의 강연과 노변담화, 스타트업 경연대회가 이어지고 상설 부스 전시를 통해 새로운 스타트업을 만날 수 있는 '창업 축제'다. 주요 전시 품목은 인공지능, 가상현실, 증강현실, 블록체인, 바이오테크, 핀테크, 헬스케어, 모빌리티, 개인정보보호, 로보틱스, 우주 등이다. 2011년부터 샌프란시스코, 뉴욕, 런던, 베를린, 베이징, 도쿄 등 세계 주요 도시에서 매년 열리고 있다. 벤처캐피털, 엔젤투자자, 창업가 등 약 130개국에서 9천 명(2018년 기준) 이상이 참가해 기술 기반 글로벌 스타트업의 최신 동향을 분석하고 업계 관계자들과 네트워킹할 수 있다. 행사는 크게 콘퍼런스, 스타트업 배틀필드, 스타트업 앨리로 이뤄진다.

스타트업 육성 주요 대학과 연구기관

● 뉴욕대학교(NYU)

뉴욕 내 소재 대학 중 가장 활발하게 스타트업 생태계를 육성하고 있다. 탠던(Tandon) 공과대학 및 스턴(Stern) 경영대를 중심으로 구성된 스타트업랩을 통해 다양한 교육 프로그램과 피칭 대회 등 행사를

출처: NYC Enterpreneur 원스톱 페이지

개최하고 산업별 정보와 펀드 매칭 등 전 분야에 걸쳐 서비스를 제공하고 있다.

- (엔지니어링)탠던 스쿨

    뉴욕대학교 산하의 탠던 퓨처랩스(TanDon Future labs)는 뉴욕시의 지원을 받는 스타트업 인큐베이터다. 데이터, 도시, 디지털, 베테랑 랩 등 4개 허브에서 멘토십, 지역 기반의 네트워크 등 자원을 제공하고 교육 프로그램을 운영한다. 2009년 개설 이래 95개 사가 프로그램을 이수했다. 우버에서 인공지능랩으로 인수한 지오메트릭 인텔리전스(Geometric Intelligence)가 이곳 프로그램을 이수했다. 무엇보다 뉴욕시 내 2,740개 일자리 창출에 기여했다. 또 메이커 공간(Marker Space)은 스타트업 간 협업 공용 공간이자 연구 공간이다. 그리고 '발명, 혁신, 그리고 기업가를 위한 기관(Institute for Invention, Inovation, and Entrepreneurship, IIIE)'은 혁신과 기업가 정신을 모토로 하는 스타트업 연구·교육 센터다.

- (경영대)스턴 비즈니스 스쿨

    뉴욕대학교 산하의 버클리 혁신랩은 전 분야 스타트업 지원 종합 센터다. 전문 상담프로그램(Startup Advising), 기업가 과정 교육 등을 진행하고 각종 피칭 및 액셀러레이팅 경연을 개최한다. 재정

도움, 멘토십 커뮤니티(Stern Venture Fellows) 운영 및 밀착 워크숍을 통해 뉴욕과 실리콘밸리에 소재한 테크 기업과 연계하는 프로그램을 운영한다. 또 'Endless Frontiers Lab(EFL)'이라는 9개월에 걸친 프로그램을 통해 사이언스·딥테크 등 전문 기술 잠재력을 가진 초기 기업의 스케일업 전문 과정을 운영한다.

- 스타트업 스프린트(Startup sprint)

  고객 분석부터 최종 투자 단계까지 포괄하는 멘토링 및 교육 기반의 단계별 스타트업 육성 프로그램이다. 블랙스톤 등 벤처캐피털과 아마존웹서비스, 체로키(Cherokee) 등 기업이 후원한다.

- 레슬리 이랩(Leslie eLab)

  6,800sqf 규모의 공유 사무공간으로 예비 창업가들이 네트워킹을 이뤄 협업하고 아이디어를 개발해나가는 허브 역할을 한다.

● IN2 NYC(International Innovators Initiative)

뉴욕 시립대학교와 뉴욕시 경제개발국이 공동 진행하는 산학 협력 프로그램이다. 경쟁 심사를 거쳐 선발된 외국인 창업가들을 뉴욕 시립대학교(CUNY) 7개 단과 대학 중 한 곳과 매칭시켜 대학 내에 인큐베이터 공간을 임대해주고 공동연구, 학생 멘토링, 학생 인턴 채용 등을 지원한다. 참가 외국인 창업가들에게 cap-exempt H-1B 비자에 지원할 자격을 부여한다. H-1B Cap Exempt job 제도는 고용주가 정부 또는 비영리 단체일 경우, 추천 없이 비자를 지원하는 제도다. 신청 자격은 영어 능통자 중에서 ①미국 외 국가에서 창업해 미국 시장으로 확장 혹은 이전하고자 하는 기업가, ②미국에서 대학을 졸업한 해외 국적의 학생 중 미국에서 사업을 시작한 자 등이다.

🌐 www.nycedc.com/program/international-innovators-initiative

● 서던캘리포니아대학교(University of Southern California, USC)

로스앤젤레스에 소재하는 대학교로 스타트업을 지원한다. 심사 절차는 ①기업, 사업소개서 제출, ②검토 후 콘퍼런스, 방문 인터뷰 진행, ③최종 선발 순으로 이뤄진다. 캠퍼스 안에 공유 사무공간을 제공하고 지원 기간에 멘토링을 해준다. LA 지역 커뮤니티 및 네트워크를 통해 투자 유치와 단계별 기업 맞춤 지원도 진행한다.

🌐 www.usc.edu

● **캘리포니아 주립대학교, 노스리지(California State University at Northridge, CSUN)**

로스앤젤레스에 소재하는 대학교로 스타트업을 지원한다. 심사 절차는 ①기업, 사업소개서 제출, ②검토 후 콘퍼런스, 방문 인터뷰 진행, ③최종 선발 순으로 이뤄진다. 네트워크를 통해 투자 유치와 단계별 기업 맞춤 지원도 진행한다.

🌐 www.csun.edu

현지 투자자 인터뷰
VC Interview

프라이머 사제 파트너스(Primer Sazze Partners)

미국 투자회사 사제 파트너스와 한국 최초의 액셀러레이터 프라이머가 2018년에 함께
설립한 실리콘밸리 벤처캐피털이다.

Q 앞으로 어떤 분야의 스타트업이 유망할까요?

인공지능, 바이오, 헬스케어, 모빌리티(전기차 및 자율주행) 분야 스타트업이 유망할 것
같으나 그 만큼 만큼 경쟁이 치열할 것으로 생각됩니다. 이외에도 아직 사람들이 관심
을 많이 갖고 있지 않은 산업 분야에서도 혁신 기업들이 다수 나올 것으로 전망합니다.

Q 투자할 때 중요하게 보는 부분은 무엇인가요?

시장과 창업자, 이 2가지 요소를 가장 중시합니다. 또한 타깃 시장의 규모가 어느 정
도이며 그 시장이 향후 얼마나 성장할 수 있을지를 중요하게 봅니다. 아울러 창업자가
어떤 비전을 가지고 있으며 그 비전을 실행할 역량을 가졌는지, 팀워크가 좋은지 등을
관심 있게 봅니다.

**Q 한국 스타트업이 현지에 진출할 때 흔히 저지르는 실수나 간과하는
부분이 있나요?**

많은 한국 스타트업들이 현지화 전략을 제대로 세우지 않고 준비가 부족한 상태에서
미국에 진출하는 경우가 많습니다. 현지 법인 설립 등 겉으로 보이는 것뿐만 아니라

제품의 성격과 팀원들의 마인드까지 완벽하게 현지화해야 할 필요성이 있습니다. 단순히 미국에 법인을 세우고 한국에서 사용한 형태의 비즈니스모델을 기반으로 하면서 그 내용을 한글에서 영어로만 바꾸는 것으로 현지화를 했다고 생각할 수 있는데 이는 겨우 한걸음을 내딛은 것과 같은 수준입니다. 보다 치밀하고 완성도 높은 현지화 전략이 필요합니다.

Q 현지 투자자와 만날 때 무엇을 가장 신경 써야 하나요?

대부분의 투자 관련 미팅은 한 번의 만남으로 결정되지 않습니다. 첫 미팅은 다음 미팅을 잡는 것을 목표로 생각하고 진행하는 것이 좋습니다. 더 중요한 것은 미팅 이후에 지속적으로 관계를 유지하면서 업데이트하는 노력이 필요합니다. 지금 당장 투자가 성사되지 않는다 하더라도 몇 년 후에 다시 투자로 귀결될 수 있도록 그 연결 고리를 계속 유지해나가는 것이 중요합니다.

덧붙여서 한 가지 더 말씀드리고 싶은 부분은 한국 스타트업의 경우 많은 분들이 너무 겸손한 것 같습니다. 미국 투자자들은 겸손함을 장점으로 보는 것이 아니라 자신감이 부족하다는 측면에서 단점으로 인식할 가능성이 높습니다.

Q 현지 진출을 희망하는 한국 스타트업에 조언을 한다면요?

미국 진출에 대한 장단기 목표를 분명하게 세워야 합니다. 제 개인적인 생각으로는, 한국 스타트업의 미국 진출은 미국 스타트업보다 불리한 환경에서 새롭게 시작하는 것과도 같습니다. 다소 극단적으로, 개발도상국에 있는 스타트업이 한국 시장에 야심 차게 진출한다고 가정해봅시다. 해당 스타트업은 어떤 역량과 마음가짐을 가져야 할까요? 한국 스타트업의 미국 진출도 이와 똑같지는 않겠지만 다소 비슷한 맥락으로 생각할 필요가 있습니다.

현지 투자자 인터뷰
VC Interview

스트롱 벤처스(Strong Ventures)

2002년에 설립되어 한국, 재미교포 기업가들을 지원하는 시드 단계 펀딩 회사다. 현재 80%의 한국계, 20%의 미주 스타트업을 지원 중이다.

Q 주요 투자 분야는 무엇이며 산업이 어떻게 변화하고 있나요?

디지털 미디어, 전자상거래, 소비자 직접 서비스(DTC), 핀테크, 헬스테크, 에듀테크, O2O 서비스, 그리고 일부 B2B SaaS에 주로 투자하고 있지만, 거기에 국한하지는 않습니다. 다만 하드웨어와 생명과학 쪽은 피하고 있습니다.

산업과 산업 요소들이 전통적 사업모델에서 벗어나 온라인으로 이동 중입니다. 모든 것이 물리적 환경에서 온라인으로 전환되고 있죠. 이제는 에듀테크와 가상 학습을 통해 코로나바이러스 세포를 직접 볼 수도 있습니다.

Q 투자할 때 중요하게 보는 부분은 무엇인가요?

팀의 능력 및 사업 수행 능력. 우리만의 영업비밀을 제외하고 말씀드리자면, 설립자들에게서 아래와 같은 3가지 능력을 중요하게 봅니다.

① 작업 수행 능력
② 자금 조달 및 세일즈 능력: 회사 규모를 키우기 시작하면 이 2가지가 매우 중요해집니다. 초기 전략에만 의존할 수는 없습니다.
③ 우수 인재 채용 능력. 설립자들의 과거 커리어 등 설립 배경

Q 한국 스타트업이 현지에 진출할 때 흔히 저지르는 실수나 간과하는 부분이 있나요?

자신을 과대평가하는 것입니다. 아직 작은 지역 시장도 구축하지 못했는데 일찍부터 세계 진출이 가능하다고 생각합니다. 일반적으로 글로벌 테크에 노출되는 것은 좋은 일이지만 끊임없이 해외로 나가면서 성장이 없다면 회사나 설립자에게 문제가 있는 것입니다. 너무 일찍 자금 조달을 시작하는 것도 좋지 않습니다. 벤처캐피털 세계는 작아서 소문이 금방 퍼지거든요.

Q 현지 진출을 희망하는 한국 스타트업에 조언을 한다면요?

글로벌 투자자를 공략하기 전에 확실한 견인력이 있어야 합니다. 공동창업자, 팀장, 아니면 적어도 매니저급 중에 다문화, 다중언어 구사자가 필요합니다. 엉터리 영어로 사업 피칭을 하는 것은 그들만 어설퍼 보이게 하는 게 아니라 다른 한국 스타트업에 대해서도 나쁜 이미지를 심어줄 수 있습니다. 이건 굉장히 중요한 점인데요, 미국 투자자들은 자기 PR과 보여주는 모습에도 큰 점수를 줍니다. 막연히 한국에서 잘되고 있으니 미국에서도 잘되리라고 생각하는 스타트업 CEO들은 결코 성공하지 못합니다.

Q 코로나19가 회사 운영에 어떤 영향을 주었나요?

여전히 적극적으로 투자 중이지만 필터 기준이 훨씬 더 까다로워졌습니다. 물류, 전자상거래 등 불황을 타지 않는 사업 위주로 투자처를 탐색 중입니다.

현지 투자자 인터뷰
VC Interview

루비콘 벤처캐피털(Rubicon Venture Capital)

뉴욕시에 본사를 둔 전사적 소프트웨어, 옴니채널 소비재 스타트업들과 미국 내 신흥시장에 투자하는 초기 단계 벤처캐피털 펀드다.

Q 주요 투자 분야는 무엇이며 산업이 어떻게 변화하고 있나요?

전사적 소프트웨어의 경우 서비스업 기술(SaaS), 전자상거래 인프라, 프롭테크, 핀테크, 워크플로우 기술에 초점을 맞추고 있습니다. 소비재 산업 중엔 급성장하고 있는 음료, 장기 보존 가공품(통조림 등)에 투자합니다. 이 중 프롭테크는 부동산 등 사유 재산 처리 관련 금융, 행정 자동화 시스템 및 플랫폼 분야입니다.

현재 전반적으로 벤처캐피털 투자가 정체되어 있습니다. 경기침체 상황에서 기존 투자처와 협력해 기존 사업을 유지해나가는 데에 주력하고 있습니다. 이런 상황에서 투자시장을 새롭게 분석하고 공격적인 투자를 재개하기까지 꽤 오래 걸릴 것으로 예측합니다.

그리고 여행과 서비스업 기술 분야 등의 업종은 코로나19로 인해 고전 중입니다. 많은 회사가 비용, 인원 감축 등 생존 모드로 돌입했고, 하루빨리 개선되기를 바라고 있습니다.

Q 투자할 때 중요하게 보는 부분은 무엇인가요?

보통 팀(구성원), 그리고 지금까지 계획과 수행력의 연관성을 평가합니다. 우리는 한 회사가 약 100만 달러의 연수익을 창출하기 시작할 때 투자하므로 시간을 들여 설립자에 대해 파악하고 조사할 수 있습니다. 그저 있으면 좋을 듯한 회사가 아닌 우리에게 꼭 필요한 회사여야만 투자합니다. 우리는 산업과 그 분야의 발전 가능성을 검토하고, 우리의 투자가 회사 수익 증진에 어떻게 쓰일지를 생각합니다.

Q 한국 스타트업이 현지에 진출할 때 흔히 저지르는 실수나 간과하는 부분이 있나요?

부족한 영어 실력이 걸림돌이 됩니다. 그리고 미국 내 네트워크와 네트워킹 방법에 대한 지식 부족 등이 있습니다. 미국은 세일즈와 지금 조달 방식이 한국과 크게 다른데 한국 스타트업들이 이에 적응하지 못하는 경우가 많습니다. 한국 스타트업들은 고객과 벤처캐피털의 동향과 피드백에 대한 대응력이 떨어지며, 경직된 조직 구조로 변화가 더디다는 문제가 있습니다.

Q 현지 투자자와 만날 때 무엇을 가장 신경 써야 하나요?

영어, 즉 언어가 가장 밑바탕이 됩니다. 이 도구를 바탕으로 사업에 대해 유창하게 설명해야 합니다. 시장에서의 문제점을 어떻게 해결하고 있는지, 수익 구조는 어떻게 되는지를 투자자들은 궁금해해요. 일례로 PT나 피칭을 할 때 미국계 스타트업이 어떻게 제시하는지 보고 벤치마킹해 설계, 디자인해보면 감이 잡힐 겁니다. 벤처캐피털과 한번 만나서는 투자가 이루어지지 않는다는 점을 명심하세요. 투자를 유치하는 데는 수차례 접촉하고 숱한 회의가 필요합니다.

Q 현지 진출을 희망하는 한국 스타트업에 조언을 한다면요?

미리 관계를 쌓을 것. 특히 외국계 회사들은 제공할 제품과 서비스가 미국 시장에서 어떻게 자리 잡는지 그 이력을 살펴봅니다. 시장 점유율과 초기 매출 견인력을 키우세요.

현지 투자자 인터뷰
VC Interview

백스테이지 캐피털(Backstage Capital)

2015년에 창립됐으며, LA에 위치한 소수 인종과 사회적 약자, 여성들로 구성된 스타트업을 대상으로 다양한 육성 프로그램과 투자 유치를 돕고 있다. 창립 이후, 51개 사 이상의 스타트업에 투자했으며 기업 규모를 지속해서 넓히고 있다.

Q 소수 인종과 사회적 약자 또는 여성들로 구성된 스타트업에 주로 투자한다고 하는데, 그 이유는 무엇인가요?

알다시피 시대가 빠르게 변하고 있고, 점점 더 많은 투자자와 투자 회사가 스타트업과 신기술 개발에 투자하는 추세입니다. 미국은 스타트업 지원 정책이 아시아 국가보다 부족한 편입니다. 백스테이지 캐피털은 좋은 기술을 보유했지만 자금 지원이 상대적으로 부족한 사회적 약자, 소수 인종, 여성 창업가들을 지원하기 위해 많이 노력하고 있습니다.

Q 투자할 때 중요하게 보는 부분은 무엇인가요?

팀 구성원, 시장성, 경쟁사, 솔루션, 스토리를 중요하게 봅니다. 초기 단계의 스타트업은 대부분 시제품이 아직 없거나 완제품이 준비되지 않은 상태이기 때문에 특정 제품에 대한 '확실한 시장성(Market Validation)' 부분은 크게 기대하기 어렵다는 공통점이 있습니다. 따라서 이 단계의 스타트업들에 투자할 때는 주로 '사람', 즉 이 회사를 키워낼 팀 구성원에 집중합니다. 스타트업과 제품을 이끄는 팀 구성원들의 배경이나 경험이 충분히 해당 사업과 연관이 있으며 향후 사업 성장의 가능성을 보여주어야 합니다.

투자금은 단순히 '돈'이 아니라 수많은 경쟁을 뚫고 '생각'을 '현실화'하게 해주는 도구이기 때문입니다.

Q 앞으로 어떤 스타트업이 유망할까요?

누구도 확실하게 예측할 수 없지만, 5G가 상용화됨에 따라서 사물인터넷 기술을 기반으로 한 가전제품과 소비 제품, 보안, 가상현실, 증강현실, 인공지능 등이 지금보다 속도가 더 빨라지고 정확성도 상승할 것 같습니다. 많은 나라가 코로나19로 힘들어하지만, 이 사태를 계기로 집에서 놀이와 업무를 해결할 수 있는 제품과 기술들이 많이 발전할 것 같습니다. 물론, 바이오테크 회사에도 많은 관심이 쏠리겠지요.

현지 투자자 인터뷰
VC Interview

Q 한국 스타트업이 현지에 진출할 때 흔히 저지르는 실수나 간과하는 부분이 있나요?

한국 스타트업뿐만 아니라 모든 스타트업이 염두에 두어야 할 부분이 물론 있습니다. 그중 하나가 피칭입니다. 여러분이 시장에 가보면 알겠지만 유사한 제품을 생산하는 회사가 많습니다.

똑같은 내용물이라고 해도 빽빽한 글씨와 설명이 적혀 있는 포장지와 심플하고 한눈에 들어오는 브랜딩으로 포장이 된 제품이 나란히 있으면, 소비자 입장에서 대부분 브랜딩이 잘되어 있는 제품을 선택하겠지요.

이렇게 제품을 포장하는 것을 피칭에 적용할 수 있습니다. 피칭은 제품과 회사와 팀이 다른 회사와 차별화될 수 있는 장점을 강조해야 투자자들과 소비자들의 관심을 끌 수가 있죠.

하지만, 정말 생각보다 많은 스타트업이 피칭할 때 불필요하게 자세한 내용을 전달하려고 해서 듣는 이를 지루하게 하고 결과적으로 관심을 잃게 만듭니다. 좋은 제품을 개발하는 만큼 피칭도 정말 중요하니 영어가 부족하면 원어민을 고용해도 좋고 전문가의 도움을 받는 것도 권합니다.

Q 현지 진출을 희망하는 한국 스타트업에 조언을 한다면요?

전문가들의 조언을 많이 얻었으면 좋겠습니다. 스타트업 창업가의 입장에서는 투자자들이 본인의 아이디어나 제품의 시장성에 대해서 본인만큼 잘 알지 못한다고 여길 수도 있지만, 투자자는 자선 사업이 아닌 '수익 가능성'을 보고 투자하는 주체입니다.

창업가의 입장에서는 생각지 못한 다양한 부분까지도 고려하고 있음을 명심하면 좋겠습니다.

또한 처음부터 '아마존처럼 미국 시장 전체를 장악하겠다'라는 무리한 목표를 세우기보다 매우 세분화한 작은 타깃 시장부터 공략해 점차 영역을 확장해간다는 목표가 유리합니다.

이와 더불어 미국 시장에서 대세로 여겨지는 플랜트베이스드(Plant-based), 비건(Vegan), 친환경 같은 사회적 큰 흐름이나 트렌드를 잘 파악해 이에 맞춰가는 것도 중요합니다.

마지막으로 '시장 조사'를 결코 가볍게 여기지 않아야 합니다. 예비 창업가 중 1년 이하의 짧은 기간에 시장 조사를 마친 후 급히 사업을 진행하고자 하는 경우를 많이 볼 수 있습니다.

그러나 시장 조사에는 타깃 시장 파악과 정의, 시장 규모 조사, 잠재 소비자 발굴 및 테스트, 피드백 취합 및 반영, 지속적인 보완 등 여러 활동이 포함될 수 있기에 수년이 걸리는 핵심적인 단계입니다. 스타트업이 성공적인 방향으로 나아가기 위해서는 충분히 시장 조사를 해야 합니다.

현지 투자자 인터뷰
VC Interview

SRI 벤처스

SRI는 매우 큰 규모의 국제 비영리 계약 연구기관으로 핵심 연구 활동 및 연구 결과를 상업화한다. SRI가 지원해 성공한 스타트업에는 시리(Siri), 음성 인식 분야 전문기업 뉘앙스(Nuance), 인투이티브 서지컬(Intuitive Surgical) 등이 있다.

Q 앞으로 어떤 스타트업이 유망할까요?

근본적인 원인은 매우 다르지만, 현재 스타트업계는 2000년 닷컴 버블 붕괴나 2008년 금융위기와 비슷한 상황에 있습니다. 두 위기 동안 모든 사람이 창업에 대한 새로운 자금 조달 메커니즘(2000년)이나 금융회사의 개선된 리스크 관리(2008년) 같은 단기적 요구에 지나치게 집중했기 때문에 미래 산업 동향을 예측하는 것은 불가능했습니다. 예를 들어 원격 헬스케어 및 백신 설계가 스타트업 트렌드가 될 것이라는 현재의 예측은 부정확할 수 있습니다. 물론 원격 헬스케어 및 백신 설계 영역은 발전하겠지만, 새로운 스타트업이 아닌 기존 스타트업과 대기업들에 의해 발전할 것이라는 의미입니다.

Q 투자할 때 중요하게 보는 부분은 무엇인가요?

투자할 곳을 선택하는 기준은 매우 다양합니다. 모든 투자자에게 공통적인 부분도 있고 구체적이고 특별한 부분도 있습니다. 모든 스타트업이 모든 기준을 충족하는 것은 아니지만, 일반적으로 한 분야에서의 강점은 다른 분야에서의 약점을 상쇄할 수 있습니다.
투자할 스타트업을 찾는 대다수 투자자가 요구하는 바를 정리하면 다음과 같습니다.

① 리더십 그룹: 유능하고 적응력이 뛰어나고 코칭이 가능하며 완성도가 높아야 한다 (기술 및 비즈니스 스킬 포함).

② 올바른 기술 활용: 기술은 혁신적인 신기술 또는 기존 기술 포함(특허를 침해하지 않는 한도 내에서).

③ 시제품: 기술은 제품이 아님. 제품은 어느 정도 시장에서 채택할 만한 응용 기술을 의미한다.

④ 타깃 시장에 대한 적절한 타이밍: 시장 진입이 너무 늦으면 경쟁이 많으며, 너무 이르면 수요가 없음.

⑤ 적대적이지 않은 규제 환경: 정부의 지원 또는 무관심.

Q 한국 스타트업이 현지에 진출할 때 흔히 저지르는 실수나 간과하는 부분이 있나요?

투자자를 너무 빨리 찾으려는 경향이 있습니다. 투자자들은 대부분 지리적으로 가까운 기업에 투자하기 때문에 외국인 창업자들은 이미 약점을 안고 출발하는 셈입니다. 이런 약점을 보완하기 위해서는 다른 모든 분야에서 강해져야 합니다. 그러므로 한국 투자자들 또는 스타트업이 일군 이익으로 자금을 조달해 미국에서 활동한 후 미국 투자자들을 찾는 것이 유리할 수 있습니다.

그리고 미국 시장과 한국 시장을 같다고 생각하는 실수를 흔히 범합니다. 예를 들어 군 복무 기간 동안 젊은 남성들을 타깃으로 한 제품이 의무 군복무가 없는 미국에서 성공할 가능성은 희박합니다. 미국 시장에 대한 깊은 이해와 비즈니스 문화, 소비자에 대한 이해가 성공의 중요한 전제 조건입니다. 어떤 제품은 미국 시장에 전혀 맞지 않지만, 제품, 지원, 마케팅, 판매 메커니즘을 수정하면 성공할 수도 있습니다. 어떤 기업

현지 투자자 인터뷰
VC Interview

들은 미국 시장에 매우 적극적으로 진출해 자본을 투자한 후에 뒤늦게 제품이 시장에 적합하지 않다는 것을 깨닫기도 합니다. 투자를 시작하더라도 시장 진입은 점진적이어야 합니다.

미국에서의 생활비와 사업비를 과소평가하거나 앞서 언급한 미국 시장에 대한 이해를 넓히고 필요한 관계를 구축하는 데 필요한 시간을 과소평가합니다. 액셀러레이터나 SRI와 같은 지역 파트너는 미국 진출에 큰 도움이 되지만 그럼에도 예상보다 시간이 오래 걸릴 것입니다. 그러므로 샌프란시스코나 뉴욕에 진출하기 전에 비용이 저렴한 도시 내 진출과 적응이 큰 도움이 됩니다. 오스틴과 시애틀은 좋은 대안이 될 수 있습니다.

한·미 공동체를 넘어서는 네트워크가 필요합니다. 대체로 미국 내 한인을 고용하는 데 초점을 맞추지만 더 넓은 미국 문화를 대표하려면 한·미 공동체 외의 네트워크를 형성하는 것이 중요합니다. 한·미 공동체와 협력은 하되 그 한계를 뛰어넘어야 합니다.

투자자와 고객의 피드백을 효과적으로 반영하지 못하는 경우를 종종 봅니다. 투자자들이 보이는 비언어적인 피드백 또한 매우 중요합니다. 스타트업의 설립자가 피드백을 처리할 수 없다면, 다음 피치에서의 성공 가능성은 낮아집니다. 최소한 최초 몇 번 미팅하는 동안 미국 고문이 함께 참석해 피드백을 처리할 수 있도록 도움을 받은 후 투자자들을 만날 준비를 해야 합니다. 모든 회의에는 두 명의 스타트업 대표가 참석해 한 명은 피치를 하고, 다른 한 명은 참석한 투자자에게 주의를 기울여야 합니다. 특히 비언어적인 단서들, 예를 들어 하품을 한다든지, 메모를 한다든지, 휴대전화를 확인한다든지 등 몸짓을 모니터링해야 합니다.

마지막으로 미국 지사를 설립자 없이도 운영 및 성장하는 방식으로 구조화하는 것을 소홀히 하는 실수를 하기도 합니다.

Q 현지 진출을 희망하는 한국 스타트업에 조언을 한다면요?

전반적으로 미국 진출을 원하는 한국 스타트업들은 순진한 실수를 저지르는 경향이 있습니다. 젊은 스타트업은 미국 시장에 대해 잘 알지 못해서, 좀 더 성숙한 기업들은 오만해서 미국 시장에서의 성공이 쉽다고 생각하는데, 현실은 그렇지 않습니다. 신뢰할 수 있는 미국 파트너와 협업해야 미국 시장에서 좀 더 수월하게 성공할 수 있습니다.

적절한 파트너를 찾기 위해서는 시간이 걸리고, 현지의 신뢰할 수 있는 네트워크를 구축해야 하며, 법적 계약이 필요하고, 미국 문화를 받아들여야 한다는 점을 기억해야 합니다.

현지 진출에 성공한 국내 스타트업

센드버드
SENDBIRD, INC.

품목(업종)
IT, 웹 및 통신

설립연도
2013년 2월

대표자
John S. Kim (공동 창업자: Brandon Y. Jeon,
Forest Lee, Harry Kim)

소재지
서울 강남구 선릉로 514 17층

홈페이지
www.sendbird.com

종업원 수
200명

Q. 센드버드는 어떤 기업인가요?

센드버드에는 흥미로운 창업 스토리가 있습니다. 처음에는 자녀를 둔 엄마들이 서로 돕기 위해 육아 팁과 사진을 공유하는 스마일 맘(Smile Mom)이라는 커뮤니티로 시작했습니다. 초기 창업 멤버들은 커뮤니티를 활성화하기 위해 실시간 채팅 기능을 만들고자 했습니다. 그러나 시장에 나와 있는 개발 도구가 부족해 실시간 채팅 기능을 만드는 데 많은 시행착오를 겪었습니다. 스타트업이 채팅 기능을 직접 개발하기에는 현실적으로 어려움이 많기 때문에, 주변에 창업한 친구들이 스마일 맘(Smile Mom)의 채팅 기능을 자사 앱에 추가하고 싶다고 요청해왔습니다. 몇 주 동안의 시간과 노력으로 채팅 기능을 소프트웨어 개발 키트(SDK)로 추출해 외부에 공유할 수 있게 되었고, 친구들의 스타트업에 임대해주었습니다. 이렇게 센드버드의 아이디어가 등장하게 되었습니다. 채팅 기능 임대가 성공을 거두면서 우리 기업은 다양한 앱에 채팅 기능을 제공하는 데 집중했습니다. 센드버드의 CEO 존 김(John Kim)은 센드버드 이전에 '파프리카 랩(Paprika Lab)'이라는 게임 회사를 창업해 일본 게임 회사인 GREE에 팔았는데 그 과정에서 현재 센드버드의 공동창업자들을 만났습니다.

Q. 어떻게 자본을 조달하셨나요?

센드버드의 현재까지 자본 조달 규모는 약 1억 2,070만 달러입니다. 2015년에는 와이콤비네이터에 지원해 2016 윈터 클래스(Winter Class)에 선발되었습니다. 이를 통해 미국 내에서 초기 펀딩을 받을 수 있었습니다. 2017년에는 오거스트

캐피털(August Capital)과 샤스타 벤처스(Shasta Ventures)에서 1,600만 달러 규모의 펀딩을 받았습니다. 2019년에는 아이코닉 캐피털(ICONIQ Capital)과 타이거 글로벌 매니지먼트(Tiger Global Management)에서 1억 달러 규모의 펀딩을 받았습니다.

Q. 현지에서 파트너는 어떻게 발굴했나요?

센드버드의 미국 오피스는 캘리포니아 샌 마티오(San Mateo)에 소재하고 있습니다. 센드버드의 창업자들은 와이콤비네이터에 선발된 적이 있고, 이전에 실리콘밸리에서 일했던 경험이 있습니다. 따라서 인재와 자본에 대한 접근성이 가장 좋은 곳에 자리 잡을 수 있었습니다. 현지에서 창업하기 위해 특별한 파트너가 필요한 것은 아닙니다. 센드버드 창업자 존 김은 파프리카랩 근무 시절, 이미 미국 기업으로 활동하기 위해 필요한 사항들을 조사했습니다. 그래서 센드버드가 미국으로 진출해야 할 시점에 맞춰 제대로 대비할 수 있었습니다. 또한 와이콤비네이터로부터 로펌을 추천받아 법적 사항을 처리할 수 있었습니다.

Q. 해외 창업에 있어서 시장 진입의 과정이 궁금해요.

제조 및 생산 파트너십을 맺거나 수입원을 찾아야 하는 기존의 생산 기업들과는 다르게, 기술 기반 기업의 시장 진입 과정은 좀 더 간단합니다. 센드버드는 이미 기술에 대해 설명하고 있는 영어 웹사이트를 보유하고 있었습니다. 잠재 고객이 웹사이트를 보고 더 많은 정보를 얻고 싶어 하는 경우에 대비해 문의사항을 제출할 수 있는 기능도 구축해놓았습니다.

이러한 문의에 대응하기 위해 현지 영업 담당자를 고용했습니다. 기업이 성장해나가면서 더 많은 영업 담당자들을 고용했고 이메일, 소셜 미디어, 구글 검색 트래픽 확보 등 다방면으로 온라인 마케팅을 진행하며 시장에 진입할 수 있었습니다.

Q. 한국 또는 미국 외 국적을 가진 공학자들을 고용할 때 비자 등 현지 체류 자격은 어떻게 얻었나요?

센드버드는 미국 소재 이민법률사무소와 파트너십을 맺고 있으며 이를 통해 직원들의 비자 스폰서십 문제를 해결합니다. 미국에서 학위를 받은 해외 국적의 공학자들을 고용하기 위해 최선을 다하고 있습니다. 저희는 STEM OPT 프로그램, H1B 비자, 그리고 영주권 등 다양한 프로그램으로 비자 스폰서십을 지원합니다.

Q. 노무나 세무 등 관리 업무는 어떻게 해결하나요?

센드버드는 회사 내부 관리 부서(People & Culture팀, Finance팀, 회계팀)를 통해 전반적인 관리 업무를 해결하고 있습니다. 노무 및 세무 관리는 해당 법률을 철저하게 준수하는 것이 중요하며 이를 수행할 수 있도록 회사 내부에 체계를 구축해놓는 것이 좋습니다.

Q. 현지에 진출하면서 코트라 사업 참가 또는 지원을 받은 경험이 있나요?

센드버드는 2016년에 'KOTRA-KDDI 스타트업 파트너쉽'에 참여해 일본 대기업 앞에서 IR 피칭을 선보일 수 있었습니다. 또한 2018년에 KOTRA 실리콘밸리무역관에서 요청한 인터뷰에 응해 해외 진출에 관심 있는 한국 스타트업분들에게 저희의 경험과 이야기를 전달한 바 있습니다.

Q. 현지에 진출할 때 가장 중점을 둔 부분이 있나요?

미국 진출을 위해 현지화에 철저히 집중했습니다. 우선 언어 장벽을 없애기 위해 샌드버드의 기술 및 제품의 인터페이스는 모두 영어로 지원했고, 전문적인 서류 및 웹사이트 모두 초반부터 영어로 만들었습니다. 따라서 저희가 미국으로 진출해야 할 시기가 다가왔을 때, 회사 내부 인프라는 이미 모두 갖춰진 상태였습니다.

또한, 한국과 미국은 매출을 발생시키는 과정과 비즈니스 관습이 매우 다르다는 점에 유의하며 사업을 추진했습니다. 한 예시로, 한국에서는 고객과의 관계 형성에 무게를 두기 때문에 매출이 매우 천천히 발생합니다. 이와는 반대로 미국 사람들은 더 직접적이며 지체 없이 본론으로 들어가는 것을 선호합니다. 미국의 고객은 여러분의 제품을 빨리 알고 싶어 하며 만약 필요하다고 느끼면 구매할 것입니다. 미국에 진출하는 한국 기업은 좀 더 직접적으로 고객의 반응을 끌어낼 수 있는 준비를 해야 합니다. 새로운 국가에 진출할 때 가장 중요한 요소 중 하나는 현지의 비즈니스 환경에 적응하는 것입니다. 따라서 창업자가 미국에 직접 집을 구해서 살아보고 현지 문화를 제대로 경험하고 배우는 것이 매우 중요한 요소로 작용할 수 있습니다. 이는 한국에서 배우기에 무척 어려운 것이기도 합니다.

Q. 혹시 팁이나 조언을 한다면요?

미국에는 펀딩, 오피스 공간 지원, 비즈니스 및 법률 조언, 그리고 클라이언트 소개 등 기술 스타트업에 다양한 도움을 제공하는 인큐베이터가 많습니다. 와이콤비네이터와 같이 유명한 액셀러레이터에 선발되기 위해서는 치열한 경쟁을 뚫어야하지만, 철저한 자료조사로 얻은 지식과 끈기를 토대로 일단 선발되고 나면 현지에서 여러 조력자를 만날 수 있습니다.

작은 기업이 성공하기 위해서는 풍부한 자원과 열성적인 자세가 필요합니다. 시장의 니즈를 충족시키는 좋은 제품을 가지고 있다면 고객과 지속적인 커뮤니케이션을 통해 비즈니스를 성사시키는 데 시간과 노력을 아끼지 않아야 합니다. 미국 진출을 준비하는 한국 기업은 국내에서 이미 어느 정도 성과를 거두었을 확률이 높습니다. 그러나 미국 시장에 도전한다는 것은 모든 것을 처음부터 다시 시작하는 것과 다르지 않습니다. 현지에서 비즈니스를 계속 추진하고자 하는 열성적인 마음을 유지할 때 비로소 성공에 다가설 수 있습니다. 실리콘 밸리와 같은 전 세계 최고의 스타트업이 모여 경쟁하는 곳에서 성공하는 데 필요한 요소는 여러분의 에너지와 열성적인 의지입니다.

출처: 센드버드 홈페이지

현지 진출에 성공한 국내 스타트업

사운더블 헬스
SOUNDABLE HEALTH, INC.
(한국 법인명: 다인기술 주식회사)

품목(업종)
서비스업, 소프트웨어 개발

설립연도
2017년(미국 법인 설립: 2018년)

대표자
송지영

소재지
샌프란시스코, 캘리포니아

홈페이지
www.soundablehealth.com

종업원 수
10명

Q. 사운더블 헬스는 어떤 기업인가요?

사운더블 헬스는 스마트폰으로 얻은 음향신호를 인공지능으로 분석해 건강 상태를 알려주는 기술을 바탕으로 미국과 한국에서 디지털 헬스 사업을 하고 있습니다. 소변이 물에 닿을 때 나는 소리 파장을 분석해 비뇨기 건강 상태를 측정하고 관리할 수 있도록 돕는 '프리비(PRIVY)' 앱을 개발했습니다. 그리고 기침, 호흡음, 폐음 등을 분석해 호흡기 질환을 파악하고 관리할 수 있도록 돕는 제품을 연구개발 및 임상시험을 진행 중입니다. 우리 제품은 앱스토어나 구글플레이를 통해 일반 사용자에게도 직접 판매하고, 병원이나 제약회사, 보험사 등 의료 관련 기관과의 라이선스, 보험 급여 비즈니스도 함께 추진하고 있습니다. 미국 시장의 경우 규모나 기술면에서 가장 선진적인 헬스케어 시장이기도 하고, 한국과 달리 의료 서비스의 비용이나 접근 면에서 구조적인 문제가 심각해 해법을 찾는 중이기에 사업 기회가 많다고 판단해 미국에 진출하게 됐습니다.

Q. 법인 설립 과정을 들려주세요. 고객과 투자는 어떻게 유치했나요?

한국에서 2017년 8월에 법인을 설립하고, 이듬해 6월 미국 법인을 설립했습니다. 투자는 한국 법인 설립 즈음에 엔젤투자를 유치했고, 이후 시드 투자를 받았습니다. 미국 현지에서는 동부와 서부 각각에 유명 병원 그룹과 임상시험, 실증 사업을 진행하고 있습니다. 그리고 제약, 의료기기 등 관련 기업들과 제휴 논의를 활발히 진행하고 있습니다.

Q. 현지에서 파트너는 어떻게 발굴했나요?

현지 파트너를 발굴하기 위해 국내외 스타트업 보육 프로그램이나 링크드인을 활용했습니다. 기회가 있을 때마다 외부 네트워킹과 파트너십 행사에 참여해 네트워킹을 넓혀나갔습니다. 또한 채용이나 프로젝트 공고를 내면 항상 양적으로나 질적으로 기대 이상으로 연락이 많이 와서 도움이 많이 됐습니다. 꼭 채용으로 이어지지 않더라도 컨설턴트로 프로젝트를 같이하기도 했고, 지원자들과 채용 인터뷰를 하는 과정에서 미국이라는 나라와 전문 분야에서의 비즈니스 관습, 시장 관련 정보도 많이 알 수 있었습니다.

Q. 현지 시장 진입 과정이 궁금해요

다행스럽게도 지금 하는 분야에서 솔루션의 혁신성이나 기술의 완성도 면에서 아직 경쟁자가 없어서 경쟁으로 인한 어려움은 크지 않았습니다. 오히려 기술이 너무 새롭고 여태까지 없었던 솔루션이어서, 필요성에는 공감하지만 정작 실제로 어떻게 이용해야 할지 잘 모르는 의사와 환자들이 많아 설득하는 과정이 쉽지 않았습니다.

시장 조사를 위해서는 의학 학술대회에서 전시 부스를 신청해 관련 분야 의료진을 많이 만났습니다. 제품과 기술 소개를 수백 명에게 반복 설명하면서 어떤 부분을 어떻게 설명할 때 잘 전달되는지 학습할 수 있었고, 제품도 잘 알릴 수 있었습니다. 또 전문 컨설턴트와 함께 의료진에 초점을 둔 그룹 인터뷰를 수행하고, 의학적으로 사용하는 경우와 시장 판매 전략을 각각 수립했습니다.

헬스케어의 경우 마케팅이나 사업 개발 이외에도 제품의 상용화 과정에서 기술, FDA 인허가, 의료정보, 개인정보, 임상시험, 진료 기술(CPT) 등록, 보험 급여 등 사업을 위해 아주 많은 분야의 일들을 수행해야 해서, 분야마다 전문 컨설턴트를 빨리 찾아 협업하는 방식으로 일하고 있습니다. 그리고 분야 특성상 주요 오피니언 리더(KOL)의 의견과 영향력이 중요해, 제품 관련 전문 의료진이나 기업가 등을 고용해 의학 자문과 사업 자문뿐 아니라 회사의 레퍼런스 역할과 홍보 역할로도 활용하고 있습니다.

Q. 비자 등 현지 체류 자격은 어떻게 얻었나요?

미국에 체류할 일이 많지 않다면 ESTA와 같은 단기 비자 면제 프로그램을 통해 한국과 미국을 오가는 것이 가장 편리합니다. 긴 기간 또는 장기 체류가 필요하다면 목적과 상황에 맞는 비자 또는 영주권을 신청해야 하고, 이는 경험이 많은 전문 이민변호사와 진행해야 합니다. 준비가 미흡해 한 번 거절을 당하면 다시 비자를 받거나 방문하기가 매우 어려워지므로 주의가 필요합니다.

비자는 한국과 미국, 양국 중 편한 곳에서 진행하면 되고, 한국에서 비자 인터뷰를 진행할 분은 한국에 있는 이민변호사와, 미국에서 진행할 분은 미국에 있는 이민변호사와 진행하는 것을 추천합니다. 현지 사정을 정확히 알고 많은 경험으로 익숙한 분들과 진행해야 합니다.

Q. 노무나 세무 등 관리 업무는 어떻게 해결하나요?

한국도 그렇지만 미국도 분야별 변호사와 전문 인력이 따로 있어서, 상황과 문제에 맞는 전문가를 찾아야 합니다. 저는 법인 설립, 투자, 노무, 세무, 기밀유지 및 지식재산권, 개인정보보호, 의료기기 인허가, 비즈니스 계약, 이민법 모두 전문 서비스를 이용하고 있습니다. 서류와 절차가 중요한 미국 비즈니스 관례상 적법하고 정확한 서류를 준비해야 하고, 이는 전문가 서비스를 통해서만 가능합니다.

큰 법률사무소의 경우 모든 분야의 서비스를 다 제공하고 변호사뿐 아니라 변호사 보조원, 변리사 등 각 분야 전문가까지 폭넓은 인력풀을 보유하고 있어 편의성과 품질이 뛰어나지만, 초기 단계 스타트업이 활용하기에는 비용 부담이 큽니다. 따라서 초기 스타트업 입장에서는 예산을 고려해 다음과 같은 관리 서비스를 이용하는 것을 추천합니다.

① 투자, 지식재산권, 노무와 같은 중요한 이슈: 비용을 조금 들여서라도 평판이 좋고 이슈를 잘 해결하며 나에게 좋은 레퍼런스가 되어줄 변호사나 로펌 선택.

② 회계세무, 해당 산업 인허가: 전문 에이전트나 컨설턴트를 찾아 협업.

③ 표준계약서 활용: 인터넷 또는 각종 지원 기관에서 제공하는 다양한 표준계약서를 활용. 단, 표준계약서를 무작정 그대로 따라 하면 안 되고, 반드시 내용을 정확히 이해한 후 원하는 계약 형태를 반영해 수정 활용.

이외 분야는 안건에 따라 비용에 맞는 작은 법률사무소나 지원 프로그램을 활용하면 됩니다.

한 가지 주의할 점은, 한국과 달리 미국은 주식을 정부 기관에 등기한다는 개념이 없습니다. 따라서 좋은 변호사가 회사 지배구조와 투자 현황 등을 'Minutes Book'을 만들어 관리해 주어야 합니다. 믿을 만한 변호사와 법률사무소에서 이를 잘 정리해줘야 다음 라운드 투자를 검토할 때 신규 투자자, 기존 투자자, 피투자사 간에 순조롭게 논의가 진행된다고 합니다.

또한 채용, 해고, 경쟁 금지 조항 등 노무에 관련된 것이 회사에 가장 많이 제기되는 법률 이슈라고 합니다. 주(州)마다 노동법이 조금씩 달라서, 사업 소재지와 피고용인 소재지의 법률을 정확히 파악해 대비하는 것이 중요합니다. 특히 한국에 비해 나이, 인종, 성별, 신체, 건강 등에 대한 차별을 엄격하게 금지하기 때문에 주의해야 합니다. 예를 들어 피고용인이 40세 이상인지 이하인지에 따라 고용계약의 문구가 조금씩 달라지기도 합니다.

지식재산권 분야 또한 특히 기술 스타트업에 매우 중요합니다. 우리는 KOTRA 뉴욕 무역관의 IP-Desk 뉴스레터에 가입해 기본적인 사항들을 공부할 수 있었고, 'K-Startup Meet up' 프로그램 중 바이오와 헬스 분야 현지 법률사무소의 변리사 교육을 통해 최근 실제 여러 사례도 배울 수 있었습니다. 뉴욕 무역관 IP 담당 변호사와 선생님들께서 지식재산권 관련 여러 지원 프로그램도 운영하고, 문의 사항이 있을 때나 조언이 필요할 때 메일로 상의했던 것도 큰 도움이 됐습니다.

현지 네트워킹 행사, 보육 프로그램, 파트너십 행사 등을 통해 여러 전문가와 사무소 담당자와 얘기해보고, ①커뮤니케이션이 원활하고, ②기업에서 필요로 하는 분야의 업무 경험이 많은 곳, ③다른 기업들이 추천하고 평판이 좋은 곳, ④기업의 예산 범위 안에서 가용한 곳 등을 기준으로 삼아 함께 일할 곳을 평가한 후 선정하면 좋습니다. KOTRA 현지 무역관에 소개를 부탁하는 것도 방법입니다.

Q. 현지에 진출하면서 KOTRA 사업 참가 또는 지원을 받은 경험이 있나요?

2019년 4~6월 K-Startup Meet-up 프로그램에 참여했습니다. 이 프로그램은 매년 6월 미국에서 열리는 바이오헬스 분야 최대 콘퍼런스입니다. 분야별 교육을 통해 필요한 내용을 빠르게 습득할 수 있었던 것이 도움이 됐고, 특히 KOTRA 한국, 뉴욕 담당자들이 기간 내 밀착해 지원해주어 해외 경험이 부족한 참가 기업도 어려움 없이 프로그램을 수행하고 성과를 거둘 수 있었습니다. 덕분에 우리는 바이오헬스 분야 초기 스타트업 투자 콘퍼런스인 RESI에서 Innovation Challenge 1위를 수상하는 좋은 성과를 거둘 수 있었습니다. 행사가 끝난 이후에도 기업의 해외 진출 애로사항, 지원 프로그램 등에 대해 지속적으로 교류하고 도움을 받고 있습니다.

Q. 현지에 진출할 때 가장 중점을 둔 부분이 있나요? 혹시 팁이나 조언을 한다면요?

현지 진출을 위해서는 먼저 분야별 현지 시장에 대한 이해와, 스타트업 육성과 투자에 관한 현지 시스템을 잘 이해해야 합니다. 꼭 해외 진출이 아니더라도 사업에 있어서 중요한 부분입니다. 제품과 사업 관련 생태계와 관련 규제 등 사업 환경을 파악해야 합니다. 우리는 '디지털 헬스' 사업을 하는데, 한국에서도 의료법, 개인정보보호법, 정보통신망법 등 다양한 관련법과 이해관계자가 있고 미국의 헬스케어 시스템은 한국보다 훨씬 복잡해 사전 준비가 좀 필요했습니다. 현지 법인 설립 전에 반년 정도 미리 공부했습니다.

현지 산업과 규정에 관련해서는 온라인 리소스를 많이 활용했습니다. 미국 정부, 공공기관, 학회 등을 포함해 많은 기관이 웹사이트를 통해 방대한 정보를 투명하게 공개합니다. 요새는 유튜브 채널도 다양하게 운영해 더 편리해졌습니다. 해당 분야에 대한 정보뿐 아니라 관련한 영어 공부도 함께할 수 있어 준비에 큰 도움이 됐습니다. 사업을 시작하면서 정보를 습득하고 환경을 파악하려면 시간이 오래 걸리고 시행착오 비용이 듭니다. 미리 알 수 있는 것은 알고 가면 시행착오를 줄일 수 있습니다.

해외 진출에 도움이 될 팁을 드리면, 오픈 네트워킹 세션이나 행사에 많이 참여하고, 파트너링 기회 등 KOTRA 주관 이벤트, 상담 기회를 최대한 활용해 네트워크를 넓게 확장하면 좋습니다. 우리는 유학이나 이민 등 현지 경험이 전혀 없는 상태여서, 기반을 만들기 위해 네트워킹 미팅이나 파트너링 미팅을 최대한 활용해서 사람을 많이 만나려고 노력했습니다.

사전에 온라인 리소스를 활용해서 알 수 있는 부분이 제한적이어서 사업과 관련해 다양한 사람들을 직접 만나 얘기를 듣는 것이 중요하고 도움이 많이 됐습니다. 요즘은 학술대회나 시사회, 투자자 콘퍼런스에서도 네트워킹과 파트너링 기회가 많이 있으니 최대한 활용하면 좋습니다. 또 여러 커뮤니티에 가입하거나 스타트업 인큐베이터나 액셀러레이터를 통하는 것도 좋습니다. 우리도 실리콘밸리 액셀러레이터인 플러그앤플레이의 프로그램에 선정되어 사업 개발과 멘토링 도움도 많이 받고 네트워크를 많이 넓힐 수 있었습니다.

사업을 진행하다 보니 특히 미국의 경우 '레퍼런스'가 아주 중요하다는 것을 알게 됐습니다. 이것이 꼭 '학연', '지연', '끼리끼리' 그런 뜻이 아니라, 자기가 이미 알고 있고 익숙한 집단 소속이라면, 비록 처음 보는 사람이더라도 검증하고 신뢰를 쌓기 위한 노력을 좀 덜 들이고도 효율적으로 의사결정하고 관계를 시작할 수 있기 때문에 그런 것 같았습니다. 그래서 특히 유학이나 이민을 통하지 않고 정말 '그냥' 미국에 갑자기 나타난 팀의 경우 레퍼런스를 쌓아야 하는 것이 처음에는 미처 생각하지 못했던 중요한 부분이었습니다. 우리는 액셀러레이터 프로그램에 참가하고, 투자를 받고, 협력하는 파트너의 소개와 추천을 받는 등 모든 방법을 최대한 동원해 레퍼런스를 쌓았습니다.

마지막으로 주위에 있는 해외 진출 경험이 있는 선배 기업의 경험담도 많이 읽어보고, 국내외 각종 국가 지원, 또는 민간 운영 지원 프로그램도 활용하면 좋습니다. 우리도 지금까지 이미 진출한 분들, 정부 기관 분들의 도움을 많이 받았습니다. 미국에서는 뭐든지 한국의 두세 배 비싼 비용, 두세 배 느린 속도라는 생각을 많이 했는데, 모르는 내용이 있을 때 여기저기 물어보면서 시행착오를 최대한 줄이고 답을 빨리빨리 찾아갈 수 있었습니다.

현지 진출에 성공한 국내 스타트업

더.웨이브.톡
THE WAVE TALK

품목(업종)
레이저를 활용한 전기 전자부품, 소프트웨어

설립연도
2016년 7월 27일

대표자
김영덕

소재지
대전광역시 유성구 문지로 193, 진리관 T337호

홈페이지
thewavetalk.com

종업원 수
22명

사업 규모 (연 매출액)
한국 본사 70,000,000원

Q. 더.웨이브.톡은 어떤 기업인가요?

더.웨이브.톡은 박테리아 검출을 위한 센싱 기술을 개발한 스타트업입니다. 이 센서는 언제 어디서나 누구나 사용할 수 있는 IoT 물 센서와 공장이나 병원에서 활용할 수 있는 신속한 미생물 검사 장비로 나눠집니다.

IoT 물 센서는 우리가 가정에서, 회사에서 또는 여행을 갈 때 마시는 물속에 있는 미세플라스틱이나 세균을 실시간으로 검출할 수 있는 센서입니다. 현재 한국의 주요 특별시 지자체 4곳과 수도꼭지 말단에 센서를 탑재하는 IoT망을 구축하기 위해서 시범사업 준비 중입니다. 본 센서가 탑재되어 매일 매시간 먹는 물을 관리하는 인공지능형 필터 정수기도 론칭 예정입니다.

미생물 검사 장비는 프로바이오틱스, 화장품 원료, UV 살균력 검사 등 신속한 미생물 검사를 통해 품질 관리가 필요한 분야에 적용되고 있습니다. 큰 병원에서도 24시간이 소요됐던 요로감염(urinary tract infection, UTI), 항생제 내성 검사(antibiotic susceptibility test, AST)/최소억제농도(minimum inhibitory concentration, MIC)를 일반 병원에서도 각 3시간, 6시간 이내에 결과를 확보할 수 있는 진단검사용으로 활용할 수 있습니다. 국내 연세대 세브란스병원, 서울대 분당병원 등과 함께 임상 테스트와 인증을 준비하고 있습니다.

Q. 법인 설립 과정을 들려주세요. 고객과 투자는 어떻게 유치했나요?

2020년 연말에 미국 법인 설립을 준비하고 있습니다. 이 외 실리콘밸리 기반의 투자사 빅 베이슨 캐피털(Big Basin

Capital)과 옐로우독(임팩트 펀드)으로부터 2020년 초 26억 원 규모의 브리지 투자를 유치했습니다. 2019년에는 LB 인베스트먼트로부터 시리즈 A 투자를 유치했고, 네이버와 블루프린트 파트너스, 에스텍파마(Estechpharmad)로부터도 투자를 받아 지금까지 누적 투자 유치액이 80억 원에 달합니다.

현재까지 미국, 유럽, 중국 등지에서 100여 기업 이상을 만났고, 결과적으로 약 30여 개의 글로벌 기업(매출 1조 이상)과 NDA(비밀유지계약) 및 MOU를 체결했습니다.

Q. 현지에서 파트너는 어떻게 발굴했나요?

현지 파트너 발굴을 위해 KOTRA, 본투글로벌, 한국바이오협회, 카이스트, 투자자, K-Water, TIPS, K-Global 사업 등 해외 네트워크가 많은 기관에서 제공하는 지원 사업을 이용했습니다. 바이엘과 같은 특정 기업과 매칭 이벤트, IR 행사, 대사관 등 주요 인사 초대 행사에 참가하기도 했습니다. 또한 일반가전(CES), 물 산업(ACE, WEFTEC, SIWW, world water forum 등) 및 바이오산업(Bio USA, ASM 등)과 관련된 해외 주요 전시회에 참가해 네트워크를 확대했습니다.

기업 홍보를 위해 투자자, 본투글로벌 등 해외 진출을 지원하는 기업을 통해서 해외 보도자료를 배포하며 이름을 널리 알렸고, IR 발표와 홍보 효과가 많은 해외 경진대회에도 참가했습니다(Hello Tomorrow Global, RESI, Imagine H20 등).

또한, 전문가를 활용해 우리에게 없는 지식 부분에서도 도움을 받았습니다. 현지 전문가 파트너를 채용하기도 했고, MIT-KAIST 인턴십 프로그램을 활용해 MIT 석·박사 인력을 두세 달 인턴으로 채용하기도 했습니다.

Q. 현지 시장 진입 과정이 궁금해요

시장에 진입하기 위해서 먼저 해외 고객의 니즈를 파악했습니다. 같은 산업 분야라도 국가별로 니즈는 다릅니다. 즉, 제품 개발이 되어도 국내에 한정되는 경우가 많습니다. 완료된 개발 제품을 수정하기 위해서는 다시 개발 과정을 거쳐야 하므로 개발 단계에서 미리 목표 고객의 니즈를 파악하고, 이를 제품의 성능과 판매(가격) 관점에 적용해야 해외에 진출할 수 있습니다. 해당 분야의 글로벌 기업들과 직접 만나고, 구매 의향을 파악하기 위한 홍보나 IR이 필요합니다.

또한, 기업에 맞는 전략을 세워야 합니다. 지리적, 경제 문화적 차이가 있는 외국 시장에 진입하기 위해 본사 이전이나, 합작법인, 지점이나 자회사 설립, 현지 인력 채용, 자문 등 다양한 현지화 전략 중에서 선택이 필요합니다. 우리는 각 나라(유럽, 미국 등)에서 자문위원을 확보하고, 이를 통해 평판을 구축하고, 현지의 저명한 기업들과 합작법인 및 유통 채널을 구축하고 있습니다. 그러나 지역별, 시기별, 상황별 현지화 전략을 선택하고, 이를 실행하는 것은 어려웠습니다.

고객의 니즈를 파악하는 단계에서 글로벌 기업의 해당 분야 전문가들을 만나 기술을 설명하고, 제품 가능성을 설득해야 하는데, 마치 초등학생이 대학생을 설득하는 것처럼 틀리거나, 오래된 정보를 바탕으로 시장과 기술을 비교해 거의 매번 당황했습니다. 이 중 어떤 미국 고객사의 담당 임원은 부인이 한국분이라며, 틀린 부분을 개인적으로 친절히 가르쳐주고, 담당 부서를 소개해주어 감사하기도 하면서 당황하기도 했던 기억이 납니다.

Q. 현지에 진출하면서 KOTRA 사업 참가 또는 지원을 받은 경험이 있나요?

해외 전시로는 한국-유럽 스타트업 서밋, 바이오 USA, RESI 등에 참가했고, 해외 전시회 개별 참가 지원 사업을 통해 ASM 전시 지원을 받았습니다. 직접적인 지원 사업 외에도 현지 행사에서 만난 KOTRA 담당자들을 통해 각종 현지 상황과 지원 사업 등에 관한 정보를 많이 받고 있습니다. KOTRA 뉴스레터를 통해서 우리가 지원받을 수 있는 사업을 매주 검토하고 있습니다. KOTRA의 오픈된 시장 조사 정보(미주·중국 정수기 시장, 진단 시장)와 전시 참가 후기(CES 등)는 해외 진출 전략 및 전시 준비를 할 때 많은 도움이 됐습니다. 이런 정보가 좀 더 자주 업데이트되기를 희망합니다.

Q. 현지에 진출할 때 가장 중점을 둔 부분이 있나요? 혹시 팁이나 조언을 한다면요?

국내에서는 어느 정도 지명도와 기술에 대한 인정, 그리고 네트워크가 마련되어야 하고, 해외에도 동일한 마케팅을 포함한 다양한 파트너십이 필요합니다. 국내에서 해외 진출을 하는 것은 매우 어렵습니다. 우리도 홍콩 오피스를 시작으로

해외 사무소를 확장해나가고 있습니다. 이번 해에는 미국과 유럽에 직원 파견, 현지인 채용을 진행해 현지 사무소를 개설할 계획입니다.

현지 진출에 성공한 국내 스타트업

지노텍
ZINNOTECH

품목(업종)
증강현실 및 AI 기반, 현장 작업자 교육 및 작업 지원
프로그램 개발

설립연도
(한국) 2016년 4월 / (미국) 2018년 10월 설립

대표자
방건동

소재지
텍사스주 오스틴(한국: 서울 마포구 상암동)

홈페이지
www.zinnotech.com

종업원 수
미국 4명 / 한국 12명

사업 규모 (연 매출액)
한국 본사 2019년 기준 **15억 원**

해외 법인 2019년 기준 **11만 달러**

Q. 지노텍은 어떤 기업인가요?

지노텍은 확장현실(Extended Reality/XR: VR, AR, MR의 복합 기술을 통칭하는 용어) 기술과 인공지능 기술을 활용한 기업 솔루션을 제작합니다. 주요 타깃은 장비 또는 설비 제조 업체로, 현장 작업자를 저비용 고효율로 교육할 수 있는 소프트웨어와 기업 맞춤형 가상 제품 전시관을 제작해 영업 및 마케팅을 극대화하는 소프트웨어를 개발했습니다.

산업에 따라서 제조 설비 또는 생산 제품이 수십~수백억 원 대 고가일 때 현장 인력의 교육에 필요한 분해, 부품 교체, 재조립 등의 작업을 실제로 하기에는 리스크가 큰데, 우리 제품의 증강현실을 활용하면 교육 효과는 물론 작업 효율성이 높아지고 비용을 절감할 수 있습니다. 향후 우리 제품을 플랫폼화해 현장뿐만 아니라 직업 학교, 기술 세미나, 온라인 교육 등에도 활용할 수 있기를 기대합니다. 이러한 사업 영역을 바탕으로 '사람을 더 스마트하게 만들자(Make field workforce the smarter)'라는 슬로건을 갖고 있습니다.

Q. 법인 설립 과정을 들려주세요. 고객과 투자는 어떻게 유치했나요?

한국 법인은 2016년 3월에 설립하고 미국은 2018년 10월 오스틴에 법인을 설립했습니다. 현재 주요 고객은 시카고의 미국 장비회사와 거래 중이며 삼성 오스틴 반도체에 설비 및 장비를 납품하는 협력사 및 한국 장비 제조사 미국 법인의 법인장들과 협업을 논의하고 있습니다. 몇몇 고객사는 한국 정부 사업의 수요처로 참여한 이력이 있습니다. 미국 시장의 글로벌 스탠더드에 맞는 제품으로 업그레이드해 시장 확대를 꾀하고 있으며, 이를 위해 외부 투자 유치를 목적으로 미국에 진출했습니다. 국내에서는 정부 과제 수행을 통해 펀딩과 다수의 장비 제조사와 프로젝트를 수행하고 있습니다.

Q. 현지에서 파트너는 어떻게 발굴했나요?

현재 거래 중인 시카고 기업은 해당 회사의 제품을 가상 전시하는 프로젝트로 시작했습니다. 현재 로컬 오스틴시를 거점으로 미국 기업이나 대학교 관계자들과 다양한 루트로 접촉하면서 제품을 소개하고 사업 영역을 확장하려고 노력하고 있습니다.

Q. 현지 시장 진입 과정이 궁금해요

관심 있는 고객들만 찾으면 사업 개발이 잘될 것 같은데 접점을 만들기 어려운 데다 스타트업 기업이라서 자금력이 부족하다 보니 외부 투자금 없이 자체 투자해 기술을 개발하기가 쉽지 않습니다. 또한, 노하우나 자금이 많다고 해도 이에 지나치게 의존해 실패하는 사례도 많이 보았기 때문에 결국은 시장 환경을 몸으로 부딪치며 배우는 게 가장 좋습니다. 거래 중인 시카고 장비업체가 샌디에이고 등 미국 전시회, 또는 관련 독일 전시회에 참가할 때 같이 따라가서 숍인숍(Shop-in-shop) 형식의 전시 참가를 하면서 우리 소프트웨어를 사용할 만한 고객들을 많이 만났습니다. 사실 솔루션 회사가 자기 분야 IT 전시회에 많이 가지만, 존재감은 발휘해도 실질적으로 남는 게 별로 없는데, 솔루션을 쓸 고객사가 나가는 전시회에 따라가니까 효과가 있었습니다. 그 전시회에 왔던 독

일, 일본 등 글로벌 회사를 만나 상담했고 성과를 기대하고
있습니다.

미국에 진출할 초기에는 투자자가 고객을 소개해줄 테니 우
리는 개발만 열심히 하면 된다고 생각했는데, 무척 위험한 발
상입니다. 고객의 상황을 실제 경험하고 만나보고 미국의 현
장감을 느끼려면 직접 부딪혀봐야 합니다.

Q. 비자 등 현지 체류 자격은 어떻게 얻었나요?

대표는 국익에 준한 면제(National Interest Waiver)로 영주권
소유자여서 체류 자격을 갖추었고, 본인 외 미국 직원은 OPT
등 취업 가능자로 선발했습니다.

Q. 노무나 세무 등 관리 업무는 어떻게 해결하나요?

세무는 현지의 유능한 CPA에 위탁했고 노무의 경우 적은 인
원이라 한 명이 다수의 업무를 동시다발적으로 진행하고 있
습니다. 사업 여건이 안정되면 추가 채용을 진행할 예정이며,
기술 영업으로 사업 확대에 동참할 좋은 파트너를 찾길 기대
합니다.

출처: 지노텍 홈페이지

Q. 현지에 진출하면서 KOTRA 사업 참가 또는 지원을 받은 경험이 있나요?

미국에 진출할 당시에는 KOTRA의 지원 서비스를 몰랐는데, 2019년 사우스바이사우스웨스트(이하 SXSW) 전시회에서 한국 기업 10개 사의 부스를 보고 알게 됐습니다.

이번 2020년 SXSW에서도 KOTRA 지원을 통해 샌안토니오시 EDD, 비상 글로벌 개최 피칭대회 등 로컬 투자가와 액셀러레이터와 접점 형성을 기대했는데 코로나19 확산으로 전시회가 취소되면서 사업이 연기되어 아쉬웠습니다.

앞서 투자를 받고 사업을 키워 엑시트까지 성공한 스타트업 멘토들의 말에 따르면 투자는 로컬 사업이라고 합니다. 즉 미국에 실리콘밸리나 뉴욕처럼 전 세계 투자가의 집결지가 있지만, 내 회사에 투자하고 고객 연결 등 비즈니스 확대를 위해 계속 같이 갈 파트너는 오스틴이나 텍사스 주변에서 찾아야 한다는 뜻입니다. 특히 우리처럼 기업 솔루션을 하는 회사는 네트워킹할 사람을 만나는 게 중요하고도 어려운 과제입니다. 지역마다 있는 KOTRA 무역관이 투자가와 스타트업을 잇는 네트워킹 허브 역할을 잘 해주면서 경험 있는 스타트업이 다른 스타트업의 멘토가 되어주는 건강한 생태계를 만들어주면 좋겠습니다. 또한, 고객과 만나는 자리에서 기업 솔루션 회사인 우리 제품을 투자자뿐만 아니라 사용자 관점에서도 봐줄 수 있는 사내 벤처캐피털과의 만남도 주선해주면 좋겠습니다. 지노텍은 눈앞의 수익보다 미국에서 지속 가능한 성장에 집중하고 있으며, 그 기회를 찾는 데 KOTRA의 도움을 받고 싶습니다.

Q. 현지에 진출할 때 가장 중점을 둔 부분이 있나요? 혹시 팁이나 조언을 한다면요?

미국에서 학위 취득을 위해 10년가량 거주했고 한국에서 오랜 기간 기업 솔루션 전문 벤처사업을 하면서 미국의 솔루션 기업 등과 해외 비즈니스 교류가 잦았기에 미국 사정을 잘 안다고 생각했으나, 초기 접점을 만드는 네트워킹 작업이 가장 어려웠습니다. 직접 몸으로 부딪치며 미국 사회와 시장을 잘 배우는 것이 중요합니다.

현지 진출에 성공한 국내 스타트업

리빙진
LIVINGJIN

품목(업종)
한천 파우더, 가공식품

설립연도
2018년

대표자
김진아

소재지
서울특별시

홈페이지
livingjin.com

종업원 수
6명

사업 규모 (연 매출액)
한국 본사 **650,000,000**원
해외 법인 **2,487,500**달러

Q. 리빙진은 어떤 기업인가요?

20대 중반이던 2010년 지인과 함께 피톤치드(phytoncide) 관련 브랜드를 론칭하며 온라인 시장을 경험했습니다. 당시 우수한 제품력, 고객과의 소통을 강조하는 전략과 함께 웰빙 열풍에 힘입어 매출이 급격히 올랐습니다. 하지만 너무 바빠지면서 정작 내 삶은 불행해져 4년 만에 회사를 떠나 필리핀을 시작으로 유럽과 미국을 다니며 2년간 세계 여행을 했습니다. 그때 내가 가장 하고 싶은 일은 무얼까 고민했는데 다양한 아이템으로 어디든 갈 수 있고 무엇이든 할 수 있는 해외 무역업이라는 것을 깨달았습니다.

돌아와서 글로벌 마켓을 찾던 중에 아마존을 알게 됐습니다. 자체 브랜드 아이템을 찾아야 했는데요, 우선 항상 제 관심사였던 건강·환경과 관련되고 고객 니즈가 절실하며 시장 성장 가능성이 있는 상품과 식품들을 집중적으로 분석했습니다. 그때 한국에서 생산할 수 있는 식물성 젤라틴을 찾게 됐습니다. 당시 그 제품군 중에 가장 잘나가던 미국 브랜드가 있었고 타 브랜드 제품들은 판매가 미미한 수준이었죠. 1위를 하는 제품의 상세페이지조차 사진 해상도가 상당히 좋지 않았고, 제품에 대한 설명과 정보가 너무 부족했습니다. 이것들을 개선한다면 제품군을 아예 모르는 사람들에게도 건강한 삶에 도움이 되는 좋은 제품을 연결해줄 수 있겠다는 생각이 들었습니다. 우리나라 최초이며 최고의 기술력으로 제품을 만드는 회사와 접촉해 독점계약을 맺고 '리빙진'이라는 자체 브랜드 상품을 기획해 2016년 8월 아마존에 처음으로 입점했습니다.

Q. 법인 설립 과정을 들려주세요. 고객과 투자는 어떻게 유치했나요?

2018년 한국 법인을 설립했고, 이후 2019년 미국 법인을 설립해 함께 운영하고 있습니다.

Q. 현지 시장 진입 과정이 궁금해요

주로 아마존을 통해 시장 조사를 했고, 현재 성장 중인 산업군이면서도 환경보호와 건강한 삶을 만들어주는 아이템을 발굴했습니다. 체험단을 꾸려 얼리버드 후기를 모은 후 아마존에서 공격적인 마케팅을 했고, 그 데이터를 활용해 광고, 상품 페이지 관리, 고객 메일 서비스, 각종 할인 쿠폰 발급 등을 했습니다.

Q. 노무나 세무 등 관리 업무는 어떻게 해결하나요?

한국 내 법무사를 통해 미국 법인을 설립했고, 이후 현지 미국 회계사를 통해 회계를 관리하고 있습니다.

Q. 현지에 진출하면서 KOTRA 사업 참가 또는 지원을 받은 경험이 있나요?

아마존을 통해 미주 사업을 진행하던 중, 출시한 신제품의 현지 반응을 살펴보기 위해 스타트업 펀딩 프로그램을 이용했습니다. 펀딩에서 성공함과 동시에 현지의 수요도 파악할 수 있었지만 500여 건의 주문에 대응하기 위한 대책이 필요했습니다. 제품 크기가 작고 단가가 높지 않아 개별 포장과 제품 배송비가 올라가면서 수익 자체에 타격이 가는 상황이었습니다. 현지 에이전트와 파트너들과 대책을 논의하던 중, 로스앤젤레스 무역관의 스타트업 지원 프로그램인 '크라우드펀딩 물류 지원 사업'을 찾아 신청했습니다. 해당 프로그램은 인디고고나 킥스타터와 같은 플랫폼을 통해 펀딩에 성공한 업체를 대상으로 현지 주문을 한국에서 직접 처리하려는 업체에 현지의 물류 협력사를 통해 효과적으로 지원하는 사업이었습니다. 전문회사를 통해 제품에 맞는 수출방식을 안내받아 효과적으로 배송을 마칠 수 있었고, 그렇게 현지에서 밀착관리를 통해 신속하게 주문량을 소화해냈습니다. 협력사 발생 비용의 일부도 지원받아 경제적인 도움까지 누릴 수 있었습니다.

Q. 현지에 진출할 때 가장 중점을 둔 부분이 있나요? 혹시 팁이나 조언을 한다면요?

제품을 판매하는 데서 그치지 않고 고객이 원하는 바를 정확히 파악하고자 노력했습니다. 제품이 식자재이므로 구입해서 요리해야 하는데 레시피를 모르는 사람들이 많았습니다. 자체 레시피 개발 및 고객들의 개인별 레시피를 묶어 요리책을 만들어 좋은 호응을 얻고 있습니다. 이렇듯 고객들의 니즈를 파악하는 노력을 게을리하지 않는 것이 중요합니다.

출처: 리빙진 홈페이지

㈜아티슨앤오션
ARTISAN & OCEAN'S

품목(업종)
레저장비 제조(제조업)

설립연도
2013년 5월 6일

대표자
김정일

소재지
경기도 군포시 군포첨단산업 2로 22번길 5, 603호

홈페이지
www.diveroid.com

종업원 수
8명

사업 규모 (연 매출액)
한국 본사 **386,753,279**원

Q. 아티슨앤오션은 어떤 기업인가요?

아티슨앤오션은 스쿠버 다이빙에 필요한 장비를 스마트폰 하나로 가능하게 만든 모듈형 장비를 제작하는 스타트업으로, 더 많은 고객이 안전하고 즐거운 수중 경험을 즐길 수 있도록 다양한 솔루션을 제공하고 있습니다. 대표 제품으로는 다이브로이드 미니와 유니버설 하우징이 있는데요. 다이브로이드 미니는 스마트폰과 연동해 다이빙 컴퓨터, 수중 촬영, 자동 로그북 생성 및 공유 등 다양한 서비스를 이용할 수 있는 모듈형 다이빙 컴퓨터입니다. 유니버설 하우징은 대부분 스마트폰과 호환되어 수중에서 간편한 스마트폰 조작을 지원하는 하드 케이스형 방수 하우징입니다.

두 제품은 모두 제가 실제 10년간 500회 이상의 다이빙을 경험하며 느낀 점들을 바탕으로 개발했습니다. 여러 차례 다이빙을 해오면서 가장 아쉬웠던 부분은 다이빙 장비가 너무 고가라 초기 진입 장벽이 너무 높다는 점이었습니다. 또한 수중에서 즐길 수 있는 콘텐츠가 부족하다는 점이었습니다. '스마트폰을 활용해 다이빙할 수 있다면 이런 문제를 해결할 수 있지 않을까' 하는 생각에 개발한 제품들입니다. 저희 제품을 통해 더 많은 분이 스쿠버 다이빙의 다양한 매력을 느낄 수 있으면 좋겠습니다.

Q. 법인 설립 과정을 들려주세요. 고객과 투자는 어떻게 유치했나요?

자사는 2019년도 11월 글로벌 크라우드펀딩 킥스타터 론칭을 시작으로 본격적인 글로벌 진출을 준비 중입니다. 11월 18일부터 12월 18일까지 한 달간 진행된 펀딩을 통해 목표 금액을 5,200% 초과한 7억 원 상당을 달성했으며, 국내외

1,500여 명의 고객을 대상으로 초기 물량 3천여 대를 판매했습니다. 현재 고객들의 요청으로 인디고고(Indiegogo) 펀딩 및 국내 예약판매를 추가로 진행 중입니다.

Q. 현지에서 파트너는 어떻게 발굴했나요?

제품 홍보 및 인지도 확보를 위해 국내외 다이빙 커뮤니티와 관련 분야 인플루언서를 섭외해 적극적인 디지털 마케팅을 진행했습니다. 커뮤니티와 인플루언서가 보유한 네트워크를 통해 우리 회사와 제품에 적합한 고객과 파트너를 발굴하는 데 큰 도움을 얻었습니다.

Q. 현지 시장 진입 과정이 궁금해요

해외 시장 진출의 리스크를 줄이기 위해 본격적인 해외 법인 설립 이전, 글로벌 크라우드펀딩 진행을 통해 핵심 고객들을 충분히 확보하고자 했습니다. 펀딩 진행 기간에 한시적으로 저렴한 가격에 제품을 제공해 최대한 많은 고객이 제품을 구매할 수 있게 유도하고, 초기 고객들의 후기와 리뷰를 확보해 다른 고객들의 관심과 구매로 이어질 수 있게 마케팅을 펼쳤습니다.

이러한 전략을 통해 단기간에 마케팅 효과와 매출을 극대화할 수 있었습니다. 또한, 고객들의 피드백도 빠르게 수집할 수 있어 제품의 기능과 품질을 개선하는 데도 도움을 받았습니다.

Q. 비자 등 현지 체류 자격은 어떻게 얻었나요?

아직 본격적인 현지 진출을 진행하지 않았습니다.

Q. KOTRA 사업 참가 또는 지원을 받은 경험이 있나요?

킥스타터 크라우드펀딩을 통해 당사의 제품을 글로벌 론칭하기 위해 2019년 9월 KOTRA 로스앤젤레스 무역관 지사화사업에 참여했습니다.

KOTRA 로스앤젤레스 무역관을 통해 LA 현지 크라우드펀딩 대행사들을 소개받을 수 있었으며, 시차에 따른 대행사 접촉 및 통번역, 계약서 체결 등을 지원받을 수 있었습니다.

다행히 킥스타터 프로젝트를 무사히 진행할 수 있었고, 당초 목표로 삼았던 1만 달러의 50배 이상인 522,097달러의 펀딩을 달성했습니다. 이는 스쿠버 다이빙 펀딩 사상 최고 금액이며, 앞으로 회사의 해외 마케팅에 큰 밑거름이 될 것으로 기대합니다.

출처: 아티슨앤오션 홈페이지

Q. 현지에 진출할 때 가장 중점을 둔 부분이 있나요? 혹시 팁이나 조언을 한다면요?

글로벌 진출을 하려면 큰 비용과 리스크를 염두에 둬야 하는 만큼 사전에 기반을 잘 마련해 리스크를 최소화하는 것이 중요합니다. 무작정 법인 설립을 먼저 진행하기보다는 크라우드펀딩, 전시회, 데모데이 등을 통해 현지 고객들을 만나고 제품에 대한 반응을 알아보는 것이 우선입니다.

초기 고객의 피드백을 바탕으로 제품이나 서비스를 빠르게 개선하고 최적화해 실제 고객에게 완성도 높은 제품을 제공해야지만 대중적으로 긍정적인 제품 이미지를 형성할 수 있기 때문입니다. 초기에 제품 이미지를 제대로 관리하지 못한다면 향후 제품 판매 및 마케팅에 큰 어려움을 겪을 수 있으므로 초기에 이 부분에 신경을 많이 써야 합니다.

출처: 아티슨앤오션 홈페이지

CANADA

캐나다

01

지금 캐나다의 스타트업 상황

대도시를 중심으로 글로벌 허브 육성

2019년 캐나다에서 이뤄진 벤처투자 총 469건 중 175건(37%)이 토론토였다. 그리고 몬트리올 74건(16%), 밴쿠버 72건(15%), 워털루 25건(5%), 캘거리 22건(4.7%), 오타와 21건(4.5%) 순으로 대도시를 중심으로 글로벌 허브 육성 정책을 펼치고 있다. 이를 통해 2019년 전 세계 스타트업 생태계 순위에서 토론토와 워털루가 13위로 올라서 2017년 대비 3계단 올라섰다. 특히 두 지역은 제조업과 ICT 산업이 집중된 대표적인 투자처로서 캐나다 내 최대 규모의 스타트업 생태계를 형성하고 있다.

2019년 캐나다 내 벤처투자 건수

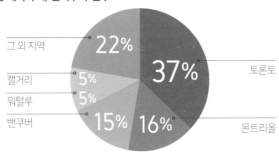

4차 산업 분야에서 세계 최고 수준의 기술력 보유

캐나다는 AI, 핀테크, 헬스케어 등과 ICT 기술이 융·복합된 4차 산업 혁명 분야에서 세계 최고 수준의 기술력을 보유하고 있다. 이와 함께 미래차 등이 포함된 첨단 제조업 관련 창업·투자가 지속적으로 성장하고 있다. 정부는 2017년 이후 향후 5년간 AI 분야에 1억 2,500만 달러(약 1,030억 원) 규모의 재원을 투자하고 있다. 이에 맞춰 민간 기업의 지원 역시 이뤄지면서 첨단 4차 산업 분야가 꾸준히 성장하고 있다.

전통적인 제조업은 로봇·자동화 등 첨단 기술을 점진적으로 도입하면서 비용 절감, 생산 효율 향상 등 산업 생산성을 높이기 위해 노력하고 있다. 실제 글로벌 자동차 부품 기업인 마그나(Magna), 리나마(Linamar), 록히드 마틴(Lockheed Martin) 등 캐나다 내 350개 이상의 제조업체들이 제조 시설에 산업용 로봇을 투입하고 있다.

도시별로 특화된 산업과 그에 필요한 기술 개발

제조업과 IT, 금융 등 주요 산업이 집중된 토론토·워털루의 경우 핀테크, 첨단 제조업, 인공지능 분야의 스타트업이 활성화되어 있다. 밴쿠버는 청정기술 관련 스타트업의 활동이 활발하며, 몬트리올은 게임, 오타와는 정보 보안, 에드먼턴은 첨단 농업에 대한 투자가 두드러진다.

온타리오주에만 2만여 개 이상 IT 기업 소재

캐나다 경제의 중심에 해당하는 온타리오주는 캐나다에서 도시권을 가진 19개 도시 중 6개 도시가 줄지어 있다. 즉 주도 토론토를 중심으로 오타와·해밀턴·키치너·런던·윈저 등이 있다.

금융 빅데이터 회사인 하키스틱(Hockeystick)에 따르면, 토론토와 워털루 지역에 5,140여 개의 스타트업이 소재해 있고, 81개의 액셀러레이터 및 이노베이션센터, 92개의 금융 지원 기관 등이 활동 중이다.

온타리오주에만 2만여 개 이상의 IT 기업이 있으며 이외에도 액셀러레이터, 인큐베이터 등 스타트업 지원 환경이 잘 구축되어 있다.

02

주요 도시별 스타트업 생태계의 특징

토론토 | 인공지능(AI) 기반 생명공학 스타트업

토론토는 전 세계 인공지능의 메카로 떠오르고 있다. 삼성과 LG의 AI 연구소도 토론토에 개소해 토론토대학교와 협력체제로 운영되고 있다. AI에 기반한 음성, 영상, 생체 인식, 머신러닝 같은 아이템을 가진 스타트업들이 토론토에 진출하고 있다. 2015년에 설립된 딥지노믹스(Deep Genomics)는 생명공학 스타트업으로서 세계 최초로 인공지능을 기반으로 한 의학 회사가 되는 것을 목표로 한다. 현재 DNA 변동의 인식·예측·해석을 통한 질병을 치료하기 위해 머신러닝 생물의학 플랫폼을 개발하고 있다. 2020년 약 4천만 달러 규모의 시리즈 B 투자 금액을 확보했다.

몬트리올 | 인공지능 솔루션 기업

퀘벡주 몬트리올은 '딥러닝' 분야에서 가장 많은 연구 인력이 모여 있다. 엘레멘트 AI(Element AI)는 2016년 설립된 인공지능 솔루션 개발기업으로 캐나다 인공지능 분야의 권위자인 캐나다 몬트리올대학교 교수 겸 밀라연구소 창업자 요슈아 벤지오(Yoshua Bengio)와 CEO인 장 프랑스와 가녜가 공동 설립했다. ICT 산업 분야의 스타트업으로 인텔, 마이크로소프트 등 글로벌 기업으로부터 투자를 유치하는 데 성공했다. 지난 2017년, 해당 기업에 시리즈 A 투자자로 한화자산운영이 참여했으며 LG전자, 신한금융, 한화 등 우리 기업들과 활발한 협업 관계를 맺고 있다. 2019년에는 2억 달러 규모의 시리즈 B 투자 유치를 발표했다.

밴쿠버 | 클라우드 기반 플랫폼 서비스 기업

밴쿠버는 미국의 서부 지역(로스앤젤레스, 샌프란시스코 등) 다음으로 제2의 실리콘밸리로 인정받고 있다. 밴쿠버의 대표적인 스타트업으로, 2012년에 설립된 로그인래디우스(LoginRadius)가 있다. 이 업체는 웹사이트 및 모바일 앱 사용자에 대한 정보를 클라우드 기반의 플랫폼을 통해 전문적으로 관리하는 서비스를 제공한다. 2014년, 벤처캐피털과 액셀러레이터를 통해 첫 투자금인 130만 달러를 유치했으며 당시 약 800%의 성장률을 기록했다. 2018년에는 1,700만 달러 규모의 시리즈 A 투자를 유치했다.

도시별 스타트업 핵심 산업

지역	산업
토론토·워털루 (온타리오주)	핀테크, 인공지능, 블록체인, 빅데이터, 생명과학, 첨단 제조업, 로봇기술, 사물인터넷 등
밴쿠버 (브리티시컬럼비아주)	청정기술, 게임, 생명과학, 블록체인 등
몬트리올 (퀘벡주)	인공지능, 첨단 제조업, 로봇기술, 게임, 디지털미디어 등
오타와 (온타리오주)	빅데이터, 인공지능, 정보 보안 등
에드먼턴 (앨버타주)	헬스케어, 인공지능, 빅데이터, 첨단 농업 등

출처: 스타트업 게놈

스타트업에 대한 투자 규모와 트렌드

03

캐나다 전체 스타트업 관련 투자 규모

다국적 회계기업 프라이스워터하우스쿠퍼스(PwC)에 따르면, 2019년 캐나다 스타트업 투자 규모는 전년 대비 약 17% 상승한 (캐나다 달러 기준, 이하 동일) 41억 3천만 달러(한화 약 3조 5,840억 원)에 이른다. 2017년 기준, 27억 6천만 달러(약 2조 3,951억 원)이던 투자 금액은 2018년 35억 6천만 달러(약 3조 894억 원)을 기록하는 등 매년 지속적으로 규모가 증가했다.

토론토는 2019년 기준, 약 13억 6,300만 달러로 캐나다 내 가장 많은 투자 금액을 유치했으며, 그다음으로 몬트리올 9억 3,100만, 밴쿠버 9억 2,400만, 워털루 1억 3,900만, 캘거리 1억 3,200만, 오타와 1억 1,190만 달러 순이다.

인공지능 관련 분야 투자는 6억 5,800만 달러로 작년 동기 대비 49% 상승했으며, 투자 건수는 2014년 관측 이래로 최대 건수인 57건에 이른다. 또 핀테크와 사이버보안 산업이 각각 작년 동기 대비 약 104%, 86% 상승한 7억 7,600만, 3억 9,800만 달러를 기록했다.

캐나다 스타트업 투자규모
단위 : CAD

27억 6천만 달러 / 35억 6천만 달러 / 41억 3천만 달러

2017 · 2018 · 2019

ICT 산업에 투자 집중, 유망 분야는 인공지능

2019년 스타트업 관련 투자액은 ICT 산업에 집중됐는데, 41억 달러로 전체 투자액의 약 66%를 차지했다. 이는 약 14억 달러 정도였던 2015년 대비 약 3배 상승한 수치다. 생명공학 분야에는 11억 달러, 클린테크(Clean Tech, 녹색기술) 분야에는 4억 7천만 달러로 캐나다 전체 VC 투자 금액 중 각각 17%와 7%를 차지했다.

토론토, 몬트리올, 퀘벡, 에드먼턴 지역에서 인공지능 분야 연구개발이 활발하게 이뤄지고 있으며, 실리콘밸리 은행(SVB, Silicon Valley Bank)에서 진행한 설문조사에 따르면 캐나다 스타트업 기업의 약 73%가 인공지능을 유망한 분야로 꼽았다.

벤처캐피털(VC)의 투자 규모와 특징

캐나다 벤처캐피털협회(CVCA)에 따르면, 캐나다 내 스타트업에 대한 VC 투자는 안정적인 증가세를 보이며 2015년 약 23억 달러 정도였던 투자 금액은 2019년에 약 3배가 상승한 62억 달러를 기록한다. 2015년 기준 537건이었던 VC 투자 유치 건수는 2019년 539건과 비교해 큰 변화가 없었지만, 4년 사이에 투자 금액은 2배 가까이 증가한 것이다. 이처럼 스타트업 기업에 대한 투자 열기가 크게 상승했다.

2019년 캐나다 전체 산업 분야별 벤처투자 금액

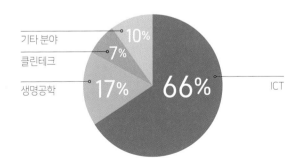

기타 분야 10%
클린테크 7%
생명공학 17%
66% ICT

캐나다 투자 규모 추이				
	2016	2017	2018	2019
거래량	528	453	507	539
투자액	3.2	3.6	3.7	6.2

자료: 캐나다 벤처캐피털협회(CVCA)

2019년 기준 캐나다 내에서는 초기 단계에 속하는 스타트업에 대한 투자가 26억 6천만 달러에 이르며 가장 활발히 이뤄지고 있다. 또한 스타트업의 창업 초기 자금으로 필수적인 시드머니 투자 또한 2015년 이래로 꾸준한 상승세를 보이며 2019년에는 344만 달러를 기록했다. 토론토에 157건의 VC 투자 유치가 집중되며, 캐나다 내에서 가장 많은 약 18억 8,600만 달러가 투자됐다.

현지 주요 벤처캐피털, 액셀러레이터, 기업형 벤처캐피털

● BDC 벤처캐피털

몬트리올에 소재한 BDC 벤처캐피털은 1944년에 설립된 회사로, 주요 투자 분야는 ICT, 청정기술, 생명과학이다. 엑시트한 기업 수가 68개 사에 이른다. 주요 스타트업 기업으로는 디웨이브(DWave), 페미(PHEMI), 액소니파이(Axonify), 비다(VIDA), 빌드다이렉트(BuildDirect) 등이 있다.

◉ www.bdc.ca

● 리얼벤처(Real Ventures)

몬트리올에 소재한 리얼벤처는 2007년에 설립된 회사로, 인공지능, 머신러닝, 핀테크, 정보 보안, 소프트웨어 등에 주로 투자한다. 프리시드, 시드, 시리즈 A 단계의 스타트업에 주로 투자하며 투자 조건은 지분 5~8%다. 엑시트한 기업은 19개 사가 있다. 주요 투자 스타트업으로는 엘레멘트 AI, 메주리(Mejuri), 캔버스 애널리틱스(Canvass Analytics) 등 168개 사가 있다.

🌐 realventures.com.

● 이노비아 캐피털(iNovia Capital)

몬트리올에 소재한 이노비아 캐피털은 2001년에 설립됐다. 프리시드, 시드, 시리즈 A 단계의 스타트업에 주로 투자하며 투자 조건은 지분 5~8%다. ICT, 인공지능, 가상현실 등에 주로 투자하며, 지금까지 엑시트한 기업 수는 28개 사다. 투자한 주요 스타트업으로는 33어크로스(33across), 알라야케어(AlayaCare), 스냅트래블(SnapTravel), 웰닷카(Well.ca) 등이 있다.

🌐 www.inovia.vc

● 임프레션 벤처(Impression Ventures)

토론토에 소재한 임프레션 벤처는 2013년에 설립됐다. 시드, 시리즈 A 단계의 스타트업에 주로 투자하며 투자 조건은 지분 5~8%다. 주로 핀테크와 정보 보안 분야에 투자하며, 대표적인 투자 기업으로는 브림(brim), 엘레판트(ELEFANT), 피내오(Finaeo), 구스(Goose), 홍크(HONK), 센시빌(Sensibill) 등이 있다. 엑시트한 기업 수는 9개 사다.

🌐 impression.ventures

● 스케일업 벤처(ScaleUp Ventures)

토론토에 위치한 스케일업 벤처는 2016년도에 설립됐다. 시드, 시리즈 A 단계의 스타트업에 주로 투자하며 투자 조건은 지분 5~8%다. 주요 투자 분야로는 인공지능, 핀테크, ICT가 있으며 투자한 스타트업에는 오토그래프(AutoGraph), 플렉시티브(Flexitive), 퓨즈빌(Fusebill), 플루토(Plooto), 소링크(SOLINK) 등이 있다.

🌐 www.suv.vc

● 마스(MaRS)

토론토에 위치한 마스는 2000년도에 설립됐으며 프리시드, 시드, 시리즈 A·B·C 단계의 스타트업에 투자해오고 있다. 주로 ICT, 생명과학, 청정기술 분야에 투자하고 있으며 투자 조건은 지분 5~8%다. 투자한 스타트업으로는 클라이언트 아웃룩(Client Outlook), 엔사이클(Encycle), 원 로컬(One Local) 등이 있다. 스타트업 규모별로 다양한 펀딩 프로그램을 운영하고 있다.

🌐 www.marsdd.com

● DMZ

토론토 라이얼슨대학교 산하의 액셀러레이터 기관이다. 2019년 기준 68개의 스타트업이 DMZ에 입주해 프로그램을 진행했다. 현재까지 약 412여 개 스타트업이 해당 기관의 프로그램을 수료했으며 6억 560만 달러의 투자금을 유치했다.

DMZ가 외국 스타트업을 대상으로 진행하는 DMZ YYZ 프로그램은 2주간 이뤄지며 1주 차에는 일대일 멘토링을 통해 기업 전략 수립, 피칭 연습, 투자가 미팅 등을 진행하고 2주 차에는 현지 콘퍼런스 및 전시회 참가 같은 활동을 한다. 이외에도 무료 사무공간, 멘토링, 마케팅, 투자 유치, 네트워킹 등의 혜택을 제공한다. 주최 시기는 매년 5월과 9월이다(연간 총 2차례 진행).

DMZ는 전 세계에 소재한 330여 개사의 VC 네트워크를 보유하고 있다. 주요 분야로는 핀테크, 정보 보안, IoT, 프롭테크(Prop Tech) 등이다.

🌐 www.dmz.ryerson.ca

● 크리에이티브 디스트럭션 랩(Creative Destruction Lab)

2012년 설립된 토론토대학교 산하의 액셀러레이터 기관이다. 주로 초기 단계의 스타트업 육성에 집중하며, 2018년에는 연방정부로부터 2,500만 달러 규모의 지원금을 유치했다. 스타트업 230여 개 이상이

해당 프로그램을 수료했다. 주요 분야는 인공지능, 블록체인, 퀀텀 머신러닝, 우주, 스마트시티, 생명과학 등이다.

🌐 www.creativedestructionlab.com

● 넥스트 캐나다(Next Canada)

2010년에 설립된 민간기관이지만 캐나다 연방정부, 수출개발은행(Business Development Bank Of Canada, BDC)등 정부 기관의 지원을 받고 있다. 370여 개 이상의 스타트업을 지원한 결과, 3억 1,900만 달러 규모의 누적 투자금을 유치했다. NEXT36(AC), NEXT Founders(VC), NEXT AI(인공지능 특화 분야) 등 다양한 프로그램을 운영하고 있다. 해외 기업은 인공지능 특화 분야인 넥스트 AI 프로그램에만 참가할 수 있다. 해당 프로그램은 각 스타트업별로 멘토와 과학자를 연결해 8개월간 사업 개발 및 확장에 도움을 주는 프로그램이다. 두 차례 정도 경연대회를 진행하며 이를 통해 15만 달러 규모의 시드머니를 얻을 기회 또한 제공한다. 주최 시기는 2020년 11월~2021년 1월이다.

넥스트 캐나다가 투자하는 주요 분야는 ICT, 사물인터넷, 인공지능, 핀테크, 생명과학 등이다.

🌐 www.nextcanada.com

			현지 주요 CVC		
기업명	업종	협업 분야	협업 이력		홈페이지
텔어스 벤처 (TELUS Ventures)	통신	ICT, 스마트헬스	• 2001년 설립 • 현재까지 50개 이상의 스타트업 멘토링 지원		www.telus. com/en/ ventures
IBM 이노베이션 스페이스 (IBM Innovation Space)	소프트 웨어	ICT, 생명과학, 첨단 제조, 금융	• 분기별 멘토링 제공 • 40개 사 이상 입주		www.ibm. com/ibm/ca/ en/canadian- innovation.html

콜리어스 프롭테크
액셀러레이터
(Colliers Proptech
Accelerator)
	금융
	· 부동산
		ICT,
		핀테크,
		부동산
			• 13주 프로그램
			  / 데모데이 개최
			• 매년 10개 사 멘토링
			  지원
					www.proptech.
					colliers.com/

04 정부의 스타트업 지원 정책

스타트업 온라인 전담 기관 신설

캐나다 정부는 4차 산업을 중심으로 육성 정책을 지속해서 추진하며
신성장 동력의 기반을 마련하고 있다. 2017년에는 '이노베이션 캐나
다(Innovation Canada)'라는 스타트업 온라인 전담 기관을 신설하고
스타트업 기업들이 좀 더 쉽고 빠르게 투자자들로부터 자금을 유치하
고 맞춤 프로그램 지원 서비스 등을 받을 수 있도록 플랫폼을 조성했
다. 또 해외 인재를 적극적으로 유치하기 위해 '글로벌 탤런트 스트림
(Global Talent Stream)' 프로그램을 통해 간소화된 취업비자를 발급
중이다. 이외에도 캐나다에서 공식 지정한 창업 기관을 활용해 스타트
업 기업을 지원하고 있다.

전폭적인 정부 지원과 산학연 연구개발 활발

캐나다 정부는 인공지능 및 4차 산업을 국가의 신규 주력 산업으로 지정하고 해당 분야를 집중 육성 및 적극 지원하고 있다. 연방정부는 2013년부터 현지 스타트업의 해외 진출을 지원하는 CTA(Canadian Technology Accelerators) 프로그램을 운영 중이며, 선정된 기업에 3개월 동안 해외 사무실 임차와 네트워킹 활동을 지원한다.

2017년 3월, 5대 슈퍼클러스터 이니셔티브(Superclusters Initiative)를 발표하고 2018년부터 2023년까지 인공지능, 농업, 생명과학, 첨단 제조업, 해양의 5개 산업 분야 연구개발 프로젝트에 약 9억 5천만 달러 예산을 책정해 분야별 지역 클러스터를 구축하는 데 집중하고 있다. 전략혁신기금(Strategic Innovation Fund)을 통해 2018년부터 2023년까지 약 5년 동안 12억 6천만 달러를 투자해 첨단 기술과 상업화 프로젝트를 추진하고 있다.

공공기관, 대학교, 민간 투자가 등 각 기관이 주관하는 다양한 스타트업 양성 프로그램이 활성화되어 있다. 정부의 직·간접 자금 지원이 늘어나고 있으나, 스타트업 발굴·지원은 주로 벤처캐피털, 엔젤투자자, 액셀러레이터 등 민간에서 이루어진다. 캐나다 내 주요 대학들은 별도의 창업지원센터를 운영함으로써 재학생과 졸업생, 외부 스타트업의 창업 활동을 적극적으로 지원한다. 캐나다는 산업, 학계 및 연구기관의 협력체계가 안정적으로 구축되어 기술 교류가 활발한 편이다. 더불어 정부의 체계적인 지원 아래 스타트업 생태계가 빠른 속도로 확장되고 있다.

2019년 기준, 캐나다 내에서 엑시트한 기업은 37건으로, 2015년 대비 6건 감소했으며, 엑시트 규모 또한 15억 2,400만 달러에서 14억 1,900만 달러로 소폭 하락했다. 기업공개(IPO)의 규모는 2015년 29억 4,500만 달러에서 2019년 16억 달러로 감소했다.

2019년 엑시트 건수 및 규모
2015년도 대비

15억 2,400만 달러

43건

14억 1,900만 달러

37건

2015　　　2019

2019년 기업공개(IPO) 규모
2015년도 대비

29억 4,500만 달러

16억 달러

2015　　　2019

연방정부의 세제 혜택과 주정부의 지원 제도

연방정부는 인건비, 운영비 등 개발비용의 15%를 세액 공제 또는 세액 환급을 해주는 인센티브(SR&ED Tax Incentive) 제도를 운영하고 있다. 이외에도 각 지방정부는 추가적인 세액 공제 혜택을 제공하고 있고 온타리오주는 최대 40%까지 세액 공제가 가능하다. 또 주정부는 스타트업 등 중소기업이 추진하는 혁신 기술 개발 프로젝트 비용을 최대 40% 융자해주는 '뉴 이코노미 스트림(New Economy Stream)' 이라는 프로그램을 운영하고 있다.

스타트업 비자 프로그램 운영

2013년부터 캐나다 이민부(Immigration Refugees and Citizenship Canada, IRCC)는 정보통신, 첨단 기술 등 유망 업종에 종사하는 해외 창업자에게 취업비자·영주권을 부여하는 스타트업 비자 프로그램(Start-up Visa Program)을 운영 중이다. 이 프로그램은 2018년까지 시범적으로 운영될 예정이었으나, 2017년 7월 공식 지원 제도로 채택되어 앞으로 더 많은 해외 창업자를 유치할 계획이다. 스타트업 비자 프로그램은 쿼터제로 운영되며, 매년 2,750건으로 신청 건수를 한정한다. 2013년부터 2017년까지 68개의 스타트업(117명)이 승인됐는데, 신청 건수에 비해 비자 취득률은 저조한 편이다. 국가별로는 인도, 중국, 영국, 이란, 러시아 순으로 이뤄졌다. 스타트업 비자 취득은 약 16개월이 소요되며 창업 아이디어만으로도 영주권 신청이 가능하다는 장점이 있다. 신청서마다 창업자를 최대 5명까지 포함할 수 있다. 또한, 해외 창업가의 부양가족도 함께 이주할 수 있다.

스타트업이 비자를 신청하면 창업가에게 단기 취업비자(기간 상이)가 발급되며, 취업비자는 지속해서 갱신할 수 있다. 캐나다 이민부(IRCC)는 공식 지정된 창업 지원 기관으로부터 투자 지원이 확정된 경우에만 스타트업 비자를 발급하고 있다.

- 스타트업 비자 신청 자격 요건
  ① 연방정부가 승인한 벤처캐피털, 엔젤투자, 액셀러레이터 등 투자 지원이 확정된 경우
  ② 신청자의 경영·소유권
  ③ 영어(또는 불어) 능력 평가: IELTS 5.0 이상
  ④ 최소 정착 자금: CAD 12,300(1인)~32,550(7인)

05
주요 콘퍼런스와 프로그램

스타트업 관련 주요 콘퍼런스

● **콜리전(Collision Conference)**
미국에서 2014년 최초로 개최된 이후 약 7주년을 맞은 행사이며 약 125개국의 스타트업 및 테크기업이 참가하는 대형 콘퍼런스이다. 2019

년부터 3년간 캐나다 토론토에서 본 행사를 개최하고 있다. 전시회 및 바이어 미팅이 주를 이루며 멘토링과 워크숍 등도 함께 진행된다.

● 스타트업페스트(Startupfest Conference)

스타트업페스트

출처: 스타트업페스트 공식 트위터(@startupfest)

2011년부터 캐나다 몬트리올에서 개최된 테크 관련 스타트업 콘퍼런스이며 전시, 피칭 경쟁, 워크숍 및 투자자 미팅 등이 함께 진행된다. 매년 15개국이 넘는 국가에서 참가하는 스타트업 행사이다.

● 엘리베이트(Elevate Conference)

2017년부터 개최된 테크 관련 콘퍼런스이다. 캐나다 연방정부와 주정부를 공식 파트너로 두고 있으며 구글, 삼성 등이 후원하고 있다. 토론토 시내 전역에서 열리는 행사로서 약 200여 개의 스타트업 및 투자자들이 참여한다. 워크숍, 스타트업 전시, 피칭 경쟁, 투자자 미팅 등으로 구성된 행사이다. 2020년 9월 21~24일에 걸쳐 AI, 핀테크, 블록체인 같은 분야의 콘퍼런스가 개최될 예정이며 2만 명 정도가 참관할 것으로 보인다.

스타트업 관련 정부 부처나 유관 기관의 프로그램

● 이노베이션 캐나다

캐나다 혁신과학경제개발부(Innovation, Science and Economic Development Canada, ISED) 산하 부서인 이노베이션 캐나다(Innovation Canada)는 중소기업의 혁신 기술 개발과 일자리 창출을 지원하기 위한 프로그램을 개발하고 운영 중이다. 대표적으로 산·학·연 연계를 통해 인공지능, 청정기술, 생명과학 등 전략 산업 분야의 연구개발 프로젝트인 슈퍼클러스터 육성 정책을 운영하고 있다. 또 스타트업 등 신생 기업을 대상으로 자문 서비스(Accelerated Growth Service, AGS)를 제공하며 스타트업을 대상으로 청정기술 개발 프로젝트(Clean Growth Hub)를 진행한다. 지방정부마다 별도의 펀딩 프로그램을 운영 중이며, 이노베이션 캐나다는 일부 보조금을 지원한다.

🌐 www.ic.gc.ca/eic/site/080.nsf/eng/home

● 온타리오주 경제개발부(커머셜라이제이션과 스케일업 부서)

온타리오주 경제개발부(Ministry of Economic Development, Job Creation and Trade) 산하 부서인 커머셜라이제이션과 스케일업 부서(Commercialization and Scale-Ups Division)는 스타트업 생태계가 잘 구축된 온타리오주에서 다양한 연구개발 프로젝트에 보조금을 지원하고 융자 프로그램을 별도로 운영 중이다. 또 스타트업 대상으로 보조금 바우처 프로그램(Scale-Up Voucher Program)을 운영한다. 학생과 청년 사업가를 육성하기 위한 교육 프로그램을 지원하며(예를 들어 여름방학을 활용해 멘토링 서비스 제공) 청년 사업가와 멘토를 연결해주는 웹사이트도 운영한다.(www.onebusiness.ca)

🌐 www.ontario.ca

● 국가연구위원회(연구개발 지원 프로그램)

국가연구위원회(NRC)는 2013년부터 중소기업을 대상으로 연구개발 지원 프로그램(Industrial Research Assistance Program, IRAP)을 운영 중이다. 기업 규모에 따라 5~50만 달러 규모의 지원금을 제공하며, 이 지원금은 주로 운영비에 사용된다. 또한, 기업이 진행하는 연구개발 프로젝트에 만 15~30세 청년을 고용할 경우, 최대 3만 달러 규모의 월급을 부담한다(승인받은 기업에 한함). 중소기업이 디지털 기술을 구축하는 데는 10만 달러의 보조금을 지원한다.

🌐 www.nrc-cnrc.gc.ca/eng/irap/index.html

● Futurpreneur Canada(프로그램과 비즈니스 개발)

Futurpreneur Canada는 만 18~39세의 청년 창업을 지원하는 비영리 단체이며 초기 자금(1만 5천 달러), 멘토링(최대 2년), 사무용품 대여 등을 지원한다. 온오프라인 네트워킹 행사에 참여 가능하며 이외에도 중소기업은행(BDC)과 연계해 융자를 제공한다. 멘토풀은 약 3천여 명의 자원봉사자로 이루어져 있고 창업 단계별 유의사항을 동영상 강의로 제공한다. 멘티들에게 자신의 재능을 기부하는 멘토들을 대상으로 학습 활동과 전문성 강화 프로그램을 운영해 자기 성장의 기회를 제공한다.

🌐 www.futurpreneur.ca

● BDC(벤처캐피털 부서)

캐나다 비즈니스개발은행(Business Development Bank of Canada, BDC)은 스타트업 및 중소기업을 지원하는 국책은행으로 1944년 설립돼 현재 캐나다 전역에 139개 지사를 운영 중이다. 설립된 지 12개월 이하인 스타트업을 대상으로 대출 프로그램(Stat-up financing)을 제공한다. 설립된 지 24개월 이상 된 기업은 최대 10만 달러 규모의 대출이 가능하고, 상환 기간은 5년이다. 스타트업 대상 기업 경영 코칭, 마케팅 워크숍 등을 제공한다.

🌐 www.bdc.ca

● OCE(비즈니스개발팀)

온타리오연구소(Ontario Centres of Excellence,OCE)는 1987년 설립된 온타리오 주 비영리 창업 지원 기관으로, 크게 창업 지원과 산·학·연 연구개발 보조금 지원으로 프로그램이 구분된다. 2018년 2월 온타리오 주정부는 OCE와 파트너십을 체결하고, OCE 산하 차세대 네트워크 혁신센터(Centre of Excellence in Next Generation Networks, CENGN)에 총 6,300만 달러를 투자할 계획이다. 2014년 설립된 혁신센터는 인공지능, 5G 무선기술, 빅데이터, 정보 보안 등과 관련한 연구개발을 진행 중이다.

🌐 www.oce-ontario.org

스타트업 육성 주요 대학 및 연구기관

● 토론토대학교(Creative Destruction Lab, CDL)

스타트업을 육성하기 위해 9~12개월 시드 단계의 프로그램을 만들어 멘토링을 집중적으로 제공한다. 초기 자금 USD 8만 달러를 제공한다. 별도 사무공간은 제공하지 않으나, 해외 기업은 자국에서 제품 개발을 자유롭게 진행할 수 있어 별도로 비자를 취득할 필요가 없다. 분기별 멘토링을 개최하며 부정적 피드백이 이어지면 탈락(서바이벌 형식)한다. 연간 1회 모든 스타트업이 모여 데모데이를 개최한다. 또 토론토대학교 연구진과 멘토가 직접 피드백을 주고, 투자로 이어지는 기회를 제공한다. 50개 사가 스타트업으로 졸업했으며 연간 약 40여 개 기업이 선정된다. 지원 대상은 인공지능, ICT, 항공우주, 청정기술, 헬스케어 등이며 심사는 ①홈페이지 통해 기업/사업소개서 제출 ②검토 후 화상면접으로 진행된다.

🌐 www.creativedestructionlab.com

● 워털루대학교(University of Waterloo)

학생을 대상으로 창업 인큐베이터 '벨로서티(Velocity)'를 운영하고 있다. 그리고 최대 2년간 참가할 수 있는 스타트업 육성 프로그램을 운영한다. 특히 프리시드(Pre-seed) 스타트업을 선호한다. 대학교 안에 있는 무료 사무공간, 회의실, 실험실과 그 외 헬스장 등 부대시설을 사용할 수 있다. 정기적인 일대일 멘토링과 그룹 워크숍을 시행한다. 워털루 지역 내 산업계를 소개하고(블랙베리, 오픈텍스트 등) 피칭 데이에서 우승하면 상금 5천 달러를 제공한다. 300개 사가 스타트업

과정을 졸업했다. 워털루대학교 재학생과 졸업생 위주로 선정되나, 간혹 해외 기업도 선정된다. 지원 대상은 인공지능, 자율주행차, ICT, 핀테크, 생명과학이며 심사는 ①홈페이지 통해 기업/사업소개서 제출 ②검토 후 화상면접으로 진행된다.

🌐 velocity.uwaterloo.ca

● **브리티시컬럼비아대학교(University of British Columbia)**
해치(Hatch)는 5주간 진행하는 단기 인큐베이터 프로그램으로 연간 30개 사를 모집한다. 아이디어만 있어도 프로그램에 지원할 수 있다. 프리시드 스타트업을 선호한다. 대학교 안에 있는 무료 사무공간을 이용할 수 있고 멘토링을 제공한다. 지원 기간에 대학 기숙사를 제공하며, 대학교 내 MBA (예비)졸업생들이 스타트업에 경영 자문을 제공한다. 투자가 대상 쇼케이스를 운영해 초기 자금을 확보할 기회를 마련해준다. 지원 대상은 ICT, 인공지능, 생명과학이며 심사는 ①홈페이지 통해 기업/사업소개서 제출 ②검토 후 인터뷰로 진행된다.

🌐 new.hatch.ubc.ca

CANADA

현지 투자자 인터뷰
VC Interview

이노버코프의 딩 판(Ding Fan)

Q 이노버코프(Innovacorp) 투자회사에 대해 간단히 말씀해주세요.

안녕하세요. 저는 국제투자를 담당하고 있는 딩 판입니다. 우리 회사는 초기 투자 전문 기업으로 1995년 노바스코샤 핼리팩스에 설립됐습니다. 현재 정보기술, 청정기술, 생명과학, 해양과학기술 등 4가지 분야에 중점적으로 투자하고 있습니다. 또한 스타트업 기업의 성장을 위해 다양한 지원 프로그램도 제공합니다.

Q 앞으로 어떤 스타트업이 유망할까요?

최근 들어 투자를 의뢰하는 기업 중 ICT 관련 제품이 크게 늘었습니다. 그중에서도 사물인터넷(IoT)과 관련된 제품이 빠르게 성장하고 있습니다. 지역적으로 캐나다 동부 대서양에 위치한 노바스코샤는 해양과학기술 분야의 인프라가 잘 구축되어 있어 우리 투자회사의 경우 이와 관련된 스타트업 투자 요청이 자주 들어오는 편입니다.

Q 투자할 때 중요하게 보는 부분은 무엇인가요?

시장의 적합성과 기술력입니다. 해당 제품 혹은 기술이 현지에 적용될 수 있는지에 대해 현실적으로 따져보는 과정은 투자를 결정할 때 필수입니다. 또한 신청서를 통해 전달받은 스타트업 기업의 기술력 또한 면밀히 검토해 투자를 결정합니다.

Q 한국 스타트업이 현지에 진출할 때 흔히 저지르는 실수나 간과하는 부분이 있나요?

비즈니스에서 기술만큼 중요한 것이 본인이 진입하고자 하는 시장에 대한 분석과 이해입니다. 이는 시장의 수요도 조사뿐만 아니라 시장의 비즈니스 문화를 이해하는 거시적인 개념까지 포함합니다. 예컨대 한국 기업들이 보내온 투자 신청서를 읽다 보면 기술 설명이 어딘가 장황하다는 느낌을 받을 때가 있어요. 북미 투자자들은 간결하고 명확한 정보를 오히려 선호합니다. 예의와 격식을 따지기보다는 확실한 정보 전달을 중심으로 투자 유치 과정을 진행하는 것이 낫습니다.

Q 현지 진출을 희망하는 한국 스타트업에 조언을 한다면요?

캐나다 시장은 투자에 매우 보수적인 편입니다. 이는 소극적으로 투자한다는 의미가 아니라, 투자를 결정할 때 '신뢰'라는 변수가 크게 작용한다는 것을 뜻합니다. 투자 유치 과정에서 법인이 캐나다 내에 설립되어 있거나 기업 운영진들이 직접 투자자들을 만나서 아이디어를 제안할 수 있다면 좀 더 투자받을 확률을 높일 수 있습니다. 혹은 현지의 무역중간업자나 KOTRA와 같이 신뢰할 수 있는 기관과 협업을 통해 투자를 진행한다면 투자자들과 신뢰 관계를 구축하는 데 큰 도움이 될 것입니다.

현지 진출에 성공한 국내 스타트업

㈜해피소나
Happysona Inc.

품목(업종)
인공지능 및 헬스케어 분야 액셀러레이터

설립연도
2016년 한국 법인 / 2018년 캐나다 법인

대표자
고종옥

소재지
서울시 강남구 대치동/ Toronto, ON, Canada

홈페이지
www.happysona.com

Q. 해피소나는 어떤 기업인가요?

해피소나는 캐나다 엔젤투자자협회(NACO, National Angel Capital Organization) 공식 회원사로서, 캐나다에 진출하려는 인공지능 및 헬스케어 관련 한국 스타트업을 대상으로 시드 투자와 공동 비즈니스 사업 기회를 제공하는 액셀러레이터입니다. 국내 헬스케어 기반 스타트업 중 북미 시장 성공 가능성이 큰 곳에는 소정의 선발 절차를 거쳐 인공지능 모델과 시제품 개발을 직접 도와주기도 합니다. 해피소나는 해외 진출 스타트업에 능동적이고 주체적으로 비즈니스 기회를 발굴하고 성장시키는 역할을 하고 있는 컴퍼니 빌더형 액셀러레이터입니다. 현재 캐나다 토론토에 1개의 헬스케어 협력벤처(JV, Joint-venture)를 설립했고, 회사 2개를 더 설립하려고 진행 중이며, 미국 주요 주립대학과 공동으로 디지털 헬스케어 연구를 진행하고 있습니다.

Q. 어떻게 토론토에 진출하게 되었나요?

토론토에서 스타트업을 창업하는 것은 단순히 트렌드를 넘어 시대적 부름입니다. 한국에서 이미 스타트업을 창업해본 경험이 많아서 좀 더 큰 시장에 도전하고 싶었고, 그중에서도 북미에서 가장 떠오르는 도시인 토론토에서 제2의 창업에 대한 꿈을 펼쳐보고 싶었습니다.

Q. 현지에서 파트너는 어떻게 발굴했나요?

현지 진출을 위해 연방정부 차원의 엔젤투자자협회(NACO)에 회원사로 가입해 현지 AI 전문 액셀러레이터로서 대외적인 대표성을 확보했습니다. 이후 현지의 액셀러레이터 프로그램인 넥스트 AI와 요크대학교 등을 통해 산업계의 주요 인물들을 파악하고 네트워킹을 쌓는 기회로 삼았습니다. 또한 토론토 글로벌(Toronto Global)과 같은 현지 사업 지원 기관을 통해 산업 동향 및 자료 수집도 진행했습니다. 그리고 마스(MaRS), 대학보건네트워크(University Health Network, UHN), 지역보건통합협회(Local Health Integration, LHIN) 등 헬스케어 연구 관련 벤처캐피털, 대형 병원, 정부 기관과 밀접한 관계를 유지하며 유망 기업을 발굴하고 투자 관련 업무를 수행했습니다. 더불어 북미 대학과 스타트업을 연결하는 연구 제안을 통한 산학 협동 체계 구축을 통해 현지 파트너를 발굴했습니다.

Q. 현지 시장 진입 과정이 궁금해요

해피소나는 한국과 캐나다 양국 모두의 상황을 잘 이해하는 강점이 있었습니다. 이를 바탕으로 북아메리카 시장에 진출하고자 하는 한국 스타트업이 순조롭게 현지화 할 수 있도록 지원했습니다. 현지 상황을 잘 파악하고 적절한 네트워킹을 제공함으로써 해당 시장에 진입할 수 있었습니다.

Q. 비자 등 현지 체류 자격은 어떻게 얻었나요?

캐나다 연방정부는 스타트업 비자 프로그램(Startup Visa Program)을 통해 혁신 기술로 성장이 기대되는 스타트업이 아이디어나 시제품 단계에 있을 때 영주권 신청 자격을 부여하고 즉시 취업비자까지 발급해요. 배우자와 자녀가 있다면 모든 의료비와 대학 진학 전 교육비가 면제됩니다. 또한 사업 진행 상황을 취업비자와 연계하는 미국과 달리 사업의 성패가 영주권 발급에 아무런 영향을 미치지 않습니다. 영주권을 취득하는 데 걸리는 기간은 6~12개월입니다. 이러한 파격적인 정책 덕분에 실리콘밸리뿐만 아니라 전 세계 창업가들이 캐나다로 모이고 있습니다. 이 프로그램을 통해서 캐나다에 진출할 수 있다면 안정적인 체류 자격을 확보하고 사업에 온전히 집중할 수 있겠다고 판단했습니다. 2018년에 캐나다 연방 스타트업 비자 프로그램을 통해서 한국인 최초로 영주권을 취득했습니다.

현지 스타트업 관계자와 미팅

현지 스타트업 진출 관련 업무 협의

Q. 현지에 진출할 때 가장 중점을 둔 부분이 있나요? 혹시 팁이나 조언을 한다면요?

1년 6개월 전 캐나다 스타트업 관련 뉴스를 우연히 본 적이 있는데, 그 뉴스를 제외하고 어떠한 정보도 한국에서 찾기가 어려웠습니다. 그래서 직접 와서 찾아야 한다고 생각했고 그 전략이 유효했습니다. 하지만 모든 분이 그럴 수는 없겠지요. 주변에 어떤 분은 저와 같은 프로세스를 밟고자 1억 원이 넘는 변호사 비용을 쓰신 분도 봤습니다. 이 모두가 정보격차에서 온다고 생각합니다. 해외에서 창업하는 것은 무조건 권장해야 할 일도 아니고 무조건 반대해야 할 일도 아닌 일종의 기호 문제라고 생각합니다. 자신이 원하는 사업의 방향에 따라 해외 진출을 결정하는 것이 바람직합니다. 더불어 조언을 덧붙이자면, 토론토 주식 시장의 경우 뉴욕이나 나스닥에 비해 상장이 쉬워 미국 자금 조달을 위한 경험 및 준비 과정에 도움이 됩니다. 보건의료 분야의 경우 한국과 달리 캐나다는 원격 의료 및 헬스케어 서비스 제공업체로 승인을 받으면 더 큰 시장에 접근할 수 있습니다. 또한 캐나다는 미국보다 벤처 캐피털(VC) 시장의 규모가 작으므로, VC와 좋은 관계 및 평판을 유지하는 것 또한 중요한 요소입니다.

캐나다 공식 지정 창업 지원 기관		
구 분	최소 투자 금액(C$)	창업 지원 기관
벤처캐피털	200,000	• BDC Venture Capital • Celtic House Venture Partners • Extreme Venture Partners LLP • Golden Venture Partners Fund, LP • Impression Ventures • Information Venture Partners Management • Innovation Platform Capital International • iNovia Capital Inc. • Lumira Capital • Innovacorp • OMERS Ventures Management Inc. • Pangaea Ventures Ltd. • PRIVEQ Capital Funds • Real Ventures • Relay Ventures • ScaleUp Venture Partners, Inc. • Top Renergy Inc. • Vanedge Capital Limited Partnership

구 분	최소 투자 금액(C$)	창업 지원 기관
벤처캐피털	200,000	• Version One Ventures • Westcap Management Ltd. • Yaletown Venture Partners Inc.
엔젤투자	75,000	• Canadian International Angel Investors • Golden Triangle Angel Network • Oak Mason Investments Inc. • Southeastern Ontario Angel Network • Southwestern Ontario Angel Group • TenX Angel Investors Inc. • VANTEC Angel Network Inc. • York Angel Investors Inc.
인큐베이터· 액셀러레이터	N/A	• Alacrity Foundation • Agrivalue Processing Business Incubator • Food Processing Development Centre • Biomedical Commercialization Canada • Calgary Technologies Inc. • Communitech • Creative Destruction Lab • Empowered Startups Ltd. • Extreme Innovations • Genesis Centre • Highline BETA Inc. • Innovacorp • Innovate Niagara • Invest Ottawa • Knowledge Park o/a Planet Hatch • Launch Academy • LaunchPad PEI Inc. • NEXT Canada • Real Investment Fund III L.P. • Ryerson Futures Inc. • Spark Commercialization and Innovation Centre • Spring Activator • The DMZ at Ryerson University • TSRV Canada Inc. • Waterloo Accelerator Centre • York Entrepreneurship Development Institute

캐나다 공식 지정 창업 지원 기관

2 East Asia

동아시아

JAPAN

JAPAN

일 본

01

지금 일본 스타트업 상황

기지개를 켜기 시작한 일본의 스타트업

2019년 일본무역진흥기구(이하 JETRO)에 따르면, 2019년 10월 기준 일본의 스타트업은 1만 개가 넘는다. '4차 벤처붐'이라 불릴 정도로 스타트업에 대한 열기가 뜨겁다. 그에 발맞춰 일본 정부도 다양한 창업 지원 시스템을 구축하고 있다. 스타트업 정보분석기관 스타트업 게놈은 일본 도쿄의 스타트업 생태계를, 글로벌 연계를 추진하기 시작한 초기 단계(early-globalization)로 분류했다.

스타트업을 견인하는 대기업

탄탄한 제조업 기반을 갖추고 있는 일본은 로보틱스, 핀테크, AI 등 핵심 소프트웨어 기술을 융합해 제품화하는 것이 강점이다. 로보틱스는 로봇에 관한 과학이자 기술학을 말한다. 핀테크는 Finance(금융)와 Technology(기술)의 합성어로, 금융과 IT의 융합을 통한 금융 서비스 및 산업의 변화를 통칭한다. 최근 더욱 주목받고 있는 핀테크 기업들은 신용도가 낮은 고객들의 금융 접근성을 보완하는 간편결제시장에서 2030세대의 지지를 얻어 최근 더욱 주목받고 있다.

대기업이 필요한 기술과 아이디어를 외부에서 조달하는 동시에 내부 자원을 외부와 공유해 새로운 제품이나 서비스를 만들어내는 오픈 이노베이션(개방형 혁신)을 중심으로 스타트업이 형성되어 있다. 사내 R&D 기술 개발을 중시했던 대기업이 최근 들어 자사 중심주의에서 벗어나 다른 기업에 투자하는 오픈 이노베이션을 늘리면서 글로벌기업 벤처캐피털(CVC)과 액셀러레이터 프로그램이 많아졌다. 2018년 일본의 CVC 투자는 총 314건에 달한다.

일본 기업의 오픈 이노베이션 사례를 보면 다음과 같다.

미쓰이 부동산 이스라엘 텔아비브 (2017년 7월)	이스라엘군의 드론 연구자가 설립한 스타트업인 '드로노미'의 자율비행 기술을 건설현장에서 공중촬영 실증실험에 이용한다. 공사의 진척 상황 관리, 계측, 관계자 간 정보 공유 툴로서 활용을 검토하고 있다.
도요타 중국 심천 (2017년 8월)	IoT 기기 개발을 지원하는 '인단'사와 연계해 자동차용 IoT 기기를 공동 개발할 수 있는 기업을 찾아 제품을 제작하는 비용을 절감하는 것을 목표로 한다.
인터넷 이니셔티브(IIJ) 대만 (2017년 9월)	IoT 솔루션 개발 기업인 대만의 스타트업 '넥스트 드라이브'와 공동으로 스마트 미터(통신 기능을 갖춘 차세대 전력계)를 통해 나온 데이터 취득이 가능한 IoT 게이트웨이 기기를 개발하고 있다.
세키스이 화학 미국 일리노이 (2017년 12월)	바이오벤처인 렌더텍 사와 공동 개발을 통해 쓰레기를 에탄올로 바꾸는 세계 최초 혁신 기술 확보에 성공했다.

덴소 일본 교토 (2018년 1월)	교토대학 벤처인 'FLOSIA'와 함께 차세대 파워 반도체를 소재로 한 자동차 탑재 응용을 위한 공동 연구를 시작했다.
도쿄가스 일본 도쿄 (2018년 11월)	오디오북 발신 서비스를 운영하는 '오토뱅크'와 'Furomimi'라는 목욕 음성 서비스를 공동으로 개발하여 육아, 가사 생활을 도와주는 음성 콘텐츠를 제공한다.

창업이 활발하지는 않은 편

일본은 다른 국가에 비해 스타트업 창업이 활발하지는 않다. 영국 런던에 기반을 둔 Global Entrepreneurship Monitor(GEM)은 여러 국가의 기업가 활동 수준을 매년 평가하는 연구기관으로, 여기서 '종합창업활동지수(Total Early-Stage Entrepreneurial Activity, TEA)'를 발표한다. 종합창업활동지수는 18세 이상 64세 이하 성인 중 예비창업자와 창업 후 3년 미만 창업자 수의 합계가 몇 명인지 나타내는 지수를 말한다. 2018년 일본의 종합창업활동지수는 5.2이다. 이는 스타트업 창업이 활발한 미국(15.6), 이스라엘(12.7)에 비해 낮은 수준이다. 이런 현실에 대해 일본 내에서도 무엇보다도 창업정신을 끌어올려야 한다는 지적이 나오고 있다.

주요 국가의 종합창업활동지수 (2018)
출처: Global Entrepreneurship Monitor 2018 / 2019

02

주요 도시별 스타트업 생태계의 특징

도쿄 | 일본 스타트업의 거점

2016년 도쿄도는 '새로운 도쿄'를 위한 4개년 계획을 세웠다. 2020년을 향한 실행 플랜으로 3개의 시티, 즉 세이프시티, 다이버시티, 스마트시티를 실현하는 것을 목표로 한다. 이 중 스마트시티의 경우 도쿄 내 창업률을 미국이나 영국과 같은 수준인 10퍼센트대로 끌어올리는 것을 목표로 삼았다. 목표에 맞게 계획을 잘 수행해 현재 VC가 도쿄에 투자하는 비율은 타 지역에 비해 압도적으로 높다. 특히 투자 안건 발굴을 위한 정보 수집, 투자를 위한 적정평가절차, 투자 후 지원, 대학창업센터 출신 스타트업 기업 수 등 스타트업에 대한 투자 환경이 도쿄를 중심으로 조성되어 있다.

도쿄 창업원스톱센터	2015년 4월 개설한 국가 전략 특구 사업의 하나로, 법인을 개설하는 데 필요한 절차를 한 곳에서 모두 끝낼 수 있도록 하는 시스템이다.
도쿄 창업스테이션	2017년 1월, 도쿄도와 공익재단법인 도쿄도가 중소기업진흥공사와 연계해 만든 창업 지원 거점으로, 도쿄역에서 5분 거리에 있다.

오사카 | 혁신의 허브

2013년에 재개발 지역 '우메키타지구'에 스타트업 지원 기관인 '오사카 이노베이션 허브(Osaka Innovation Hub, OIH)'가 설치됐다. 스타트업과 대기업을 연결하는 오픈 이노베이션으로 창업가가 더욱 원활하게 투자자나 대기업과 만날 기회를 제공하고 있다. 이곳에서 창업가 프레젠테이션 이벤트, 일본 VC, CVC와 1대1 상담 등 다양한 스타트업 행사를 연간 50회 이상 개최한다. 이를 통해 창업 준비사항 및 인프라 정보 수집 등을 할 수 있다. 특히 2016년부터 창업 초기 기업을 약 4개월간 지원하는 시드 액셀러레이터 프로그램(OSAP)을 운영하고 있다. 이외에도 '스타트업 이니셜 프로그램 OSAKA', 'RISING!' 등 다양한 스타트업 지원 사업을 진행하고 있다.

교토 | 특히 생명과학(Life Science)분야가 강점

교토 지역에는 일본의 전자기기, 정보기기, 태양전지, 세라믹, 관련 기기 제조기업인 '교세라(KYOCERA)'와 전자부품기업인 '일본전산(Nidec)' 등 제조업 본사가 모여 있고, 생명과학(Life Science) 분야에서 강점을 가진 교토대학교가 있는 것이 특징이다. 교토대학교는 관료 양성 중점 대학인 도쿄대학교와는 달리 학자를 양성하는 대학원 중심 대학교다.

교토시는 2019년 7월, 실리콘밸리에 본사를 둔 유력 액셀러레이터 '플러그앤드플레이(Plug and Play)' 일본 법인과 글로벌 스타트업 생태계 형성에 관한 협정을 체결해 화제가 된 적이 있다. 나아가 2019년 8월에 열린 교토부시(京都府市) 간담회에서는 교토부 지사와 교토시 시장이 부와 시가 연계해 창업 거점 도시 지정을 목표로 하겠다고 밝혔다. 플러그앤드플레이는 도쿄 시부야에 이어 두 번째 거점으로 교토에 개설됐으며, 생활과학을 주축으로 하는 액셀러레이터 프로그램을 개설할 예정이라고 밝혔다.

이외에도 '생명과학 벤처 창출 지원 사업', '교토 기반 혁신적 의료기술 연구 개발(R&D) 조성', '제조 벤처 거점(Kyoto Makers Garage) 개설' 등, '교토라서 가능한' 분야인 제조업과 생명과학에서 강점을 지닌 스타트업에 지원하는 정책을 추진하고 있다.

고베 | 지역 문제 해결하는 스타트업 지원

2016년부터 고베시는 실리콘밸리에 본사를 둔 액셀러레이터 '500 Startups'와 연계해 액셀러레이터 프로그램 '500 Startups Kobe Accelerator'를 실시하고 있다. 1~3회 차 프로그램에서는, 디지털 분야 스타트업 총 56개 사를 육성했으며, 2019년 개최하는 네 번째 프로그램에서는 고베시가 주창하는 '고베 의료산업 도시'와 연계해 참가 대상을 '헬스테크(Health tech)' 분야로 한정하였다. 2017년부터 스타트업과 고베시가 협력해 지역 문제를 해결하는 프로젝트 'Urban Innovation KOBE'를 운영하고 있다. 공모를 통해 고베시가 안고 있는 지역 문제를 해결할 아이디어를 보유한 스타트업을 선정한 후 시와 협업해 제품이나 서비스를 개발하는 프로젝트다. 이 프로젝트는 단순히 지역 문제 해결로 끝내는 것이 아니라, 스타트업에 아이디어를 실현할 수 있는 장을 제공해 향후 사업화와 성과를 창출할 기회를 주자는 취지를 담고 있다.

후쿠오카 | 글로벌 창업과 일자리 창출 특구

일본 규슈 지역 북부에 위치한 후쿠오카는 정부 성장 전략의 일환인 국가전략특구 중에서 글로벌 창업과 고용 창출의 특구로 선정됐다. 이에 따라 2012년 후쿠오카 시장은 '스타트업 도시 후쿠오카 선언'을 제창했다.

세계 각국이 우수 해외 인재를 유치하려는 경쟁이 치열한 가운데, 후쿠오카는 스타트업 비자 프로그램을 운영해 해외 창업가들에게 우호적인 창업 환경을 제공하려고 노력한다. 후쿠오카도 2015년 12월, 비자 자격(경영, 관리) 취득요건을 충족하는 외국인에게 일정 기간 창업 활동을 특례적으로 인정하는 '스타트업 비자 제도'를 개설해 외국인 창업을 적극적으로 유치했다.

또한 2017년 4월 후쿠오카시는 지방세인 스타트업 법인세를 감면하는 독자적인 정책을 수립해 일정 조건을 충족한 기업에는 법인 시민세(법인세율)를 최대 5년간 면제해주는 혜택을 주기로 했다.

2014년부터는 창업에서 인재 확보까지 원스톱으로 지원하는 창업 거점 센터 '스타트업 카페'를 개설해 운영해오고 있으며, 2017년 4월 후쿠오카의 번화가인 텐진에서도 창업지원센터 'FUKUOKA growth next'를 개설해 협업 공간 및 공유 오피스, 교류 스페이스를 제공하고 있다. 최근 '스타트업 카페'도 텐진으로 이전해 스타트업 기업 관련 이벤트를 활발히 개최하고 있으며 이로써 텐진은 후쿠오카시의 스타트업을 추진하는 노력의 상징이 됐다.

03 스타트업에 대한 투자 규모와 트렌드

도쿄 집중화

스타트업은 은행 융자나 정부 보조금을 통한 자금 조달이 쉽지 않다. 일본의 스타트업 자금 조달과 투자 동향을 정리한 'Japan Startup Finance'에 따르면, 2018년 일본 스타트업은 총 3,878억 엔(한화 약 3조 9,362억 원)의 자금을 유치했다. 그중 도쿄를 기반으로 한 스타트업이 3,003억 엔(한화 약 3조 480억 원)을 유치해 전체의 77퍼센트를 차지한다.

일본 정부에서 운영하는 스타트업 육성 프로그램인 'J-Startup'에 선정된 업체 중 72퍼센트에 해당하는 141개사의 본사도 도쿄에 위치해 있다.

고령화에 따른 문제를 해결하는 스타트업이 인기다

전 세계적으로 고령화와 저출산 문제가 사회문제로 대두되고 있다. 그 중에서도 일본은 기대수명이 84세로 전 세계에서 가장 높다. 일본은 급속한 고령화와 저출산으로 경제활동인구 감소 문제가 심각하다. 그런 만큼 이 문제를 해결하는 스타트업이 부상하고 있다. 제조현장에 IoT와 3D프린터를 보급해 무인화하거나 간호 업무의 부담을 덜어주는 도구를 개발하는 스타트업에 대한 투자가 크게 늘고 있다.

해외 스타트업과 활발한 협업

해외 신흥국에 소재한 스타트업과의 상호 출자와 협업을 통해 신흥 시장에 진출하는 일본 기업이 증가하고 있는 것도 일본 스타트업 투자 트렌드의 특징 중 하나다. 예를 들어 스미토모 화학, 니치레이 등 일본 대기업들이 해외 스타트업과 함께 신흥국에 진출했다.

주요 일본 CVC의 관심 분야에 주목

대기업이 설립한 벤처캐피털(Corporate Venture Capital, CVC)은 모기업의 사업 분야와 연관 있는 차세대 유망 투자 분야를 선정한 후 관련 기술을 보유한 스타트업을 발굴한다. 일본의 주요 벤처캐피털이 관심을 둔 분야에서 적절한 기술력을 갖춘 스타트업이라면 투자를 유치하는 데 성공할 확률이 높다.

갈수록 시장 규모가 커지는 헬스케어 분야

노무라종합연구소에 따르면, 일본의 디지털 헬스케어 시장 규모는 2019년 727억 엔(한화 약 8,295억 원)에서 2025년 2,254억 엔(한화 약 2조 5,719억 원)으로 3배 이상 확대될 것으로 보인다. 특히 화상 진단, 의약품 개발, 간호 및 치매 지원사업 등이 활발해질 것으로 예상된다. 이에 따라 관련 분야의 스타트업 기업이 증가할 것으로 보인다.

벤처캐피털(VC)의 투자 규모와 특징

일본의 VC 투자는 주요국 대비 활발하지 않은 편이다. 일본의 GDP 총액 대비 VC 투자액 비율은 0.0036%로, 미국(0.4%)과 이스라엘 (0.378%)과 비교해 10배 이상 낮다.

일본은 VC 투자에 비해 대기업의 오픈 이노베이션이 주를 이루며, CVC 및 액셀러레이터의 투자가 최근 상승세를 보이고 있다. 일본에서는 고령화, 노동인구 부족이 시급한 사회 과제이므로, 이를 해결할 수 있는 스타트업에 대한 투자가 주를 이룬다. 2017~2018년 2년간 일본 VC는 한국 스타트업에 약 70건에 달하는 투자를 했다. 특히 글로벌브레인, SBI인베스트먼트, 소프트뱅크벤처스 등 한국에 거점을 둔 VC의 투자가 두드러진다.

일본 VC의 한국 스타트업 투자 동향

투자 날짜	금액(원)	업 력	회사명	서비스·제품명	투자자
18.12.06	47억	2년	슈가힐	네모 (상업용 부동산 O2O 서비스)	SBI 인베스트먼트
18.12.04	91억	4.3년	쥬빌 리웍스	타임트리 (일정 공유 앱 서비스)	미즈호캐피탈, 에스엠비씨 벤처캐피털
18.11.20	2조 2500억	8.4년	쿠팡	쿠팡 (공동구매형 소셜커머스 서비스)	소프트뱅크 인베스트먼트 어드바이저
18.11.09	200억	2.6년	라엘	라엘 (유기농 여성 위생용품)	소프트뱅크벤처스
18.10.08	86억	4.4년	글로벌 네트웍스	미트박스 (B2B 축산물 직거래 유통 서비스)	소프트뱅크벤처스
18.09.30	20억	2.7년	워프 솔루션	워프스 (여러 전자기기를 동시에 충전하는 비접촉식 RF 원거리 무선 충전장치)	글로벌브레인

※ 이하 내용 부록(194쪽) 참조

현지 주요 벤처캐피털, 액셀러레이터, 기업형 벤처캐피털

JAFCO

1973년에 설립된 일본 최대 벤처캐피털 기업이다. 인큐베이션 투자, 벤처투자, 매입 투자의 3가지 투자가 주요 매출을 차지한다.

투자 분야
의료기기, 헬스케어, 재료, 로봇, 인공지능 등 성장 가능성이 크고 시장 확대가 기대되는 분야 전반

투자처
Cyberdyne, River field, biomedical Solutions, Microwave Chemical 등

MUFG DIGITAL ACCELERATOR

미쓰비시 UFJ 파이낸셜 그룹(MUFG)이 2015년에 설립한 일본 최초의 금융 계열 스타트업 액셀러레이터 프로그램으로 금융 전문가들의 멘토링 및 교육을 지원한다.

투자 분야
AI, 빅데이터 등 첨단 기술, 가상통화 결제 등 핀테크 분야

투자처
SynchroLife, Funds, FlyData Inc. 등

주요 CVC의 최근 투자 분야

오므론(OMRON)

주요 사업 분야	첨단 제조와 자동화, 신제조공정, 로봇
투자 유망 분야	오므론의 핵심 기술(sensing & control), AI나 Robotics, IoT 등 신기술 아이디어를 융합한 미래의 건강관리, 제조업, 모빌리티(이동)의 영역에서 새로운 가치를 창조할 수 있는 분야 **공장 자동화** : Industry 4.0 관련 기술 및 비즈니스모델(센싱 기술, 로보틱스 기술 등) **헬스케어** : 순환기, 호흡기, 고통, 치매, 수면 중 무호흡증후군 등 **스마트시티** : 자동 운전에 관한 기술, 스마트시티에 관한 기술, 비즈니스모델 등

투자 현황	**최근 투자처** 기업명 : Realtime Robotics, Inc. 사업 내용 : 산업용 로봇의 실시간 모션 플래닝 기술 개발 본사 : 미국 **그 외 투자처** Connected Signals, Theranica Bio-Electronics, Lark, Patients Know Best, Mofiria, Kyoto Robotics 등 다수

DG Incubation

주요 사업 분야	정보통신, 소프트웨어, 지능형 데이터 분석
투자 유망 분야	주로 인터넷 분야에서 높은 성장이 예상되는 비상장 기업
투자 현황	**최근 투자처** 기업명 : Smart Scan 사업 내용 : 스마트 뇌 진단[MRI(단층 촬영진단)와 채혈을 통해 뇌 질환과 위축의 발병을 사전에 방지하기 위한 검사]제공 본사: 일본 **그 외 투자처** NOIN, Droom, Intercom, SPOT HERO, iRidge, Media Do, Bride Story 등 다수

KDDI Open Innovation Fund

주요 사업 분야	정보통신, 차세대 무선통신미디어, 지능형데이터분석
투자 유망 분야	AI, IoT, 빅데이터 등 5G 시대에 점점 중요성이 높아지는 분야
투자 현황	**최근 투자처** 기업명 : RUN.EDGE 사업 내용 : 스포츠 분야용 영상 검색·분석 서비스 개발 및 제공 본사 : 일본 **한국 기업 투자 사례** 기업명 : 디핑소스(Deeping Source) 사업 내용 : 기계학습에 필요한 데이터를 자동 익명화 서비스 및 솔루션 배포 본사 : 서울

그 외 투자처

투자 현황

Repro, GTRIIP Global, PLACEHOLDER, OPTIMIND, Securitize, Neutron Holdings, Araya , Digital Alpha, ONE MEDIA, CREEMA, Mad Street Den, Pixie Dust Technologies, Okage, Allganize, LiveStreamers, PB, Moi, Synamon, Kids Diary, CAMPFIRE, Hosty, GeoSpock 등 다수

Mitsui & Co. Global Investment

주요 사업 분야	정보통신, 고부가서비스, 지능형데이터분석

투자
유망 분야

ㅇ IT 및 커뮤니케이션, 의료 건강관리와 의료산업 등에 관련된 분야
ㅇ 메디컬·헬스케어(제약, 의료기기, 의료 관련 서비스), 클린테크 (환경 기술, 신에너지), IT(인터넷사업, 소프트웨어, 전자), 소비 자 서비스(외식, 소매)

투자 현황

최근 투자처

기업명 : Halation
사업내용 : 광통신 공학의 혁신이나 IoT를 위한 다양하고 안정 된 LCD, 스마트 윈도우, 기타 IT 제품 산업에 관련된 서비스 개발 및 제공
본사 : 중국

그 외 투자처

Promethera Biosciences, Autotalks, goBalto, Symic Biomedical, Aeluros, Beceem, Boingo Wireless, Convenient Power, GoSecure, Actimis Pharmaceuticals, Anaeropharma Science, ArmaGen Technologies 등 다수

NTT DoCoMo Ventures

주요
사업 분야

ICT 기술, IoT 분야, 플랫폼, 애플리케이션, 서비스, 콘텐츠 등 정보 통신 관련 분야 전반
ICT 영역(핀테크, 커뮤니케이션, AR / VR, 보안, 미디어 콘텐 츠 빅데이터 클라우드, IoT·드론 마케팅 광고, 의료 · 헬스케 어, 로봇 전력 및 배터리, AI, 엔터프라이즈 교육)

투자 유망 분야	○ ICT 기술, IoT 분야, 플랫폼, 애플리케이션, 서비스, 콘텐츠 등 정보 통신 관련 분야 전반 ○ 도코모/NTT 그룹들과의 협력이 기대되는 ICT 영역(주요 투자 영역: 핀테크 커뮤니케이션[AR/VR, 보안, 미디어 콘텐츠 빅테이터 클라우드, IoT·드론 마케팅 광고, 의료·헬스케어, 로봇 전력 및 배터리, AI, 엔터프라이즈 교육)
투자 현황	**최근 투자처** 기업명 : Repro 사업 내용 : 고객 데이터를 활용해 이메일과 푸시 알림, 웹이나 앱에서 팝업 등의 고객 참여 플랫폼 서비스 개발 및 제공 본사 : 일본 **그 외 투자처** Wiliot, AISense, Wantedly, TrendExpress, VCOGNITION TECHNOLOGIES, Lisnr, Safie, Metawave, Fileforce, mazrica, toBe marketing, Wasabi Technologies, RAFAY SYSTEMS, Trifacta 등 다수

Rakuten Ventures

주요 사업 분야	정보 통신, 고부가서비스, 지능형 데이터 분석
투자 유망 분야	○ 초기 단계부터 디지털 시대를 선도할 수 있는 IT 스타트업에 투자 ○ 기존의 벤처캐피털 업무 외에도 라쿠텐(Rakuten) 특유의 글로벌 네트워크를 활용할 수 있도록 하며 투자 기업이 시대를 선취하고 진화 및 발전할 수 있도록 지원함
투자 현황	**최근 투자처** 기업명 : Uncover Truth 사업 내용 : 웹사이트 UI / UX 분석 도구인 'USERDIVE'와 웹사이트 개선 컨설팅 서비스 제공 본사 : 일본 **그 외 투자처** Blackfish Technology, OKAN, from scratch 등

YJ Capital

주요 사업 분야   정보 통신, 지능형 데이터 분석, 가용성 강화

투자 유망 분야

○ IT의 특성을 살린 비즈니스모델, 모바일 분야에 관한 서비스
○ 기존 산업, 기존의 시장에 IT를 활용함으로써 새로운 사용자 경험을 창출하는 서비스
○ 중소기업을 위한 IT 서비스
○ 해외시장를 염두에 둔 글로벌 전개를 목표로 사업

투자 현황

최근 투자처

기업명 : Repro
사업 내용 : 기업과 고객의 관계 구축을 지원하는 고객 참여(CE) 플랫폼 'Repro'의 개발 및 제공
본사 : 일본

그 외 투자처

Baseconnect, Cloud Credit 등 다수

Sony Innovation Fund

주요 사업 분야   전기전자, 웨어러블 디바이스, 감성형 인터페이스

투자 유망 분야

소비자 및 기업용 비즈니스

① 업종별 플랫폼과 서비스 제공
- 엔터테인먼트 및 게임
- 라이프스타일, 건강
- 산업, 제조, 이동성, 농업 및 물류
- 금융 기술(핀테크)

② 기술 활성화
- 인공 지능 및 기계 학습 : 핵심 알고리즘, 인식 기술, 서비스 플랫폼
- 드론 및 로봇 공학 : 구조 및 임베디드 기술, 제어 시스템, 관리 플랫폼
- 센서 및 IoT : 감지 하드웨어, 미들웨어, 연결
- 몰입 및 시각화 : 가상현실, 증강현실, 혼합현실
- 차세대 장치 : 디스플레이, 보안, 생체 인식, 햅틱

투자 현황	① **EU와 이스라엘** : Brodmann17, Dojo Madness, Fotokite, KITMAN LABS, MainStreaming, ROLI, Tracklib, Verity Studios, what3words 등
	② **일본** : Caulis, Cinnamon, Connected Robotics, GROUND, Hacobu, hokan, H2L, Infostellar, iXs, Linc'well, METCELA, Rapyuta Robotics, Shippio, SmartDrive, SUSMED, Tier IV, TRUSTDOCK, WAmazing 등
	③ **북미** : Activ Surgical, AdHawk, Adrich, Agility Robotics, AirMap, AWAKENS, DefinedCrowd, Digilens, Embodied, Exo Imaging, Little Star Media, Matternet, Miles, Ridecell, Shimmur, Sight Machine, sliver.tv, StrongArm Technologies 등

CyberAgent Capital

주요 사업 분야	지식서비스, 광고, 게임
투자 유망 분야	잠재력이 높은 인터넷 관련 사업, 리더십이 뛰어난 기업가가 이끄는 글로벌 사업 전개 희망 기업
투자 현황	**최근 투자처** 기업명 : Black 사업 내용 : 과거의 모험 게임을 스마트폰을 포함한 모든 장치에서 재생할 수 있는 구독 모델 서비스 제공 본사: 일본 **한국 기업 투자 사례** 기업명 : BirdView 사업 내용 : 화장품 정보 플랫폼 본사 : 서울 **그 외 투자처** AVA Intelligence, Timee, EVIRY, Payme, POL, BackTech, VAZ, Coupe, valuedesign, LAUGH TECH 등 다수

Daiwa Corporate Investment

주요 사업 분야	지식서비스, 핀테크, 지능형 데이터 분석
투자 유망 분야	기업과 투자자의 요구를 잇는 역할을 하면서 양자의 이익과 사회적 평가 향상을 목표로 IT, 생명과학, 제조업, 콘텐츠 미디어, 금융, 유통, 외식, 서비스 관련 등 다양한 분야
투자 현황	**최근 투자처** 기업명 : Aidemy 사업 내용 : AI에 강한 사람과 조직 체제를 구축하기 위한 클라우드 솔루션 'Aidemy' 제공 본사 : 일본 **그 외 투자처** EVIRY, AI Medical Service, from scratch, primeNumber, Thinca, BeatFit, tiem factory, MILIZE, Kyulux, Shokunin San Dotcom, Regolith, Virtusize, AIO Core, Plant form, Three-Is, Lang-8, WHILL, REVOX, TANOsim, neton, Phybbit, Game Server Services 등 다수

Itochu Technology Ventures

주요 사업 분야	지식서비스, 핀테크, 지능형 데이터 분석
투자 유망 분야	IT 관련 전반이나 IT에 의해 부가가치화가 가능한 신성장 영역(그린테크, 생명과학 관련 분야 등)
투자 현황	**최근 투자처** 기업명 : Volterra 사업 내용 : 분산 클라우드 서비스를 위한 플랫폼 제공 본사 : 미국 **그 외 투자처** Volterra, SkyDrive, Inaho, Funds, TriNetX, EditForce, UPSIDER, InstaVR, Sukedachi, KAKEHASHI, Mirrativ, CureApp, Active SONAR, Mercari 등 다수

Mitsubishi UFJ Capital

주요 사업 분야	지식서비스, 핀테크, 지능형 데이터 분석
투자 유망 분야	제조업, 생활 관련 분야부터 AI, IoT, Tech, Fintech, SaaS, 생명과학 등 첨단 영역까지 특정 업종에 치우치지 않고 차세대 성장산업을 지탱할 수 있는 다양한 분야에 적극적으로 투자
투자 현황	**2018년도 업종별 투자 건수** IT 관계 : 31% 서비스 : 25% 생명과학 : 18% 제조업 : 13% 소매 및 기타 : 13% **최근 투자처** 기업명 : Piezo Studio 사업 내용 : 도호쿠대학에서 개발한 새 압전 단결정을 이용한 'IoT를 위한 초저전력 진동자' 개발 및 설계와 생산 본사 : 일본 **그 외 투자처** ① 일본 : NEO CAREER, Remohab, atta, Save Medical, THEORIA, Lighthouse, nanashi, GRCS, GINKAN, P-Mind, Luxonus, Adriakaim, neton, Epsilon Molecular Engineering 등 다수 ② 해외 : Drawbridge Health, Nantero, proteanTecs, VAYAVISION Sensing, Trillium Secure, DiscGenics, modulim, Clearbridge BioMedics, PointGrab, AlpacaDB, Kinestral Technologies, Hyakunousha Holdings 등

Nissay Capital

주요 사업 분야	지식서비스, 핀테크, 지능형 데이터 분석
투자 유망 분야	○ IT, 제조, 의료, 바이오 및 유통, 소매 등 높은 성장력, 경쟁력을 갖는 다양한 업종의 기업에 투자 ○ 높은 기술력을 가진 대학발 벤처기업에 대한 투자에도 적극적임

2018년도 업종별 투자 실적(58억 9천 엔 금액 기준)

IT 서비스 : 48%

제조 : 19%

의료·바이오 : 19%

유통·소매 : 14%

최근 투자처

기업명 : Minnano Market

투자 현황

사업 내용 : 출장 방문 서비스 전문 온라인 마켓 플레이스 '생활의 마켓'을 개발하고 운영

본사: 일본

그 외 투자처

ORIGINAL LIFE, Heartseed, Handii, WAKAZE, Yper, QON, Studio Unbuilt, WHITE CROSS, SteraVision, TradFit, BULK HOMME, TNAX Biopharma , Biotage Japan, Limar estate, ASIAN BRIDGE, iBody, TL Genomics, KAKUCHO, SITESENSING, Embrace, Gojo & Company, Bloom Technology, iCorNet 등 다수

SBI Investment

주요 사업 분야	지식서비스, 핀테크, 지능형 데이터 분석
투자 유망 분야	ㅇ SBI 그룹은 항상 새로운 기술을 앞서서 활용하는 벤처기업에 주목하고 있으며 성장 분야에 집중 투자 ㅇ AI, 블록체인, 핀테크, IT, 의료, 환경, 기타(우주, 로봇, 파동 제어 등 산업의 근간이 될 수 있는 첨단 기술을 개발하는 벤처기업)

투자 현황

최근 투자처

기업명 : Securitize

사업 내용 : 법령을 준수하는 디지털 증권을 작성, 관리하기 위한 신뢰할 수 있는 글로벌 솔루션 제공

본사 : 미국

한국 기업 투자 사례

기업명 : 데일리 금융그룹(DAYLI Financial Group)

사업 내용 : 인공지능 및 블록체인을 기반으로 한 테크놀로지 라이프 제공

본사 : 서울

투자 현황

그 외 투자처

ASCENT, LPixel, AI inside, alt, cinnamon, Generic Solution, MINKABU THE INFONDIO, ABEJA, Antworks Pte, Cogent Labs, Gorilla Technology Group, RPA HOLDINGS, Tamr, Ripple Labs, R3 HoldCo LLC, TradeIX, bitFlyer Holdings 등 다수

SMBC Venture Capital

주요 사업 분야

지식서비스, 핀테크, 지능형 데이터 분석

투자 유망 분야

○ IT, 생명과학, 서비스, 제조업 등 다양한 업종의 기업에 투자
- IT 서비스 : 33%
- 서비스 : 39%
- 제조업 및 테크놀로지 : 14%
- 생명과학 : 10%
- 기타 : 4%

   또한 창업한 지 얼마 되지 않은 시작, 초기 단계의 기업에서 기업공개(IPO)가 가까운 마지막 단계의 기업까지 다양한 기업 대상으로 함

○ 특히 시작 및 초기 단계의 기업에 적극적으로 투자함

투자 현황

단계별 투자 현황

- 스타트업 : 23%
- 초기 단계 : 41%
- 중간 단계 : 20%
- 마지막 단계 : 8%
- 창약계(약물을 사람에게 투약할 수 있는 형태로 개발해내는 것) 바이오 : 8%

최근 투자처

기업명 : global bridge HOLDINGS
사업 내용 : 직영 복지 사업으로서 보육 사업(인가 보육원 소규모 보육), 장애 복지 사업(방과 후 등 데이 서비스, 아동 발달 지원 사업소)의 2가지 사업 전개
본사 : 일본

그 외 투자처

투자 현황   JTOWER, TECHNOFLEX Corporation, IntimateMerger, Chatwork, Stem RIM, MINKABU THE INFONOID, Smaregi, Amazia, Delta-Fly Pharm, KYOKUTO SANKI 등 다수

04
정부의 스타트업 지원 정책

법인세 할인과 외국인 대상 창업 활동 지원

일본 정부는 2023년까지 기업가치 혹은 시가총액이 10억 달러 이상인 미상장 벤처기업(유니콘) 또는 상장 벤처기업 20개 발굴을 목표로 스타트업을 육성하는 정책을 추진 중이다. 스타트업 지원 정책 중 하나로, 스타트업 연구개발(R&D) 투자의 공제 상한액을 법인세액의 25퍼센트에서 40퍼센트로 상향 조정했다.

또한 후쿠오카시, 아이치현, 기후현, 고베시, 오사카시, 미에현 같은 지방 주요 도시에서 창업하기를 원하는 외국인 대상 특별 비자를 교부해 외국인이 좀 더 활발하게 창업 활동을 할 수 있도록 돕고 있다.

스타트업 생태계의 세계적 거점 도시 형성 전략

2019년 6월 일본 내각에서는 'Beyond Limits, Unlock Our Potential~'라는 세계와 어깨를 나란히 하는 스타트업 생태계 거점 형성 전략을 결정했다. 일본 내각부, 문부과학성, 경제산업성이 협력해 세계와 어깨를 나란히 하는 스타트업 생태계 거점 도시 형성, 액셀러

레이터 프로그램 확충, 기술 개발형 스타트업 자금 조달 촉진 등을 내용으로 한다.

스타트업 지원 정책과 제도

● 정부 차원의 집중 지원

- 국내외 미디어를 통한 PR과 해외 미션 참가 지원
- 각종 보조금 등 지원시책에 따른 우대 및 절차의 간소화
- 대기업 간부와 정부 기관 등 별도 비즈니스 연결
- 규제 샌드박스(새로운 제품이나 서비스가 출시될 때 일정 기간 기존 규제를 면제 혹은 유예시켜주는 제도)의 적극 활용
- 기타 규제 등에 관한 요구에 적극 대응

● 스타트업 비자 지원

- 국가의 인정을 받은 지자체에서, 해외 사업가의 체류 자격 요건 완화
- 기업을 위한 체류 자격을 현재보다 6개월 앞당겨 획득 가능

● 스타트업 서포터에 의한 집중 지원

- 사업 공간 제공 및 요금 우대(사무실·공장 빈공간·연수 시설·쇼룸 등)
- 로봇 제품·부품의 인프라망 등을 사용, 실증 실험에 협력
- 검증 환경 및 분석 장비 제공
- 액셀러레이팅 프로그램, 제조 지원 프로그램의 혜택
- 전문가를 통한 노하우 전달
- 자사고객 · 관련 기업 등 소개

05

주요 콘퍼런스와 프로그램

스타트업 관련 주요 콘퍼런스

● 도쿄 스타트업 게이트웨이(Tokyo Startup Gateway)

2014년부터 매년 개최하는데, 상위 10명에게 3개월간의 액셀러레이터 프로그램을 제공한다. 프로그램을 통해 선배 창업가나 전문가의 멘토링, 경영 노하우에 관한 연구회 등을 지원한다. 대상은 15세부터 39세까지 창업을 목표로 하는 아이디어를 가진 개인은 누구나 가능하다.

● 혁신 리더스 서미트(Innovation Leaders Summit, ILS)

ILS는 혁신 리더스 서미트는 일본 경제산업성(METI)이 후원하는 행사로, 전 세계 다수의 스타트업, VC, 대기업 등이 참가하는 아시아 최대 규모의 오픈 이노베이션 행사다. 세부 프로그램으로 ①스타트업과 일본 대기업이나 투자자와 1:1 상담 연결 ②주요 대기업과 VC 대상 IR 피칭 대회 ③콘퍼런스와 네트워킹 행사가 있다.

스타트업 관련 정부 부처나 유관 기관의 프로그램

● J-Startup

세계 시장에서 활약할 수 있는 일본 스타트업을 육성하기 위한 프로그램이다. 2018년부터 시작해 1기 때 92개 사를 지원했다. 2019년 6월에는 새롭게 49개 사 스타트업을 J-Startup 기업으로 선정했다.

지원 대상 | VC나 CVC, 액셀러레이터로부터 지원받은 기업 중 선발
지원 사항 | 산업기술종합개발기구(NEDO)와 일본무역진흥기구(JETRO)가 운영하는 해외 전시회 참가, 지적재산권 보호 등 19개 정부 지원 프로그램을 받을 수 있다. 또한 58개 민간 액셀러레이터, 오픈 이노베이션 프로그램에 참여할 수 있다.

- STS(Seed-stage Technology-based Startups) 사업화 지원 조성 사업

유망한 기술을 가진 벤처기업에 자금을 지원해 사업화를 촉진하는 프로그램이다. 2017년도에는 22개 사를 선정해 지원했다. 2018년에는 연 2회 공모를 통해 18개 사가 새롭게 선정됐다.

> **지원 대상 |** 인증된 VC로부터 출자를 받았거나 출자를 받을 예정인 시드 단계의 연구 개발형 벤처
>
> **지원 사항 |** 산업기술종합개발기구가 인정한 VC로부터 신청한 조성 대상 비용의 3분의 1 이상 금액의 출자를 받은 벤처에 대해 보조금을 지급한다(1건당 상한액 7천만 엔). 보조 대상 경비는 기술 사업화(실용화 개발, 기업화 가능성 조사 등)에 국한한다. 대상 기술은 로봇, AI, 일렉트로닉스, IoT, 의료기기, 생명과학, 바이오, 항공우주 등이다.

- 기업 도약(Next Enterprise)

해외 진출에 필요한 지식과 네트워크를 통해 일본의 스타트업이 글로벌시장에 진출할 수 있도록 하는 프로그램이다. 2019년 1월, 실리콘밸리 파견 코스에 19개 사와 인도 벵갈루루 파견 10개 사가 새롭게 선정됐다.

> **지원 대상 |** 글로벌 비즈니스를 목표로 하는 스타트업
>
> **지원 사항 |** 해외 5개 지역 시찰, 파견 지원 프로그램(복수 참가 불가)에 참여할 수 있다. 미국 실리콘밸리 파견 코스, 싱가포르 파견 코스, 유럽(헬싱키, 베를린) 파견 코스, 미국 오스틴 파견 코스, 이스라엘 파견 코스 등이 있다.

- Tech(Fintech) Business Camp Tokyo

독창성과 기술력을 가진 해외 기업을 도쿄도 내에 유치하기 위한 프로그램이다. 약 10개 사를 지원한다. 2019년에는 29개국 121개 사가 응모했는데, 이중 핀테크분야의 유망한 외국 기업 11개 사가 참가했다.

지원 대상 | 일본에서 창업을 희망하는 해외 기업. AI, IoT, VR, AR 등 기술 분야 기업이나 핀테크와 같은 금융 관련 기업

지원 사항 | 도쿄를 대표하는 대기업과 비즈니스 매칭을 연결한다. 도쿄도에서 국내 PR 지원, 프로그램 참여 기간에 액센츄어(Accenture PLC, 글로벌 경영 컨설팅 및 전문 서비스 기업), 이노베이션 허브 도쿄 등 사무 공간을 무료로 제공한다. 프로그램에 참여하는 동안 사무국에서 번역이나 통역을 지원한다.

● 대일투자유치부(JETRO)

JETRO 또는 일본무역진흥기구는 한국의 KOTRA와 같은 조직으로, 일본 정부의 대외무역을 진흥하기 위한 독립 기관이다. 대일 투자·비즈니스 서포트 센터(IBSC : Invest Japan Business Support Center)를 운영하며 해외 기업이 이용할 수 있는 사무공간 제공, 일본 비즈니스 파트너 발굴, 일본 법인 설립에 필요한 자문 서비스 제공 등을 지원하고 있다.

🌐 www.jetro.go.jp/invest.html

● 중소기업 기반 정비기구

주로 인큐베이션 지원 사업을 하는데 인큐베이션 시설, 시제품 개발형 사업 촉진 시설 지원, 중심 시내 도시형 산업 기반 시설 지원, 신사업 창출형 시설 지원 등을 하고 있다. 또한 강좌, 멘토링, 세미나 등을 진행하며 BusiNEST를 통해 예비창업자 육성, 여성이나 청소년 대상 지원, 지방 기업의 수도권 진출 지원, 합숙형 창업연수 등을 하고 있다. 혁신적이고 성장 잠재력이 높은 기업과 사회적 과제를 해결하는 데 도움을 주는 벤처기업 경영자를 기리는 'JAPAN VENTURE AWARD'를 개최한다.

🌐 www.jfc.go.jp

● 일본정책금융공고

정부계 금융기관으로 창업 관련 전화상담을 할 수 있도록 창업핫라인을 운영한다. 또한 비즈니스 서포트 플라자 운영, 창업 세미나 개최, 창업 융자 제공, 창업 후 사업자 서포트 매거진 발행, 사업자 대상 세미나와 비즈니스 매칭과 상담회를 개최하는 등 활발한 지원 활동을 펼치고 있다.

🌐 www.jfc.go.jp

스타트업 육성 주요 대학 및 연구기관

2018년 경제산업성 조사에 따르면 대학 출신 벤처는 2,278개 사로 2017년보다 185개 사가 증가했다. 일본의 대학 출신 벤처는 크게 5가지로 분류할 수 있다.

1) 연구 성과 벤처
대학에서 이루어진 연구 성과를 토대로 특허 및 신기술 등을 사업화하기 위해 신규로 만들어진 벤처.

2) 공동연구 벤처
창업자가 가진 기술 및 노하우를 사업화하기 위해 설립 5년 안에 대학과 공동 연구를 하는 벤처.

3) 기술이전 벤처
기존 사업을 지속 및 발전시키기 위해 설립 5년 안에 대학으로부터 기술이전 등을 받은 벤처.

4) 학생 벤처
대학과 깊은 관련이 있는 학생 벤처.

5) 대학 벤처
대학으로부터 출자를 받는 등 대학과 깊은 관련이 있는 벤처
이 중 연구 성과 벤처가 58.9%로 가장 많으며(1,341개사), 대학별로

보면 도쿄대학교가 가장 많고 교토대학교, 쓰쿠바대학교, 오사카대학
교가 뒤를 잇는다. 한편 2016년도부터 기업 수 증가율은 교토대학교
가 가장 많으며 도쿄대학교, 쓰쿠바대학교가 뒤를 잇는다. 업종별로
는 바이오 헬스케어, 의료기기 분야 벤처가 702개 사로 가장 많다.

※부록

	일본 VC의 한국 스타트업 투자 동향				
투자 날짜	금액(원)	업력	회사명	서비스·제품명	투자자
18.12.06	47억	2년	슈가힐	네모 (상업용 부동산 O2O 서비스)	SBI 인베스트먼트
18.12.04	91억	4.3년	쥬빌 리웍스	타임트리 (일정 공유 앱 서비스)	미즈호캐피탈, 에스엠비씨 벤처캐피털
18.11.20	2조 2500억	8.4년	쿠팡	쿠팡 (공동구매형 소셜커머스 서비스)	소프트뱅크 인베스트먼트 어드바이저
18.11.09	200억	2.6년	라엘	라엘 (유기농 여성 위생용품)	소프트뱅크벤처스
18.10.08	86억	4.4년	글로벌 네트웍스	미트박스 (B2B 축산물 직거래 유통 서비스)	소프트뱅크벤처스
18.09.30	20억	2.7년	워프 솔루션	워프스 (여러 전자기기를 동시에 충전하는 비접촉식 RF 원거리 무선 충전장치)	글로벌브레인
18.09.28	66억	6.2년	클래스팅	클래스팅 (학교 정보 공유 및 교사 학부모 커뮤니케이션 서비스)	미슬토
18.09.13	160억	5.8년	백패커	아이디어스 (수공예제품 거래 서비스)	글로벌브레인
18.09.05	30억	4.4년	꾸까	꾸까 (정기 꽃 구독 서비스)	SBI인베스트먼트
18.08.20	5억	2.1년	올리브 유니온	올리브 (사회적 약자를 위한 스마트 보청기)	리타리코
18.08.20	103억	3.5년	비프로 일레븐	비프로11 (축구 경기 비디오 AI 분석 솔루션)	소프트뱅크벤처스
18.07.20	15억	3.6년	올스테이	올스테이 (호텔 가격 비교 서비스)	벤처리퍼블릭 글로벌

투자 날짜	금액(원)	업 력	회사명	서비스·제품명	투자자
18.07.13	190억	5.2년	마이쿤	스푼 라디오 (1인 라디오 방송 서비스)	소프트뱅크벤처스
18.07.04	160억	4.9년	루닛	루닛인사이트 (딥러닝 기반 의료 영상 진단 서비스)	소프트뱅크벤처스
18.09.28	70억	2.3년	디스이즈 엔지 니어링	시프트 드론 (차별화된 조종 방식의 FHD급 동영상 촬영, 영상 인식 부분 자율 주행 드론)	SBI인베스트먼트
18.06.15	비공개	4.9년	데일리	데일리호텔 (호텔 예약 서비스)	글로벌브레인
18.06.14	515억	2.8년	엔드림	캐리비안의 해적 : 전쟁의 물결 (디즈니 IP 기반 모바일 해상 전략 게임)	SBI인베스트먼트
18.06.12	50억	3년	매스 프레소	콴다 (수학 과학 문제 풀어주는 앱)	소프트뱅크벤처스
18.05.15	23억	2.1년	라엘	라엘 (유기농 여성 위생용품)	소프트뱅크벤처스
18.05.10	210억	4.2년	에버스핀	다이나믹 시큐리티 (클라우드 기반 보안 솔루션)	SBI홀딩스
18.05.08	32억	4.9년	에이에스 디코리아	클라우다이크 (개인용 클라우드 개발 솔루션)	코로프라넥스트
18.05.04	400억	13.2년	야놀자	야놀자 (국내 모텔 숙박 예약 서비스)	SBI인베스트먼트
18.04.27	70억	3.2년	오피지지	오피지지 [E-Sports(LOL, PUBG, Overwatch) 전적 검색 분석 사이트]	소프트뱅크벤처스
18.04.24	57억	2.8년	당근마켓	당근마켓 (중고거래 서비스)	소프트뱅크벤처스

일본 VC의 한국 스타트업 투자 동향

일본 VC의 한국 스타트업 투자 동향

투자 날짜	금액(원)	업력	회사명	서비스·제품명	투자자
18.04.23	65억	11.4년	팟빵	팟빵 (팟캐스트 라디오 플랫폼)	SBI인베스트먼트
18.04.17	30억	2.3년	루닛	루닛인사이트 (딥러닝 기반 의료 영상 진단 서비스)	소프트뱅크벤처스
18.04.16	250억	3.8년	밸런스 히어로	트루밸런스 (인도 현지 선불폰 잔액 메시지 서비스)	라인벤처스
18.04.12	240억	13.6년	아이유노 글로벌	iMediaTrans (온라인 번역 및 자막 제작이 가능한 클라우드 기반의 자막 제작 플랫폼)	소프트뱅크벤처스
18.04.10	50억	2.6년	토모큐브	홀로그래피 현미경 (체세포를 3차원으로 실시간 관찰할 수 있는 현미경)	소프트뱅크벤처스
18.04.01	65억	2.1년	블랭크 코퍼 레이션	블랙몬스터 (SNS 바이럴 영상제작 기반 남성 화장품 브랜드)	소프트뱅크벤처스
18.03.29	30억	6.2년	넵튠	탄탄 사천성 for Kakao (모바일 사천성 보드게임)	에스엔케이 코퍼레이션
18.03.19	30억	6.4년	노르마	앳이어 (사물인터넷 관련 기 업용 무선네트워크 보안 솔루션)	SBI인베스트먼트
18.03.13	50억	6.6년	스캐터랩	진저 for 비트윈 (인공지능 기반 연애 채팅 분석 서비스)	소프트뱅크벤처스
18.03.02	300억	6.1년	넵튠	탄탄 사천성 for Kakao (모바일 사천성 보드게임)	에스엔케이코퍼 레이션, SBI인베스트먼트
18.03.01	150억	2.0년	블랭크 코퍼 레이션	블랙몬스터 (SNS 바이럴 영상제작 기반 남성 화장품 브랜드)	SBI인베스트먼트

일본 VC의 한국 스타트업 투자 동향

투자 날짜	금액(원)	업력	회사명	서비스·제품명	투자자
18.02.08	45억	0.8년	패스트캠퍼스	패스트캠퍼스 (직장인, 성인 실무교육 서비스)	소프트뱅크벤처스
18.02.02	30억	5년	인테이크	밀스 (식사 대용 간편 음료)	소프트뱅크벤처스
18.01.22	540억	1.4년	스노우 차이나	스노우 (얼굴 인식 카메라 앱 서비스)	소프트뱅크그룹
18.01.11	55억	3.6년	토스랩	잔디 (기업용 사내 메신저 서비스)	소프트뱅크그룹
18.01.08	100억	3.9년	테라핀테크	테라펀딩 (P2P 부동산 대출 서비스)	SBI인베스트먼트
17.12.28	35억	5년	트러스트어스	포잉 (프리미엄 레스토랑 추천 예약 서비스)	글로벌브레인
17.12.22	30억	2.5년	시큐리티플랫폼	악시오OS (소형 디바이스 SOC 보안 솔루션)	소프트뱅크벤처스
17.12.18	비공개	6.5년	바풀	바로풀기 (전과목 실시간 질의·응답 서비스)	라인
17.12.13	30억	2.5년	캐럿게임즈	리버스 (3D MMORPG 게임)	소프트뱅크벤처스
17.11.30	11억	0.4년	올거나이즈	올거나이즈 (머신러닝 기반 기업용 업무 자동화 시스템)	글로벌브레인
17.11.10	123억	5.9년	제이제이에스미디어	마이뮤직테이스트 (콘서트 공동구매 서비스)	소프트뱅크벤처스
17.11.10	25억	5.5년	오드컨셉	오드컨셉 (머신러닝 기반 이미지 분석 플랫폼)	코로프라넥스트
17.09.18	비공개	5.1년	플리토	플리토 (소셜 언어 번역 서비스)	코로프라넥스트

투자 날짜	금액(원)	업력	회사명	서비스·제품명	투자자
				일본 VC의 한국 스타트업 투자 동향	
17.11.07	비공개	2.7년	데일리 금융그룹	사업지주회사 (금융 사업지주회사)	SBI인베스트먼트
17.10.19	45억	3.8년	조이 코퍼 레이션	워크인사이트 (오프라인 매장 고객 분석 서비스)	글로벌브레인
17.10.11	20억	5.8년	용감한 컴퍼니	덩허접영어스쿨 (인터넷 기초영어 강의 서비스)	소프트뱅크벤처스
17.08.28	4.7년	4.7년	크라클 팩토리	우먼스톡 (온라인모바일 뷰티 홈쇼핑 서비스)	SBI인베스트먼트
17.08.08	비공개	5.5년	이에스엠 연구소	4D리플레이 (스포츠용 다시점 특수 영상 제작 시스템)	글로벌브레인
17.08.08	100억	6.5년	레인보우	휴보 (한국 최초의 이족 보행 로봇)	SBI인베스트먼트
17.08.02	53억	2.9년	쥬빌 리웍스	타임트리 (일정 공유 앱 서비스)	세이부 캐피탈, 토에이 애니메이션
17.07.25	100억	1.4년	블랭크 코퍼 레이션	블랙몬스터 (SNS 바이럴 영상제작 기반 남성 화장품 브랜드)	소프트뱅크벤처스
17.06.01	8억	0.1년	베어 로보틱스	페니 (식당 내부 서빙 보조 로봇)	라 인
17.05.30	14억	2.4년	플레이스 낵	스피릿 헌터 (VR 기반 사냥 어드벤처 게임)	구 미
17.05.26	100억	2.2년	원티드랩	원티드 (지인 추천 기반 인재 채용 서비스)	옥 판
17.05.24	16억	1.7년	마켓잇	마켓잇 (인플루언서 마케팅 플랫폼)	소프트뱅크벤처스

일본 VC의 한국 스타트업 투자 동향

투자 날짜	금액(원)	업력	회사명	서비스·제품명	투자자
17.05.24	16억	1.7년	마켓잇	마켓잇 (인플루언서 마케팅 플랫폼)	소프트뱅크벤처스
17.05.17	30억	3.1년	한국 엔에프씨	NFC 간편 결제 (모바일 NFC 기반 간편 결제 서비스)	미로쿠 정보서비스
17.04.24	125억	0.3년	엑소코 바이오	셀트윗 (세포 간 신호전달물질 '엑소좀' 기술을 활용한 아토피 스킨케어 제품)	SBI인베스트먼트
17.04.11	45억	1.8년	젠룸스	젠룸스 (동남아 이코노미 호텔 체인)	SBI인베스트먼트
17.02.08	80억	2.7년	글로벌 네트웍스	미트박스 (B2B 축산물 직거래 유통 서비스)	소프트뱅크벤처스
17.01.17	40억	2년	제주맥주	제주 라거 (라거 스타일 수제 맥주)	SBI인베스트먼트
17.01.05	440억	15.4년	피투피 시스템즈	토즈 모임 센터 (모임 예약 공간)	유니슨캐피탈 코리아

*업력은 창업~투자 유치 당시까지의 기간.
*투자자는 일본계 투자자 정보.

출처: thevc

현지 투자자 인터뷰
VC Interview

'C'벤처캐피털

일본의 게임 분야 상장기업을 모회사로 둔 투자회사로, 일본, 미국, 한국, 동남아시아 등 다양한 국가에 투자하고 있다. 모회사는 게임회사지만 'Entertainment in real life'라는 슬로건을 기반으로 다양한 분야에 투자 한다.

Q 앞으로 어떤 분야의 스타트업이 유망할까요?

1인 가구가 늘어나면서 솔로 경제(콘텐츠, 미디어, 애완동물, 생활용품, 온오프라인 서비스 등) 분야 스타트업이 부상하고 있습니다. 이 분야는 빠른 실행력이 요구되므로, 의사결정이 빠른 스타트업에 유리한 분야라고 생각합니다. 미국이나 일본 시장에서 이미 1인 가구 관련 제품 · 서비스가 많이 출시되고 있기 때문에 시장을 예측하기도 용이해 투자를 결정하기가 비교적 쉬운 편입니다

Q 투자할 때 중요하게 보는 부분은 무엇인가요?

전 세계적으로 스타트업에 대한 투자가 활발하게 이루어지고 있기 때문에 스타트업에 대한 가치가 기본적으로 높게 책정되는 경향이 있습니다. 그러므로 투자를 고려할 때는 시장의 규모, 현재 매출액, 수익률 등 기업의 가치를 뒷받침할 수 있는 재무건전성과 수익성이 탄탄한지 확인합니다.

Q 한국 스타트업이 현지에 진출할 때 흔히 저지르는 실수나 간과하는 부분이 있나요?

한국 스타트업 중에는 좋은 기업이 많습니다. 다만 한국 스타트업들은 투자자에게 다소 무리한 사업계획이나 채용 계획으로 어필하려는 경향이 있습니다. 목표를 높게 잡는 것은 좋지만, 투자자를 만날 때는 먼저 현재 기업이 가진 가용자원을 활용해 실현가능한 목표와 현실적인 계획을 보여주는 것이 투자자의 신뢰를 얻는 데 효과적입니다.

Q 현지 투자자와 만날 때 무엇을 가장 신경 써야 하나요?

목표와 이상은 높게 잡되 이를 설득하기 위해서는 탄탄한 논리가 뒷받침되어야 합니다.
일본 벤처캐피털 회사의 경우, 투자결정권이 스타트업이 만난 담당자(실무자)가 아닌 투자사 대표나 임원 등 높은 직급의 사람들에게 있기 때문에 담당자가 이들을 한 번 더 설득하고 투자를 권유해야 할 때가 많습니다. 이때 스타트업의 사업계획과 비즈니스모델의 논리가 허술하면 투자단계로 넘어가기 힘듭니다.

Q 현지 진출을 희망하는 한국 스타트업에 조언을 한다면요?

사실 투자자 입장에서 한국 스타트업의 일본 시장 진출은 필수사항이 아닙니다. 물론 진출에 성공하면 좋겠지만, 일본 투자자들은 일본 진출 자체를 기업의 리스크 요소로 보는 경우가 굉장히 많습니다. 우선 국내에서 본업에 충실해 탄탄한 국내 기반을 갖추는 것을 중요하게 여깁니다. 국내 시장에서 쌓은 실력과 자금을 바탕으로 해외 시장 진출에 대한 현실적인 계획을 세우고 이것을 투자자에게 설명할 수 있어야 합니다.

현지 진출에 성공한 국내 스타트업

㈜악어디지털
AKUODIGITAL

품목(업종)

대량 스캔 대행, AI 광학 문자 인식(AI-OCR), 로보틱 처리 자동화(RPA), 업무 처리 아웃소싱(BPO) 등 중요 전자화 기록물 파일 보관(아카이빙) 서비스

설립연도

2017년 6월 9일
(2019년 9월 주식회사 AKUODIGITAL로 상호변경)

대표자

김용섭

소재지

東京都江東区木場6丁目4-13タテノビル 2F/4F

홈페이지

akuo.co.jp

종업원 수

정규직 4명(2020.4.1 기준), 파트 근무자 제외

사업 규모 (연매출액)

한국 본사 **95억 2,300만** 원, 국내 자회사 포함

Q. 악어디지털은 어떤 기업인가요?

악어디지털은 인공지능(AI)을 기반으로 기관·기업·병원 등에 최적화된 전자문서 관리 플랫폼과 솔루션을 제공하는 벤처기업입니다. 저는 20대 중반에 IT 보안회사를 창업한 적이 있고 이후 ㈜안랩, ㈜네이버에서 IT 보안 전문가로 16년간 근무하며 AI 연구에 지속적인 관심이 있었어요. 네이버에 다니던 시절, 일본 주재원으로 3년간 근무했습니다. 그때 일본의 인적 네트워크와 지식을 풍부하게 쌓을 수 있었습니다. 주재원을 끝내고 한국 본사로 복귀했을 때 그동안 모은 수많은 책을 한 장씩 스캔을 하려는데, 엄청 불편하더라고요. 거기서 아이디어를 얻어 2014년 '악어스캔'이라는 상호로 사업을 시작했습니다.

악어디지털은 현재 약 400여 곳의 병원, 기업, 관공서를 대상으로 비전자/비정형 기록물(종이 문서, 음성 등)을 디지털로 변환하고, 연계된 업무를 자동화시키며, 분석 및 검색 관리 솔루션과 서비스를 제공하고 있습니다.

Q. 법인 설립 과정을 들려주세요. 고객과 투자는 어떻게 유치했나요?

2017년 6월, 'STIICA주식회사'라는 상호로 악어디지털의 일본 법인을 설립했습니다. 설립 당시에는 퍼블릭 클라우드 서비스인 STIICA, STIIKAMI QR(동영상이나 사진, 음성 등을 QR을 통해 간단히 보관하고 공유할 수 있는 앱) 개발 및 B2C(기업이 제공하는 물품 및 서비스가 소비자에게 직접 제공되는 거래 형태) 판매를 주로 진행했습니다. 2018년에는 일본 VC 코로프라넥스트(Colopl next)로부터 투자를 받는 데 성공했습니다. 2019년 9월 상호를 주식회사 AKUODIGITAL로 변경하며 국내와 마찬가지로 B2B(기업 간 거래) 사업을 본격적으로 전개했습니다. 그해 10월 말 일본 최대 IT 전시회인 'JAPAN IT WEEK' 내 AI 업무자동화 부문에 출진했습니다. 전시회 기간에 약 1천 명의 고객이 부스를 방문했으며, 220여 개 고객사와 상담을 예약했습니다. 2019년 11월, KOTRA에서 지원한 일본 최대 글로벌 오픈 이노베이션 행사 ILS 2019에도 참가해 대기업 4개 사와 비즈니스 상담을 진행했습니다. 같은 해 12월에 약 200평 규모의 도쿄 기바(木場)센터로 거점을 확장 이전해 2020년 본격적인 성장을 향한 기반을 마련했습니다.

Q. 현지에서 파트너는 어떻게 발굴했나요?

일본에 진출한 초기에는 현지 지인에게 소개받아 파트너사를 발굴하려고 했습니다. 그러나 진행이 원활하지 않아 어려움을 겪었습니다. JAPAN IT WEEK 전시회에 출전해 제휴를 원하는 기업 중에서 당사의 사업모델과 시너지를 낼 수 있는 기업을 우선적으로 찾아 업무 제휴를 맺었습니다. 그때 문서 보관 분야에서 20년 이상 된 주식회사 시큐리티연구소(SRI)와 기술 제공 및 업무 제휴 협약을 맺게 됐습니다.

Q. 현지 시장 진입 과정이 궁금해요

악어디지털은 일본 종이 문서 전자화(스캔 대행) 및 관련 소프트웨어 분야의 시장을 타깃으로 했습니다. 시장 규모는 약 2조 5천억 원 규모인데요(JIIMA, 2014년 문서 정보 관리 시장 규모 조사 결과). 시장 조사는 주로 인터넷을 통해 진행했습니다. 2019년 5월, 일본 JAPAN IT WEEK 전시회 참관을 통해 문서 전자화(특히 지금껏 사람이 직접 문자를 보고 디지털 방식으로 입력했던 단순하고 반복적인 업무를 AI가 대신하는 기술인 AI 광학 문자 인식, AI-OCR)와 자동화에 관한 관심이 높다는 것을 느낄 수 있었습니다. 전시회를 참관하면서 시장이 2가지로 나뉜다는 것을 알았습니다. 하나는 종이 문서를 기업이 직접 스캔하고, AI-OCR 도구를 별도로 구입해(혹은 월과금) 자체적으로 데이터화하는 시장, 또 하나는 AI-OCR에 대한 비용 부담으로 인해 종이 문서를 스캔 대행 업체에 맡겨 단순 스캔(이미지화)하는 시장이었습니다.

악어디지털은 국내에서 AI-OCR 및 로보틱 처리 자동화(RPA)에 대한 독자적인 기술과 업무 처리 아웃소싱(BPO)에 대한 경험이 풍부했기 때문에 양쪽 시장에서 성공적으로 안착할 수 있으리라는 확신을 얻었습니다. 그래서 초기 투자비용이 다소 발생하더라도 BPO 업무를 할 수 있는 현지 법인을 설립하고, 저를 제외한 전 직원을 일본인으로 채용하는 등 현지화 전략을 꾀했습니다.

현지 법인을 설립한 후 일본에 진출한 몇몇 국내 기업과 미팅을 진행해 종이 문서 보유 및 관리 상황을 파악했습니다. 그중 일본 증권시장에도 상장한 모 국내 여행사가 악어디지털의 기술에 관심을 보였고 문서 전자화를 추진하기로 협의했습니다. 하지만 갑작스럽게 한·일 간의 관계가 악화되면서 일본 여행객이 급격히 줄어들어 전자화 사업 추진은 당분간 보류할 수밖에 없었습니다. 또한 2020년 초 발생한 코로나19 팬데믹으로 기업 간의 외부 미팅 금지, 재택근무 등으로 인해 신규 안건 진행이 중단 혹은 연기됨으로써 매출을 확보하는 데 어려움을 겪고 있습니다.

도쿄 기바 디지털센터

Q. 비자 등 현지 체류 자격은 어떻게 얻었나요?

비자를 신청할 때 작성해야 할 서류(사업계획서, 신청 이유서 등)가 상당히 많고, 증빙 서류가 영문임에도 일본어 번역본을 따로 작성해서 제출해야 하는 등 불편함이 있습니다. 그래서 대행사를 선정해 비자 신청을 위탁했습니다. 비용이 좀 들더라도 서류 작성과 번역까지 대부분 대행해주는 검증된 대행 업체를 이용하는 것이 편리합니다.

Q. 노무나 세무 등 관리 업무는 어떻게 해결하나요?

세무업무는 한국어 의사소통 및 연결 재무제표를 위한 영문 서류 작성이 가능한 세무사 법인을 선정해 전반적인 세무 대행을 맡기고 있습니다. 노무업무는 아직 직원 수가 많지 않아, 필요한 경우 계약된 법률 사무소(한국인 변호사가 운영)에 문의해 필요사항을 체크하고 있습니다. 아직까지는 노무나 법률 문제가 발생하지 않아 비용 대비 큰 도움을 받지는 못하고 있습니다.

Q. 현지에 진출하면서 KOTRA 사업 참가 또는 지원을 받은 경험이 있나요?

2019년 10월 말 KOTRA로부터 일본 Innovation Leaders Summit(ILS) 2019 참가 제안을 받았습니다. 첫 참가였기 때문에 비즈니스 매칭 신청 방법에 대한 어려움이나 진행에 대한 불안감이 있었으나, 전담 통역사를 매번 배치해주고, 친절한 안내를 해주는 등 많은 도움을 받았습니다. ILS 행사 때 대기업 네 군데와 비즈니스 상담을 진행했습니다. 당사 서비스 가격과 내용 등 정보 공유 차원의 미팅이었기 때문에 실질적인 성과가 나오기까지는 시간이 걸릴 것으로 판단됩니다. 다만, 피칭 이후 참관했던 일본 주요 은행 한 담당자가 큰 관심을 보여, 현재 몇 군데 대기업을 상대로 미팅을 적극적으로 주선해주고 있습니다. 아쉬웠던 부분은 개별 미팅 시간이 짧아 서비스 소개만으로 상담이 끝난 점, 첫 참가이다 보니 비즈니스 상담에 대한 준비가 부족했던 점입니다. 다음에 참가할 기회가 주어진다면 작년의 경험을 바탕으로 더 좋은 성과를 낼 수 있을 것으로 기대합니다.

Q. 현지에 진출할 때 가장 중점을 둔 부분이 있나요? 혹시 팁이나 조언을 한다면요?

현지에 진출할 때 현지화에 가장 중점을 두었습니다. 2019년 본격적인 영업 활동을 개시한 이후 본사 직원 한 명 이외에 나머지 직원을 일본인 정규직으로 신규 채용하고, 일본 시장에 맞는 현지화 전략으로 기업 고객과 상담을 진행했습니다. 하지만 한국 기업 고객과 달리 일본 기업은 의사결정에 상당한 시간이 걸리므로 일본 기업과의 비즈니스는 좀 더 신중하고 느리게 진행되는 경향이 있습니다. 조직 관리 부문에서도 마찬가지로, 일본인 직원들은 본사의 한국인 직원들만큼 업무 처리 속도가 빠르지 않으므로 인내심을 갖는 것이 중요합니다. 그들이 원하는 부분에 대해 깊이 이해하고, 조금씩 신뢰를 쌓아간다면 결국에는 좋은 성과로 이어질 것으로 기대합니다.

일본 기업은 외국 기업과 거래하는 데에 불안감을 느낄 때가 종종 있습니다. 상담할 때 현지 법인이 철수할 경우 계약 보증과 관련해 질문하는 기업도 있었습니다. 이 역시 신뢰의 문제라고 생각하고, 조금씩 레퍼런스를 쌓아간다면 성공적으로 현지 시장에 안착할 수 있다고 생각합니다.

CHINA

중국

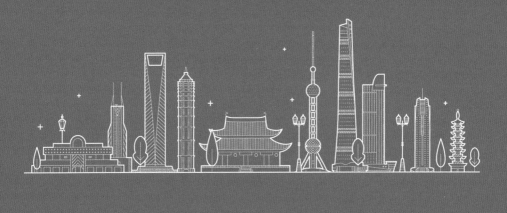

01

지금 중국 스타트업 상황

스타트업 창업 대국으로 부상

중국은 스타트업 투자 건수와 투자액이 세계에서 40~50% 비중을 차지하는 창업 대국으로 부상했다. 투자 건수에서 중국의 글로벌 비중은 2014년 23.7%에서 2016년 48.3%로 정점을 찍었고, 2018년에는 39%로 집계됐다. 투자 금액은 2014년의 25.9%에서 2018년 세계 절반 수준까지 증가했다.

2018년 신규 기업 등록 수는 670만 개, 하루 평균 신규 기업 등록 수는 18,300개에 도달했다. 신규 기업 등록은 2015년 443만 개에서 2018년 670만 개로 증가했다(연평균 증가율 16.6%). 주요 창업 분야는 IT 서비스, 디지털 콘텐츠 서비스, 전자상거래, 디자인 연구개발 서비스 등이다. 중국 유니콘 기업 수는 2018년 11월 기준, 82개에 달한다. 유니콘 보유국 세계 2위(28%)에 등극했다. 특히 투자가 활발했던 2018년엔 35개 유니콘 기업이 새롭게 창출됐다. 스타트업 게놈에 따르면 글로벌 40개 창업 도시 생태계 중 베이징, 상하이, 선전, 홍콩 등 중국 도시 4개가 포함됐다.

생계형 창업(자영업 위주)보다 신규 일자리 창출 및 고용 안정성이 높은 기업형 창업 비중이 계속 커지고 있다. 2012년 20.7%에서 2014년 28.2%, 2018년 31%로 증가했다.

중국 스타트업 투자 건수·투자액의 글로벌 비중 추이

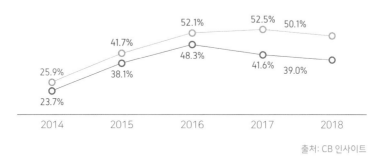

출처: CB 인사이트

중·미 유니콘 기업 수

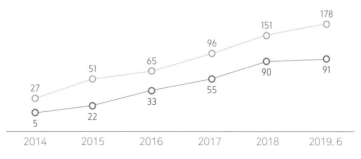

출처: CB 인사이트

2015년부터 본격 시작된 중국의 창업 정책

중국 시장은 실질구매력 세계 1위, 성장률 6% 이상의 거대 시장을 보유하고 있다. 2017년 기준 명목 GDP는 4조 8,800억으로 세계 2위이며 실질구매력(PPP)은 세계 1위다.

강력성, 지속성을 특징으로 하는 중국 특유의 정부 주도 창업 육성이 진행되고 있다. 리커창 총리는 2015년 정부공작보고(政府工作報告)를 통해 '대중창업, 만중창신(大衆創業, 萬衆創新: 국민 모두가 창업하고 혁신하자)' 정책을 공식 선언했다. 이후 국무원에서 대중창업, 만중창신의 시범 기지 건설에 대한 의견을 받아 창업 정책을 실행했다. ①일자리 창출, ②주력 산업의 고부가가치화(기존 저부가가치 산업에서 탈피), ③민영 경제 활성화(민간 주도 창업 활성), ④서비스산업 활성화(제조업 중심 산업구조 탈피) 등을 추진한다. 정부공작보고의 주요 내용은 정책시스템 개혁(규제 행정절차 축소 및 철폐/창업 지원 정책 강화), 금융 지원(창업 투자기금 조성/보조금, 임대료, 고용, 대출 지원), 창업플랫폼 구축(지원 기관 확대) 및 창업 장려 분위기 조성, 해외 유학 인력, 해외 우수 인력 유치 등이다.

2016년 5월 선(先)추진·시범, 후(後)보완·확산을 원칙으로 쌍창(창업 활성화)을 위한 시범 기지 건설 방침을 공개했다. 곧바로 28개 시범 기지 실시 방침 발표, 2017년 6월 쌍창 시범 기지를 92개로 확대했다. 한편으로 민간 주도를 진작하기 위해 정부 간섭을 최소화하고 민간 및 사회 분야에서 자발적 참여를 유도한다.

인프라 측면에서 정부가 지원하는 다수의 민영 창업 지원 기관이 존재한다. 2016년 기준 인큐베이터 3,255개, 창업공간 4,298개 등 전국 7,533개의 창업 지원 기구가 있다. 국가급 과학기술기업 인큐베이터는 2017년 기준 125개다. 중국 벤처투자 규모는 2017년 기준 129조 원으로 세계 1위를 기록했다. 미국은 92조 원, 한국은 2조 원 규모다.

BAT 중심의 유니콘 기업의 투자 주도

중국정부, IT 선도기업, 벤처캐피털 등이 멘토링과 투자를 지원한다. 대표 IT기업인 BATM(바이두, 알리바바, 텐센트, 샤오미)은 직접 투자 및 이노베이션센터 설립 등 스타트업 생태계를 조성하는 데 크게 기여했다. 이를 통해 스타트업 기업에 사무공간, 컨설팅 및 자금 조달 등을 지원하고 있다.

땅덩어리가 넓은 중국에는 지역별로 다양한 창업 생태계가 형성되어 있다. 대중창업, 만중창신 시범 기지 17개를 포함한 중국 도시 모두 정책, 시장, 지원 기관 등 분야에서 다른 특성과 장점을 가지고 있다. BAT(바이두, 알리바바, 텐센트)등 글로벌 기업으로 성장한 스타트업이 신생 스타트업을 지원하는 창업−성장−재투자의 선순환 구조가 만들어졌다.

BATM의 스타트업 지원에 대한 주요 내용

- 바이두(Baidu)

  베이징, 톈진, 샤먼, 쑤저우 등 지역에 바이두 이노베이션센터를 설립했다. 경영관리, 제품 개발 등 여러 부분에 대한 교육을 제공한다. 투자자 소개 등 투자를 받을 기회도 지원한다.

- 알리바바(Alibaba)

  전국 28개 도시에 133개 알리바바 이노베이션센터를 설립했다. 알리바바의 클라우드 서비스를 무료로 제공한다. 입주 업체의 사무실 임대료 감면, 교육 등을 지원하고 투자자 소개 등 융자 기회를 지원한다.

- 텐센트(Tencent)

  베이징, 톈진, 상하이, 항저우 등 지역에 텐센트 이노베이션센터를 설립했다. 임대료를 감면해주고 기업등기, 회계, 지식재산권 보호,

법무 등과 관련한 컨설팅을 제공한다. 투자자 소개 등 융자 기회도 제공한다.

- 샤오미(Xiaomi)

    투자자. 샤오미-창장산업기금을 설립해 스타트업 기업에 대한 투자를 확대했다.

한편 세콰이어 캐피탈 차이나(Sequoia Capital China) 등 외국계 벤처캐피털들도 중국 스타트업에 활발히 투자하고 있다.

02

주요 도시별 스타트업 생태계의 특징

베이징 | 산(産)·학(學)·연(研)이 연결된 시스템

선두기업, 역내 대학교, 과학연구소, 첨단 기술 인력, 투자자와 정부의 금융·지재권 보호 등 산업 정책과 창업문화를 결부한 창업 생태계가 만들어졌다. 베이징은 중국 문화를 중심으로 200개가 넘는 과학연구기관과 40여 개 대학이 모여 있어 산학연 교집합을 조성하는 데 유리하다. 자금을 지원하는 벤처캐피털, 금융사 등 900여 개가 포진해 있으며 BATM(바이두, 알리바바, 텐센트) 같은 대기업 엔젤투자자 및 산하 투자 펀드가 활발히 활동 중이다.

또한 중국 중앙정부의 강력한 지원을 받고 있다. 중국의 쌍창(대중창업, 만중창신) 정책이 베이징을 기점으로 추진되고 있다. 수도인 베이징이 중앙정부의 각종 정책 혜택을 우선적으로 받고 있는 것이다. 쌍창 제기 이전인 2013~2014년 기간에는 중광촌에서 창업 관련 시범사업을 시행했다.

중광촌 창업거리(Innoway, 2014년 출범)를 필두로 플랫폼 '창업카페'를 바탕으로 활발한 창업 생태계를 구축했다. '처쿠(車庫)카페'가 원조이며 중광촌 창업거리의 창업카페는 스타트업 기업의 아이디어를 공유하고 투자자들과 연결하는 '장'으로 활용되고 있다.

정부 지원을 바탕으로 대기업과 스타트업 사이에 공생관계가 맺어졌다. 대기업, 특히 국유 대기업들은 협찬과 공동 설립 등 방식으로 기존 플랫폼 자원을 통합한 혁신 센터, 플랫폼을 건립했다. 과거에는 투자자들이 상대적으로 자유로운 분위기 속에서 스타트업에 대한 투자를 진행했지만 최근에는 중광촌, 이노웨이와 같은 국유 기업과 인텔 등 글로벌 기업들이 설립한 펀드와 플랫폼이 주역을 담당한다.

● 스타트업 창업 추이

베이징은 중국 창업 1번지이자 스타트업 투자 인기 1위 도시다. 1990년대부터 중국 IT 기업의 산실로 자리매김했다. 미국에서 시작된 IT혁명이 중국의 실리콘밸리인 중광촌으로 이어지며 레노버, 바이두, 샤오미 등 IT 선도기업들이 베이징에서 탄생했다. 중광촌은 1988년 중국 최초로 지정된 첨단 기술개발구역이다.

베이징의 스타트업 투자 건수는 전국 1위이며 다른 지역에 비해 압도적으로 많다. 지난해 중국 경기둔화의 영향으로 투자 건수가 급감했으나 중국에서 유일하게 2천 건을 상회했다.

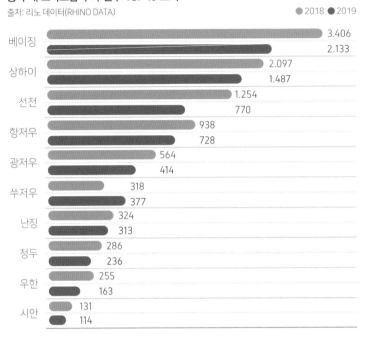

중국 내 스타트업 투자 건수 TOP 10 도시

출처: 리노 데이터(RHINO DATA)

● 2018 ● 2019

도시	2018	2019
베이징	3,406	2,133
상하이	2,097	1,487
선전	1,254	770
항저우	938	728
광저우	564	414
쑤저우	318	377
난징	324	313
청두	286	236
우한	255	163
시안	131	114

● 유니콘 기업 수와 기업가치 총액 전국 1위

헝다(恒大)연구원에 따르면, 베이징에는 74개 유니콘 기업이 포진해 있어 전국 유니콘 기업 수(161)의 45.9%를 차지한다. 이는 2위인 상하이(34개)의 2배 이상에 달한다. 유니콘 기업가치 총액은 2,979억 4천만 달러로 유일하게 2천억 달러를 돌파했다. 2위는 항저우 1,946억 5천만 달러, 3위는 1,325억 1천만 달러다. 기업가치가 100억 달러를 상회하는 슈퍼 유니콘 수 역시 전국 1위이다. 중국 슈퍼 유니콘은 11개 사로, 이 중 베이징에 5개, 상하이·항저우·선전에 각각 2개씩이 있다.

● 대표적인 스타트업

• 호라이즌 로보틱스(Horizon Robotics)

중국 인공지능 반도체 기업으로 2015년 7월 설립된 AI 솔루션 및 칩 제품을 개발한다. 자율 차량, 스마트 소매점, 감시 장치와 일상적인 시나리오를 위한 기타 장치와 관련된 AI 솔루션 제품을 개발하고 있다. 창업자 유카이(余凱)는 대표 IT 기업 바이두에서 딥러닝 임원이었으며, 2015년 다양한 단말기에 사용할 '뇌'를 만들기 위해 호라이즌 로보틱스를 설립했다. 2019년 SK그룹, SK하이닉스, 중국 자동차업체 및 기타 벤처캐피털 펀드로부터 6억 달러 투자를 받은 바 있으며, '2019년 세계 인공지능 대회'에서 중국에서 처음으로 차량 규정용 AI칩을 발표했다.

• 벤리펑(便利蜂)

2016년 말에 설립된 중국 스마트 편의점 브랜드로 1년 반 만에 베이징, 상하이, 톈진 등 주요 도시에 200여 개 점포를 내며 중국 신소매(新零售) 대표주자로 부상했다. 24시간 편의점으로 소수의 점원이 상주하지만, 휴대폰 앱을 통해 직접 결제할 수 있도록 시스템을 구축해서 앱에서 구매하면 근처 매장에서 바로 배송해주는 등 차별화된 편의점 쇼핑 경험을 제공한다. 인공지능, 빅데이터, 클라우드, 카메라 센서, 생체 인식 등 다양한 첨단 기술을 접목해 사람 대신 시스템으로 운영 효율화를 이뤄냄으로써 상점을 유지하는 원가를 낮추고 고객 편의성은 높였다.

상하이 | 혁신 기술 위주로 성장 중

세계에서 유니콘 기업 수가 가장 많은 나라는 미국(228개)이고 중국이 122개로 2위다. 도시 기준으로는 실리콘밸리가 있는 샌프란시스코가 64개로 1위, 베이징이 51개로 2위, 상하이가 27개로 4위다. 상하이의 스타트업 주요 분야는 혁신 기술 위주로 성장하고 있다. 중점 육성 창업 기업을 대상으로 각종 지원 정책을 시행하는데 최근 5년간 신소재, 의료, 바이오, 의약, 인공지능, 최첨단 기술 제조에 정책 지원이 중점적으로 이뤄졌다.

상하이의 스타트업 육성센터는 2019년 3월 기준 총 114개다. 시내 상업지구 위주로 분포해 있으며 특히 양포구(杨浦区) 안에 13개 센터가 있어 가장 밀집되어 있다.

● **대표적인 스타트업**

• 리얼바이오 테크놀로지(Realbio Technology, RBT)

2014년에 설립된 최첨단 의료기술, 유전자 기술 분야 스타트업이다. 핵심 제품은 '常易舒®'(Changyishu)다. 이 제품을 이용하면 대변에 DNA 검사 기술을 적용해 세포의 종양 표시물을 분석하고, 중국 내 구축 중인 실험 및 빅데이터를 분석해 대장암을 5~6년 조기에 발견할 수 있다. 결직장암은 세계적으로 암 사망 원인 2위에 오를 만큼 치명률이 높다. 리얼바이오 테크놀로지는 결직장암을 조기에 정확하게 판별할 수 있는 기술을 가지고 있다. 집에서 상처 없이 채취해 검사할 수 있어 대장암 검사에 대한 편이성을 크게 개선시킨 이 기술로 중국혁신창업대회에서 상을 받았다.

• 포용드론(foyongdrone)

2018년에 설립된 클라우드 컴퓨팅, 빅데이터, 인공지능 분야 스타트업이다. 핵심 제품은 '마인드스카이(MindSky, 睿略)'라는 이름의 산업용 드론이다. 산업 고객을 위한 드론 시스템 응용 제품과 서비스를 제공하며 중국 최초로 산업용 드론 자동화 응용 연구개발을 시작한 회사 중 하나다. 산업용 드론의 순시, 순찰 장면에서 무인 조종, 자율 순항, 지능 인식 등의 응용을 성공적으로 실현해 작업 효율을 크게 높이고 응답 속도를 가속화해 인건비와 교통비용을 절감하는 혁신 기술로 중국혁신창업대회에서 상을 받았다.

선전 | 하드웨어 스타트업의 성지

중국 광둥성 선전의 시장 규모는 2018년 기준 중국 내 1인당 GDP 1위(28,647달러), GDP 규모 3위를 기록했다. 중국 전체 IT 산업 총생산액에서 10% 비중을 차지하고, 스마트 하드웨어를 약 70% 생산한다. 벤처캐피털, 액셀러레이터, 창업 공간 등 다수의 창업 지원 기관이 소재한다.

선전은 생산 인프라 측면에서 과거 '세계의 공장'이라고 불리던 만큼 하드웨어 제조 인프라가 우수하다. 이 도시를 기반으로 따장(大疆创新, 이하 DJI)과 같은 기업이 탄생해 글로벌 기업으로 성장했다. 선전 및 선전 주변에 약 1천여 개 소규모 다품종 생산기업이 있어서 시제품을 제작하기가 쉽다. BBB 사는 프로토타입 소싱을 위해 화창베이 전자상가를 발로 뛴 결과 1주일 만에 한국의 절반 가격으로 프로토타입을 제작할 수 있었다. 선전 주변에서 낮은 단가로 제품을 양산하는 것도 가능하다. 대규모 공장과 전자기기 위탁제조 서비스(EMS) 업체가 다수 위치해 있다. 대규모 IT 유통단지 화창베이와 다수 부품을 취급하는 업체가 영업 중이다.

● 하드웨어 액셀러레이터

• 시드 스튜디오(Seed Studio)

2008년 설립된 전방위 창업 지원 인프라로 시제품 생산부터 1만 개 이상까지 저렴한 가격에 부품과 제품을 생산할 수 있다. 단순 생산뿐만 아니라, 레이저 커팅을 비롯해 3D프린팅 서비스, 프로토타입 제작, PCB(printed circuit board) 제작도 지원해 활용도가 높다. 전 세계 메이커들이 애용하는 CAD 소프트웨어인 '이글캐드(eagle CAD)'에 표준 생산 사이트로 등재될 만큼 세계적인 인지도를 갖고 있다. 한국에서도 주문 제작이 가능하다. 100mm*100mm 양면 PCB 10장을 운송비 포함 20달러 미만 가격으로 제작할 수 있다.

- 화창베이(华强北) 전자상가

세계 최대 전자상가인 화창베이는 세계 전자부품 시장을 움직인다. 면적은 약 1.6㎢로, 서울 용산 전자상가의 10배 규모다. 최근 기존 공장지대 인근에서 생산된 전자제품을 거래하는 도소매 유통점도 들어서 전자제품과 부품 점포가 운집했다. 화창베이는 남북으로 상권 업태가 구분되며 남쪽은 전자제품 관련 매장이 많고 북쪽은 외식업과 의류잡화 매장이 많다. 약 2만 개 이상 전자기기·부품 판매 상점이 밀집한 거대 규모의 전자상가다. 일평균 방문객 수가 25~50만 명, 거래액은 약 3천억 위안(한화 약 51조 2,500억 원)에 달한다. IT 완제품 이외에 전자부품, 전선, 배터리, LED, 메모리, CPU류부터 SMD 부품, 통신 모듈, 센서, 모터 등 다양한 부품을 취급한다. 프로토타입 전문 제작소와 아웃소싱 디자인 하우스 등이 가까이에 있어 빠른 기간 내에 제품화를 할 수 있다.

화창베이 전자시장 상가 중 가장 오래된 화창전자세계 외에도 사이거전자시장, 국제전자성, 중전디지털센터, 신아주전자백화점 등 150만㎡ 넓이에 대형 백화점 크기의 상가 40여 개가 밀집되어 있다. 단 제조 인프라를 사용할 때 주의사항이 있다. 스타트업에 가장 중요한 것이 기술이므로 기술 유출에 반드시 주의해야 한다. 선전

전자시장 상가별 약도

화창베이 전자상가 내 화창전자세계

제조 인프라를 이용하는 과정에서 설계도 유출, 모조품 제작 등 보안 문제가 발생할 수 있다. 이때 공정을 여러 개로 나누어 각각 다른 공장에서 생산하고 조립하는 형태로 진행하거나 기밀유지협약(non-disclosure agreement, NDA)을 체결한 후 공정을 논의하는 방법 등을 고려한다.

제작 요청한 부품이 기대에 부응하지 못할 수도 있다. 특히 매우 정밀한 작업이 필요하거나 특별한 기술을 토대로 제작이 필요할 때 문제가 발생할 확률이 높다.

● 선전 소재 스타트업 창업 추이

선전은 하드웨어 기반의 IT 관련 스타트업이 강세다. 과거 가공제조업을 통해 쌓아 올린 제조업 클러스터와 더불어 친기업 정책과 기업들의 산업구조 전환 노력에 힘입어 IT 산업 메카로 발전했다. IT 산업 총생산액은 중국 전체의 약 10% 비중을 차지한다. 중국 내 스마트폰 점유율 1위 기업인 화웨이와 2, 3위 기업인 오포(OPPO), 비보(VIVO), 포털 사이트, 메신저, 게임 등 인터넷 기반 서비스 제공업체인 텐센트, 세계 2대 통신 네트워크 장비 제조사 ZTE 등 다수의 글로벌 기업이 소재해 있다. 혁신 기업으로는 세계 전기자동차 판매율 1위 기업 BYD, 상용화 드론 세계 시장 점유율 1위 기업인 DJI 등도 소재하고 있다.

● 대표적인 스타트업

· DJI

2006년 왕타오(Wang Tao, 汪滔)가 설립한 스타트업으로 선전에 소재한다. 드론(소비자용, 산업용) 제조, 드론 제어 시스템, 드론 솔루션 개발 및 생산 등을 주로 다룬다. 미국, 독일, 네덜란드, 한국, 일본 등 전 세계 100여 개국에 진출했다.

안정적인 비행 성능, 정지 비행기술, 영상촬영 플랫폼 제어 기술 등

마빅 프로　　　　　　　　　　　　　　팬텀 4프로 V2

핵심 기술을 보유하고 있다. DJI의 드론은 저렴한 생산원가, 높은
안전성과 기동성으로 항공 촬영, 농업·공업, 오락산업, 재난·재해
지원 등 여러 분야에서 활용되고 있다. 전 세계 민간용 드론의 표
준기술 상당수를 DJI가 개발했다. 드론 관련 특허도 가장 많이 보
유하고 있다. 선전과 미국 실리콘밸리에 R&D 센터를 가지고 있다.
전체 인력의 4분의 1이 연구 인력으로 구성됐으며, 매출의 약 7%
를 R&D에 투자한다. 비행제어(Flight Control)와 기체의 움직임과
관계없이 카메라가 흔들리지 않고 일정한 기울기를 유지하는 '짐벌
(Gimbal)' 분야에서 세계 최고 기술을 보유했다.

03
스타트업에 대한 투자 규모와 트렌드

급격히 식어버린 투자 열기

2019년 중국 스타트업의 현실을 살펴보면 2~3년 사이 실적 부진으로
주가가 폭락하거나 사업을 접는 경우가 속출했다. 미·중 무역분쟁의
여파로 해외로부터 중국 스타트업으로 가는 투자가 크게 줄었다. 중국
스타트업에 투자한 벤처캐피털 수도 2015년 487개에서 2019년 45개

로 쪼그라들었다.

중국의 스타트업 투자 열기가 식으면서 투자 건수와 투자액 모두 급격하게 감소했다. 투자 건수는 2018년 대비 약 50% 가까이 하락했고 2014년보다 낮은 상황이다. 투자액 역시 2018년 968억 6천만 달러에서 2019년 500억 달러대로 감소했다. 경기둔화에 따라 투자자들이 장기적 발전에 착안해 비이성적인 투자를 줄인 것이 주요 요인으로 보인다.

중국 스타트업에 대한 투자 상황

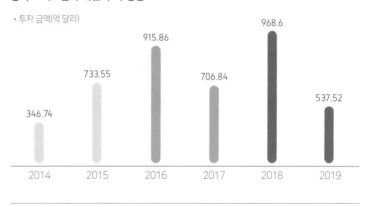

• 투자 금액(억 달러)

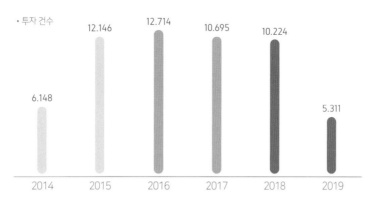

• 투자 건수

출처: 센토 벤처스의 '베트남 테크 투자 리포트'

산업별 투자 현황

투자 건수로 살펴보면 중국의 스타트업 투자는 IT 정보산업, 인터넷, 의료·건강 등에 집중되어 있다. 융자 규모별로 살펴보면 투자자들은 인터넷, 의료·건강, IT 정보, 인공지능과 자동차산업에 주목한다. 특히 자동차산업은 한 건당 융자 규모가 3,500만 달러로 다른 업종보다 월등히 높다.

중국 투자자들의 관심은 인공지능 등 4차 산업 관련 분야에 집중되고 있다. 인공지능, 신유통(온·오프라인을 결합한 미래형 소매유통 방식), 핀테크 등 신흥 분야에 유니콘 기업이 많은 것으로 나타났다.

2019 중국 스타트업 투자 시장 업종별 융자 상황				
연번	업 종	투자 건수	융자 규모 (백만 달러)	한 건당 융자 규모 (백만 달러)
1	IT와 정보화	808	6.026	7.5
2	인터넷	647	10.488	16.2
3	의료건강	615	7.732	12.6
4	제조업	499	2.837	5.7
5	기업 서비스	322	2.004	6.2
6	문화콘텐츠	286	1.584	5.5
7	교육	284	1.457	5.1
8	인공지능	260	3.863	14.9
9	금융	256	3.474	13.6
10	하이테크 서비스	248	1.910	7.7
11	블록체인	206	1.460	7.1
12	소비	186	1.775	9.6
13	부동산	110	1.446	13.2
14	자동차	107	3.772	35.3
15	생활 서비스	75	456	6.1
16	물류	74	1.388	18.8
17	에너지/광물	64	211	3.3

연번	업종	투자 건수	융자 규모 (백만 달러)	한 건당 융자 규모 (백만 달러)
18	관광	50	604	12.1
19	스포츠	45	145	3.2
20	VR/AR	40	475	11.9
21	농림수산	37	72	2
22	건축자재	35	185	5.3
23	화학공업	25	64	2.6
24	전자통신	24	275	11.4
25	공공서비스	8	47	5.9

출처: 중국 시장 분석 기관 투중연구원(投中研究院)

2020 중국 100대 유니콘 기업 업종별 분포

유니콘 기업 수

출처: 아이메이데이터센터(艾媒数据中心)

펀드 규모는 줄고 투자 회수는 늘었다

2019년 중국 창업 투자 시장에서 모금과 투자 분야는 지속적으로 감소했지만 과기창신(科技創新: 과학기술혁신)을 추진해 투자 회수(기업공개, 엑시트 등)는 증가했다.

● 모금 분야

중미 무역전쟁, 시장 관리 감독 강화, 거시경제 성장 둔화 등의 영향으로 인해 유입되는 자금이 축소됐으며, 창업 투자 시장 자금 모집도 지속적인 내림세를 그리고 있다. 2019년 중국 및 해외 벤처캐피털 투자기구에서 총 700여 건을 중국에 투자 가능한 기금으로 모집했다. 그중 공시된 698건에서 중국 투자 가능 금액은 약 2,168억 위안(한화 약 37조 317억 원)이며 전년 대비 28.3% 감소해 전국 평균 모금 규모는 3억 1,100만 위안(한화 약 531억 1,570만 원)으로 집계됐다. 자본 구성을 분석하면 국영 기업과 정부 가이드기금으로, 국가 자본이 창업 투자 시장에서 중요한 자금원이 되고 있다.

● 투자 분야

2019년 중국 창업 투자 시장에서 총 3,455건의 투자 사례가 발생했으나 전년 대비 20.5% 감소했다. 그중 공시된 2,879건의 투자액은 약 1,578억 위안(한화 약 26조 9,506억 원)이며 투자 금액은 전년 대비 25.5% 감소해 2019년 평균 투자 규모는 약 5,480만 위안(한화 약 93억 6천만 원)을 기록했다. 공급개혁 추진에 따라 인기 투자 분야는 IT, 반도체, 전자설비, 기계제조 등 핵심 기술 분야로 집중, 경제발전 속도가 더뎌짐에 따라 주기성이 불명확한 생물기술, 의료건강 등이 투자기관의 관심을 받고 있다. 국가 정책 및 경제발전 주기 영향에 따라 콘텐츠와 미디어, 금융 분야의 투자 관심도는 떨어지고 있다.

● 엑시트

2019년 벤처캐피털의 회수 거래는 1,152건을 달성했고, 전년 대비 17.8% 상승했다. 그중 기업공개는 581건(50.4%)으로 상위권을 차지했으며, 지분양도와 환매에 의한 회수는 각각 274건, 167건으로 뒤를 이었다. 엑시트 용이성 측면을 살펴보면, 중국에 설립되는 외상투자기업(외자회사, 합자회사, 합작회사)의 경우 법적으로 조건이 부합되면 가능하다고 하나, 실무적으로 극소수만 상장되고 있는 현실이다. 2019년 IT 관련 신생기업들을 주식시장에 상장시키는 커촹반(科创板: Technology Board) 기술주 전용 주식시장이 출범함에 따라, 인공지능을 포함한 다양한 정보기술 혁신 기업이 보다 쉽게 기업공개가 가능해졌다. 상하이 증권거래소는 상장 추천 업종으로 정보통신기술, 첨단 장비, 신소재, 신에너지, 에너지 절약 및 환경보호, 생물의학 분야를 제시했다. 커촹반은 중국 정부가 혁신 벤처기업을 적극 육성하기 위해 만든 스타트업 전용증시로, 기존 상하이 증권거래소와 선전 증권거래소가 운영 중인 증시와 달리 증감회가 상장 심사를 실시하지 않고 상해거래소가 상장 심사 후 증감회에 등록하는 절차로 변경되어 상장 요건이 대폭 완화됐다. 2020년 1월 31일 기준 커촹반 상장기업은 79개이며 누적 융자 금액은 900억 위안(한화 약 15조 3,700억 원)을 초과했다.

2014~2019년 분기별 중국 스타트업 투자 유치액

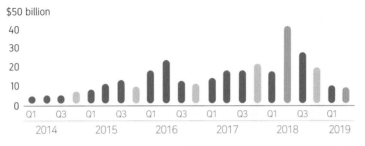

출처: 글로벌 대체투자 리서치 기관 프레킨(Preqin)

자금 조달이 어려워지고 있다

중국의 벤처투자 규모는 BAT 주도 아래 빠르게 증가했으나, 최근 투자 유치 금액 및 건수가 감소하는 추세다. 미국과의 무역전쟁 장기화, 코로나19 확산 등에 따라 자금 조달 여건은 지속적으로 악화될 전망이다. 중국 정부의 외화 유출 통제로 외국 기업에 직접 투자하기가 어려운 편이다. 글로벌 톱 벤처캐피털의 경우 달러기금을 가지고 있어 달러투자가 가능하지만, 대개는 중국 시장 개척을 위한 투자가 주를 이루고 있어 중국 내 법인이 설립되어 있지 않으면 자금 조달이 어려울 수 있다.

중국 내 지역별 투자 규모

2019년 상반기 중국 전체 벤처캐피털 투자건(1,563건) 중 대부분은 3대 도시(베이징·상하이·광동)에 집중되어 있다. 1위 베이징(전국 28.66%), 2위 상하이 및 광둥성(전국 36.21%)이다. 최근 상하이 투자 건수는 2018년 상반기 대비 50.2% 감소해 286건, 자금 조달 금액은 44.4%가 감소한 790억 위안(한화 약 13조 5천억 원)이다.

2019년 상반기 중국 내 지역별 투자 규모 추이

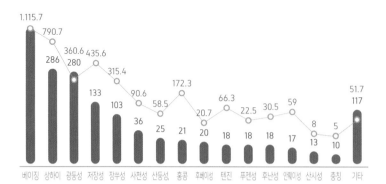

○— 투자 금액(단위: 억 위안) ●— 투자 건수

현지 주요 벤처캐피털, 액셀러레이터, 기업형 벤처캐피털

● 홍샨자본중국기금(红杉资本中国基金)

2005년에 설립된 벤처캐피털 기업으로 펀드 규모는 약 5억 7천만 달러다. 주요 투자 분야는 기술, 미디어, 헬스케어 등이며 지금까지 징동(JD), 알리바바(Alibaba), 모바이크(Mobike) 등의 스타트업에 투자했다. 투자한 스타트업 다수가 유니콘으로 성장했다.

🌐 www.sequoiacap.com/china

● IDG자본

1992년에 설립되어 베이징에 소재한 벤처캐피털 기업으로 펀드 규모는 25억 달러다. 주요 투자 분야는 TMT(Technology, Media, Telecom), 신소비, 헬스케어, 선진제조, 신에너지, 문화콘텐츠 등이며 시리즈 A~C 단계의 스타트업에 투자한다. 지금까지 아오린커지(奥林科技, 2천만 달러), 즈윈젠캉(智云健康, 1,500만 달러), 완더우궁주(豌豆公主, 1천만 달러), 전거성우(臻格生物, 5천만 달러), 칭저우즈항(轻舟智航, 수천만 달러), 그리고 텐센트, 소후(Sohu), 샤오미, 빌리빌리(Bilibili) 등의 스타트업에 투자했다. 50개가 넘는 포트폴리오 기업을 보유하고 있으며 180회 이상 엑시트했다.

🌐 www.idgcapital.com

● 쥔롄자본관리주식유한회사(君联资本管理股份有限公司)

2001년에 설립되어 베이징에 소재한 벤처캐피털 기업으로 펀드 규모는 71억 3천만 달러다. 주요 투자 분야는 TMT(Technology, Media, Telecom), 신소비, 스마트제조, 헬스케어, 문화체육 등이며 지금까지 빌리빌리, vcbeat, 바이오나노 제노믹스(Bionano Genomics) 등의 스타트업에 투자했다. 투자 기업 450개 중에서 70개 이상이 중국 내 혹은 해외에서 상장되었고, 60여 개가 엑시트를 이뤄냈다.

🌐 www.legendcapital.com.cn

● 징웨이중국(经纬中国)

2008년에 설립되어 베이징에 소재한 벤처캐피털 기업으로 펀드 규모는 30억 달러다. 주요 투자 분야는 인터넷, 이동인터넷, 기업 서비스, 의료건강, 신문화 등이며 지금까지 디디(Didi), 중국 음식 배달 앱 어러머(eleme), 꽈즈(Guazi), 영어교육 업체 브아이피키드(Vipkid) 등의 스타트업에 투자했다. 투자 기업 중 65개가 상장되었고, 110개가 M&A에 성공했다.

🌐 www.matrixpartners.com.cn

● 창신공장(创新工场)

2009년 설립되어 베이징에 소재한 벤처캐피털 기업으로 펀드 규모는 약 21억 4천만 달러다. 주요 투자 분야는 인공지능과 빅데이터, 문화오락, B2B 기업 업그레이드, 교육, 인터넷금융, 사물인터넷 등이며 지금까지 메이투(美图, Meitu), 중국판 지식인 즈후(知乎), 텐센트가 출자한 수이디후주(水滴互助), 비트메인(Bitmain, 比特大陆), 로봇 솔루션에 집중하는 도라봇(蓝胖子机器人), 그리고 메이투(Meitu), 모바이크, 브아이피키드 등의 스타트업에 투자했다. 투자 기업 중 68개는 1억 위안 자산을 보유한 기업으로 성장했다.

🌐 www.chuangxin.com

● 전거기금(真格基金)

2011년 설립되어 베이징에 소재한 벤처캐피털 기업으로 펀드 규모는 10억 달러다. 주요 투자 분야는 인터넷, 모바일, 인공지능, 헬스케어, 신소비, 사물인터넷, 비즈니스 콘텐츠, O2O, TMT, 스포츠, 교육 등이며 지금까지 샤오홍수(小红书, 엔젤), 추먼원원(出门问问, 엔젤), 디핑셴지치런(地平线机器人, 엔젤), 화라라(画啦啦, 시리즈 A), ABC 전쒀관자(ABC诊所管家, 엔젤), 콤퓨타(CompuTa, 프리시드 A), 그리고 샤우홍수(Xiaohongshu), 자오주오(Zaozuo), 니우(Niu) 등의 스타트업에 투자했다. 현재 총 700여 개 기업에 투자했고, 2019년 미다스 리스트(Midas List) 11위에 선정되는 성과를 이뤘다.

🌐 www.zhenfund.com

● 홍태기금(洪泰基金)

2014년 설립되어 베이징에 소재한 벤처캐피털 기업으로 펀드 규모는 42억 8천만 달러다. 주요 투자 분야는 인공지능, 빅데이터, 스마트제조, 소비교육, 헬스케어 등이며 지금까지 랑렌샤(Langrensha), 엔지우(Yanjiyou), 러쥐(Leju)로봇 등의 스타트업에 투자했다. 현재 총 300여 개 기업에 투자했다.

🌐 www.apluscap.com

● 이노엔젤펀드(英诺天使基金)

2013년에 설립되어 베이징에 소재한 벤처캐피털 기업으로 펀드 규모는 4억 2,800만 달러다. 주로 엔젤에서 프리시드 A 단계의 스타트업에 투자한다. 주요 투자 분야는 인공지능, 로봇, 문화콘텐츠, 정보기술, 헬스케어, 금융과기 등이며 지금까지 메이퇀(美团), 유쭈왕뤄(游族网络), 웨이멍(微盟), 더성커지(德生科技), 지무(积目), 펀샹샤오커(纷享销客), 닝멍웨이취(柠檬微趣), 항반관자(航班管家), 그리고 파워비전(Power Vision), 에피닉스(EFINIX), 넷스타스(Netstars) 등의 스타트업에 투자했다. 현재 총 400여 개 기업에 투자했다.

🌐 www.innoangel.com

● 노던라이트 벤처캐피털(北极光创投)

2005년에 설립되어 베이징에 소재한 벤처캐피털 기업으로 펀드 규모는 42억 8천만 달러다. 주요 투자 분야는 인공지능, 로봇, 헬스케어 등이며 지금까지 뉴케어(New Care), 토킹 데이터(Talking data), 애픽클라우드(Apicloud) 등의 스타트업에 투자했다. 현재 총 300여 개 기업에 투자했다.

🌐 www.nlvc.com/zh

● 텐센트(Tencent)

2008년에 설립되었으며 전문 분야는 인터넷, 콘텐츠, IT 등이다. 지금까지 메이퇀(美团), 디디(滴滴), 핀둬둬(拼多多), 징둥(京东), 우바퉁청(58同城), 마오옌(猫眼), 수퍼셀(Supercell), 콰이서우(快手), 롄쟈(链家) 등의 스타트업에 투자했다.

🌐 www.tencent.com

● 치푸자본(启赋资本)

2013년에 설립되었으며 투자 규모는 7억 1,320만 달러다. 치푸자본은 사모펀드 운영 및 스타트업 투자를 주로 진행한다. 주요 투자 분야는 TMT, 신재료, 인공지능 등이다. 주로 엔젤~시리즈 A 단계의 스타트업에 투자한다. 지금까지 건수이쉐(跟谁学), 항톈훙투(航天宏图), 톈이상자(天宜上佳), 톈디후이(天地汇), 파이파이(派派), 파오파오마터(泡泡玛特), 퉁다오(铜道), 뤼지(驴迹), 젠캉야오류링(健康160) 등의 스타트업에 투자했다.

🌐 www. qfcapital.com.cn

● 징위에창토우(经纬创投)

2008년에 설립되었으며 투자 규모는 약 27억 2,400만 달러다. 전문 분야는 사물인터넷, 기업 서비스, 인공지능, 의료건강, 신문화 등이며 주로 시리즈 A~B 단계의 스타트업에 투자한다. 지금까지 레이핀(猎聘), 레이바오이둥(猎豹移动), 스지후롄(世纪互联), 36kr, 디디추싱(滴滴出行), 모모(陌陌), 푸투정취안(富途证券), 바오바오수(宝宝树) 등의 스타트업에 투자했다.

🌐 www.matrixpartners.com.cn

● 송허자본(松禾资本)

2007년에 설립되었으며 투자 규모는 약 11억 4,107만 달러다. 전문 분야는 인공지능, 생물의약, 신에너지, 신재료 등이며 주로 시리즈 A~C 단계의 스타트업에 투자한다. 지금까지 퉁저우뎬쯔(同洲电子), 룽신뎬리(荣信电力), 싼눠뎬쯔(三诺电子), A8인웨(A8音乐), 치신원쥐(齐心文具) 등의 스타트업에 투자했다.

🌐 www.pinevc.com.cn

● K2VC(险峰)

2010년에 설립되었으며 투자 규모는 약 8억 5,580만 달러다. 전문 분야는 인공지능, 사물인터넷, 소비, 의료 등이며 주로 엔젤~시리즈 B 단계의 스타트업에 투자한다. 지금까지 러신(乐信), 쥐메이유핀(聚美优品), 이다이리(E代理), 자오강왕(找钢网), 모지톈치(墨迹天气), 메이유(美柚) 등의 스타트업에 투자했다.

🌐 www.k2vc.com

● 바이두펑토우(百度风投)

2016년에 설립되었으며 투자 규모는 약 5억 달러다. 전문 분야는 인공지능, 스마트기기 플랫폼, 지능화 등이며 주로 시리즈 A 단계의 스타트업에 투자한다. 지금까지 지미커지(极米科技), 윈딩커지(云丁科技), 허런커지(合刃科技) 등의 스타트업에 투자했다.

🌐 bv.ai/zh

● 로열밸리 캐피털(Loyal Valley Capital)

주요 투자 분야는 인공지능, 선진제조, 5G, 문화콘텐츠, 교육 등이며 투자 형태는 지분 투자로 이뤄진다. 지금까지 디디추싱, 빌리빌리, 로직쇼, 시노시그 등의 스타트업에 투자했다.

🌐 www.loyalvalleycapital.com

● 포선 캐피털(Fosun Capital)

주요 투자 분야는 스마트 제조, 친환경에너지, 소비재, TMT, 건강 등이며 투자 형태는 지분투자로 이뤄진다. 지금까지 아이플라이테크(iFLYTEK), 윈달택배, 유로크레인(Eurocrane) 등의 스타트업에 투자했다.

🌐 www.fosuncapital.com

● 포춘 캐피털(Fortune Capital)

주요 투자 분야는 TMT, 소비재, 의료건강, 친환경에너지, 로봇 등이며 투자 형태는 지분투자로 이뤄진다. 지금까지 왕수(Wangsu), 이브배터리(Evebattery), 아이(Eye), 코십(Coship) 등의 스타트업에 투자했다.

🌐 www.fortunevc.com

● 차이나 액셀러레이터(Chinaccelerator)

외국 기업 대상으로 투자하며 연 2회 운영한다. 선정되면 6개월 액셀러레이팅 프로그램과 최초 투자금 15만 달러(지분 6%)를 지원한다.

🌐 www.chinaccelerator.com

● Xnode

전문 분야는 핀테크 대상 투자이며 외국 기업 B2B 스케일업 관련해서는 최첨단 의료기술, 스마트제조, 환경테크 분야를 지원하고, 기업 대상으로는 혁신 프로젝트를 지원한다.

🌐 www.thexnode.cn

● 일라이 릴리(Eli Lilly)

전문 분야는 건강, 진단 등이다. 생명과학 및 신약 개발 분야를 대상으로 한다.

🌐 www.lillychina.com

● 포선 인터내셔널(Fosun International Limited)

전문 분야는 건강, 진단 등이다. 의료정보 서비스, 모바일 헬스, 유전자 화장품, 혁신 금융 서비스 등이며 반드시 글로벌 가정 고객과 밀접히 관련되어 있어야 한다. 투자 분야는 인터넷과 모바일, 금융, 교육, 소비재, 문화콘텐츠, 자동차, 미래과학기술, 인공지능, 빅데이터 등 다양한 영역에 관심이 많다.

🌐 www.frzcapital.cn

● 핑안(Ping An)

전문 분야는 지식 서비스, 정보통신 등이며 소비재, 의료 서비스, 의료기기, 생물제약, 현대 서비스 및 과학기술, 선진제조, 지속가능한 환경 등 영역에 많이 투자했다.

🌐 www.pinganventures.com

● 롄샹즈싱(联想之星)

2008년 설립되어 베이징에 소재한 액셀러레이터 기업이다. 펀드 규모는 2억 8,520만 달러다. 벤처투자와 창업교육을 전문으로 하며 주요 투자 분야는 인공지능, TMT, 헬스케어 분야다. 지금까지 매그비(Megvii), 에어맵(Airmap), 헬스(Health), 파이어스(Pius) 등의 스타트업에 투자했다. 현재 총 300여 개 기업에 투자했다.

🌐 www.legendstar.com.cn

● X-elerator(创业者加速器)

2015년에 설립되어 베이징에 소재한 액셀러레이터 기업으로 주요 투자 분야는 모바일, 스마트제조, 교육·문화 콘텐츠, 문화 미디어, 에너지 등이며 액셀러레이팅, 융자, 세무, 법률 자문, 투자 유치, 펀드 투자 등을 지원한다. 지금까지 Cloud DT, CHAN VR, MO+TECH 등의 스타트업에 투자했다. 현재 220여 개 프로젝트 액셀러레이팅을 완료했다.

🌐 www.x-elerator.com

● 토조이(天九共享)

1991년에 설립되어 베이징에 소재한 액셀러레이터 기업이다. 주요 투자 분야는 인공지능, 전자플랫폼, 커피 프랜차이즈 등이며 공급망, 교육 서비스, 투자 지원, 투자 관리, 자산관리 등을 지원한다. 지금까지 윤케 인공지능(Yunke AI), 카페라쿠 커피(Kafelaku coffee), B&G 등의 스타트업에 투자했다. 현재 중국 최대의 액셀러레이터 기업으로 800여 명의 전문 투자 인재를 보유 중이며 지원 중인 유니콘 기업이 300개 사에 이른다.

🌐 cn.tojoy.com

● 핵스(HAX)

미국인, 프랑스인 등 3명의 공동 창업자가 설립한 글로벌 액셀러레이터 기업으로 처음엔 본사가 미국 실리콘밸리에 있었으나 2012년 중국 선전 화창베이로 이전했다. 전문 분야는 로봇, 사물인터넷(IoT), 스마트 헬스케어 등 하드웨어다. 액셀리레이팅과 크라우드펀딩을 지원하며 탄탄한 자금력을 보유하고 있다. 코칭 시스템이 우수하며 성공 사례를 다수 보유하고 있는 외국계 액셀러레이터로 기타 중국 액셀러레이터보다 의사소통 면에서 편리하다는 장점이 있다.

2020년 기준 200개 이상의 초기 창업팀에 투자를 진행했다. 최근에는 하드웨어와 디지털 기술 융복합(Convergence) 기업에 관심이 높다. 글로벌 스타트업을 대상으로 투자와 인큐베이팅을 진행하고 있다. 대부분 미국, 유럽의 스타트업이 대상이며 중국 및 한국 등 아시아 스타트업은 20%에 불과하다. 최근에는 중국 스타트업에 대한 투자가 늘어나는 추세다.

사업 형태와 진행 프로젝트를 살펴보면, 보통 연간 1,500개 이상 기업이 핵스(HAX) 입주 신청을 하고 있고 매월 4~5개 팀을 선정해 선전 오피스에 입주시킨다. 선택된 창업팀은 약 9개월 간 핵스에서 다양한 코칭(아이디어, 프로토타입, 소싱, 제조, 포장, 서플라이체인, 전략, 마케팅, 유통, 자금 조달, 재무 등)을 받을 수 있다. 약 35명의 스태프(엔지니어, 마케팅, 컨설팅 등)의 지원도 동시에 받을 수 있다. 핵스에서 보통 초기 투자로 25만 달러를 진행하며, 대략 스타트업의 10~15% 지분을 요구한다.

🌐 hax.co

● **화창베이 국제창업공간**

2015년에 설립된 액셀러레이터 기업이며 전문 분야는 하드웨어, 소비재다. 액셀러레이팅, 교육, 제조 등을 지원하며 화창베이에 위치해 있어 제품 소싱, 시제품 제작 등이 용이하다.

🌐 www.hqdna.com

● **치디즈싱(启迪之星)**

1999년에 설립된 액셀러레이팅 기업이며 전문 분야는 신기술 보유 스타트업이다. 액셀러레이팅, 창업교육, 엔젤 투자, 사무공간 등을 제공한다. 지금까지 지원한 기업 수가 5천개 이상이다.

🌐 www.tusstar.comwww.tusstar.com/index.php?app=ruzhu&m=Index&a=index

● **텐센트 창업공간(腾讯众创空间)**

2015년 베이징에 설립된 인큐베이터로 전문 분야는 앱 개발 스타트업 기업이다. 최대 입주 기간은 12개월로 비용은 매월 2,080위안(한화 약 35만 원)이다. 텐센트 매체 활용 홍보, 사무공간을 지원한다. 지금까지 지원한 기업이 도시마다 50개 이상이다. 입주 대상은 5G, 인공지능, 문화콘텐츠, 인터넷 분야의 스타트업이며 입주는 홈페이지를 통해 신청하면 검토 후 선발의 과정을 거친다.

🌐 c.qq.com/base/index

● 이노엔젤(英诺创新空间)

2016년에 설립되었으며 전문 분야는 인공지능 엔젤 투자 기업이다. 투자 유치 매칭, 스타트업 홍보 등을 지원하며 지금까지 지원한 기업 수가 500개 이상이다.

🌐 www.innospace.cn/news

● 테크코드(太库孵化器)

베이징에 위치한 인큐베이터로서 스타트업에 사무공간을 임대하며 최대 입주 기간은 1년이다. 입주비용이 오픈 공간은 매월 2천 위안(한화 약 34만 원), 독립공간은 매월 3천 위안(한화 약 51만 원)이다. 입주 대상은 인공지능, 사물인터넷, 신소재, 헬스케어, ICV 등 분야의 스타트업이며 입주 승인은 사업소개서를 제출하면 평가 심사위원회가 심사를 통해 계약서를 체결한다. 심사에는 약 한 달이 소요된다.

🌐 www.techcode.com

● 투스스타(启迪之星)

베이징에 위치한 인큐베이터로 스타트업에 사무공간을 임대하며 최대 입주 기간과 관련해 정해진 기준은 없다. 입주비용은 매월 1,500위안(한화 약 27만 원)이다. 입주대상은 첨단 기술 등 과학기술 분야의 스타트업이며 입주 승인은 온라인 사업소개서 제출 후 기관 심사(7일 소요), 위원회 심사를 거쳐 계약 체결의 과정을 거친다. 심사에는 약 2주가 걸린다.

🌐 www.tusstar.com

● 동승과기원(中关村东升科技园)

베이징에 위치한 인큐베이터로 최대 입주 기간은 6개월이다. 입주비용은 첫 번째 달 무료, 두 번째 달부터 매월 1,500위안(한화 약 26만 원)이다. 입주대상은 전자정보, 신에너지, 신소재, 현대농업, 현대제조 분야의 스타트업이며 입주 승인은 사업소개서 제출 신청 후 평가 심사위원회에서 심사를 거쳐 계약 체결의 과정을 거친다. 심사에는 두 달이 걸린다.

🌐 www.innoecos.cn/index.aspx

● 베이징대 창업 인큐베이터(北大创业孵化器)

베이징에 위치한 인큐베이터로 최대 입주 기간은 6개월이다. 입주비용은 개방형 매월 1,700위안(한화 약 30만 원), 독립 사무실은 매월 1,900위안(한화 약 32만 원)이다. 입주 대상은 헬스케어, 문화콘텐츠, 문화오락 등의 스타트업이며 입주 승인은 홈페이지 통해 사업계획서를 제출하면 검토 후 선발의 과정을 거친다.

🌐 www.pkustarter.com

● 해정창업원(海淀创业园)

베이징에 위치한 인큐베이터로 최대 입주 기간은 2년이다. 입주비용은 무료다. 입주대상은 소프트웨어, 정보통신, 친환경, 신에너지, 신소재, 스마트 제조 분야의 스타트업이며 입주 승인은 기업 소개나 사업계획서 등을 담당자에게 제출한 후 검토를 거쳐 선발된다.

🌐 www.ospp.com

현지 대기업의 스타트업 협업 프로그램

● 텐센트

인터넷 서비스 업종으로 자금을 지원해 협업하며 텐센트 클라우드 창업기업지원 프로그램을 운영한다.

● 알리바바

전자상거래 업종으로 인큐베이팅을 통한 협업을 하며 인큐베이팅 플랫폼 프로그램을 운영한다.

● 바이두

검색 포털 업종으로 코워킹 스페이스를 통해 협업하며 바이두창신중심 프로그램을 운영한다.

● 징동(京东)

전자상거래 업종으로 인큐베이팅을 통해 협업하며 JD파이낸스 산하의 JD창업서비스 프로그램을 운영한다.

● 하이얼(Haier)

가전제품 업종으로 신세대 창업자들이 교류할 수 있는 플랫폼과 아이디어 지원을 통해 협업하며 하이일 창업자 실험실(海尔创客实验室) 프로그램을 운영한다.

● 우주항공과학공업(航天科工)

하이테크놀로지 군수기업 업종이며 아이디어 시드 배양부터 인큐베이팅, 액셀러레이팅·항공우주 클라우드망을 통해 협업하며 3단계, 3창고, 1기업의 내부 창업 프로젝트 육성 모델(내부), 클라우드 개방으로 외부 혁신 창업 추진 등의 프로그램을 운영한다.

● 레노버 홀딩스(联想控股)

컴퓨터 IT 업종으로 IT, 금융, 농업, 식품, 스마트제조 및 전문 서비스 등을 통해 협업하며 유망 분야의 전략 투자와 투자 수익을 가이드로 하는 재무적 투자를 병행한다. 렌샹즈싱, 레전드 캐피털을 비롯한 여러 개의 투자관리회사를 보유하고 있다.

● 마이크로소프트 중국(Microsoft China)

소프트웨어 업종으로 마이크로소프트 액셀러레이터 베이징을 통해 협업하며 두 차례 과정을 거쳐 선발한 후 선발된 팀에게 종신제 동문 서비스를 제공하고 마이크로소프트의 고객과 합작 파트너를 연결해준다.

● 골드만삭스 중국(Goldman Sachs China)

금융 투자은행 업종으로 론치 위드 GS(Launch With GS)를 통해 협업하며 여성 창업자의 시드 자금, 성장 준비 및 성공한 여성 기업가가 만든 기업을 대상으로 지원한다.

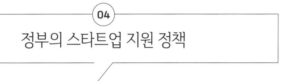

정부의 스타트업 지원 정책

스타트업 투자 활성화를 위한 노력

중국 정부는 창업 활성화를 위해 각종 규제를 완화하고 행정 개혁을 추진하고 있다. 또 창업에 필요한 행정증서 취득 절차를 간소화하는 등 각종 행정 절차를 개선했다. 사무공간, 교육 및 네트워크 기회 등을 제공하는 창업지원센터(衆創空間)를 구축하는 등 지원을 확대했다. 창업기금을 설립하고 기술 기반 스타트업이 거래될 수 있는 장외거래시장인 '신삼판(新三板)'을 확대 조성했다. 400억 위안(한화 약 6조 8,350억 원) 규모의 '국가신흥산업 창업 투자 인도기금(国家新兴产业创业投资引导基金)'을 조성했다. 베이징 과학기술단지에서만 운영됐던 신삼판을 2013년 전국 모든 중소기업으로 대상을 확대해 운영 중이다. 스타트업 투자 활성화를 목적으로 개인투자자 및 벤처캐피털 투자액의 70%에 대해 세금을 공제해준다.

정부 정책은 '대중창업, 만중창신(국민 모두가 창업하고 혁신하자)' 방침에 따라 행정 개혁, 자금 조달, 창업에 유리한 시장 환경을 조성하는 데 주력하고 있다.

① 공정한 경쟁 환경 조성 및 신용체계 건설을 위해 지식재산권 보호 강화, 징벌적 배상제도 실시, 지재권 관련 공공서비스 및 플랫폼 구축, 시장 지위 남용 억제 및 반독점법 집행 강화, 네거티브리스트 제도 개혁을 통해 다양한 창업 유도를 추진하고 있다.

② 행정 간소화를 위해 2015년 90개 행정심사를 취소 및 이양했고, 법인 및 기타 조직을 대상으로 한 비(非)행정 허가 심사를 전면 취소했다.

③ 과학기술 시스템 개혁 심화를 위해 과학기술 체제를 개혁하고, 과학기술 성과 확산 촉진, 효율적 연구체계 구축 등을 추진하고 있다.

④ 인력 양성 체계 개선을 위해 창업 관련 교육 프로그램을 설립했다.

⑤ 해외 우수 인재 유치 및 창업 유도를 위해 외국인 영주권 제도를 개선하고 기술이민제도 개혁을 추진하고 있다.

여러 지원 정책으로 창업 유도

창업 생태환경 조성, 정부 관리와 지원, 융자 채널 확대를 통해 자유로운 창업을 유도하고 있다.

● 세제 혜택

부동산세, 토지세, 부가가치세 등 세금을 감면해준다. 2019~2021년 국가급 및 성급(중국의 행정구) 하이테크 창업 지원 기관 대상 부동산세, 토지세를 면제한다. 인큐베이터 서비스(창업 기업에 제공되는 경영, 임대, R&D, 컨설팅 등) 소득에 대해 부가가치세를 면제한다.

● 비자 지원

창업에 집중할 수 있도록 베이징시 거주증, 주택자금, 자녀교육 등 다양한 차원에서 지원한다. 귀국 화교의 중관춘(중국 최초의 첨단 기술개발구역으로 중국판 실리콘밸리로 불림) 내에 스타트업 창업허가, 업무 허가증과 고용주 담보 서신으로 5년 유효 업무 거주 허가 신청이 가능하다. 창업계획서를 제출하면 5년 기간의 개인 사무 거주 허가 신청 역시 가능하다. 외국 국적의 화교가 박사 이상의 학력 보유하고, 중관춘 기업에서 4년 근속 및 연간 중국 내 실제 거주 기간이 6개월 이상일 경우에는 영구거주권을 신청할 수 있다. 스타트업 기업의 외국인 팀원과 해외 기술 인재의 빠른 입국, 장기 거주 허가를 위한 그린 통로를 설립하고 글로벌 인재 평가 시스템을 마련했다. 해외 청년 인재의 중관춘 내 인턴 근무나 창업을 지원한다. 베이징시 공안 기관에 출입국 서류를 등록한 중관춘 기업 초청 해외 대학생 인턴은 단기 개인 업무 비자를 받아서 입국할 수 있다.

● 지원금 제도

지식재산권 수준이 높은 스타트업에 대해 지원금을 제공한다. 중앙정부, 중관춘에서 특허를 취득한 기업에 최고 300만 위안(한화 약 5억 1,300만 원)의 지원금을 제공한다. 연간 국내 특허등록 250건 이상 기업에 1건당 1천 위안(한화 약 17만 원) 이상을 지원하고 50건 추가 증가 시 건당 1천 위안을 추가 지원한다.

상하이에서 지원하는 제도

상하이는 창업 절차를 간소화하고 다층적인 창업 자금과 각종 인재 육성을 지원한다.

● 상하이 중소기업 발전자금 전용자금(上海市中小企业发展资金专项资金)

상하이시 법에 따라 설립된 중소기업 지원 기관에서 진행한다. 지원 내용은 인센티브, 후원, 대출 할인, 정부 구매 서비스 등의 방식이며, 프로그램별 인센티브 한도는 300만 위안(한화 약 5억 1,300만원)이다.

● 하이테크 성과 전환을 위한 재정전문자금(高新技术成果转化财政专项资金)

상하이시 과학위원회, 상하이시 재정국, 상하이시 세무국 주관으로 진행된다. 지원 내용으로 상하이시에 등록된 법인 기업은 매출이나 수입을 확인해 일정 비율에 기술 공헌 지수를 곱해 정책 향유 기간 안에 재정부양자금을 신청할 수 있다.

● 과학기술형 중소기업기술혁신자금(科技型中小企业技术创新资金)

각 구정부 주관으로 진행된다. 정액(건당 10만 위안, 한화 약 1,710만 원)을 지원해 주로 기업의 상반기 연구개발비를 보조한다.

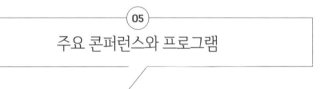

주요 콘퍼런스와 프로그램

스타트업 관련 주요 콘퍼런스

● 中国创新创业大赛(China Innovation & Enterpreneurship Competition)

중국 과기부, 재정부, 교육부 등 주최로 2012년부터 시작해 매년 개최되는 행사다. 상반기에 참가 기업을 모집하고 지역과 분야별 경기를 진행한다. 9~11월에 전국 단위 결승전을 개최한다. 전국 결승전에는 초기 스타트업 360개 사 및 설립 1년 차 이상 스타트업 1,080개 사가 참가한다. 참가 요건은 전년도 매출액 2억 위안(한화 약 341억 7,600만 원) 미만의 스타트업 기업이 대상이며 주요 분야는 전자정보, 신소재, 신에너지, 친환경, 생물의약, 선진제조 및 인터넷 등이다. 매년 6월 중순까지 웹사이트를 통해 신청을 받는다. 6월 말까지 신청 기업을 심사한 후 참가 기업을 선정해 7~8월 지방 단위 경기를 진행하고 8월 말까지 전국 단위 결승전 참가 기업을 추천한다. 9~11월에 6개 주요 분야로 분류 후 전국 단위 결승전을 진행하며, 참가 기업 중, 초기 스타트업에서 1~3위를 선정하고 역시 1년 차 이상 스타트업에서도 1~3위를 선정한다. 우승 기업에는 중국 중소기업 발전기금 등을 추천 및 연결한다. 또 협력은행 대출 우대 및 교육, IR피칭, 전시회 연결 등을 지원하고 국가 프로젝트 선정 및 해당 분야 기타 전문대회를 소개한다. 인큐베이팅 이용, 사무실 임대료 면제 등의 혜택도 제공한다. 현재 정부 기관 주최로 7회째 행사를 진행했고 다수의 우수 기업을 배출하고 지원했다.

🌐 www.cxcyds.com

● 东升杯 国际创业大赛(Dongsheng Cup International Entrepreneurship Competition)

중국 베이징시 해정구 인력자원국, 사회보장국 등의 주최로 2013년부터 매년 하반기 베이징에서 개최된다. 일반적으로 지방 및 국제 경기는 별도로 공지한다. 국내외 우수 스타트업 대략 1천 개 사가 참가하는 규모다. 주요 관심 분야는 인공지능, 스마트제조, 신에너지, 친환경, 신소재, 문화콘텐츠, 인터넷, 헬스케어 등이다. 매년 7월까지 참가 기업 심사와 창업캠프 교육을 진행하며 매년 9~10월 경기가 개최되는 지역별로 1회전과 2회전, 창업캠프 교육을 진행하고, 11~12월 중국 국내 및 해외 준결승전, 창업캠프 교육, 결승전을 진행한다. 우수 스타트업에 상금과 사무공간을 지원한다.

🌐 www.2ccy.com

● 国际创新创业博览会(International Innovation & Entrepreneurship Expo)

국무원 국가자본위원신문센터, 중국과학원방송국 등의 주최로 매년 12월 베이징에서 개최된다. 독일, 미국, 싱가포르, 일본 등 20여 개국의 우수 창업 기업 400여 곳이 참가한다. 주요 분야는 선진과학기술, 인터넷, 문화콘텐츠 등이다. 2016년부터 중국에서 처음 창업창신박람회 콘퍼런스가 개최됐으며 부스 전시, 전문 분야 포럼, 세미나, 창업 교육, 창업창신경진대회, 스타트업 IR피칭 등이 진행된다.

🌐 cbn365.cyol.com

● 메이커 페어 선전(Maker Faire Shenzhen)

글로벌 최대 규모의 창업 축제다. 미국 잡지사 《Make》에서 주최하며 2006년 캘리포니아에서 제1회 행사가 개최됐다. 이후 12년 동안 전 세계 48개국에서 221번의 행사가 개최되어왔다. 스타트업 기업 제품 전시뿐만 아니라 다채로운 창업 관련 세미나, 포럼, 워크숍, 경진대회 등이 진행된다. 스타트업 투자를 희망하는 벤처캐피털, 사모펀드뿐만 아니라 우수 스타트업 발굴을 위한 액셀러레이터도 다수 방문하고 있다.
중국 선전에서 하는 '메이커 페어 선전'은 한층 더 업그레이드됐다. 중국 차이휘콩젠(柴火空間)문화방송유한공사는 메이커 페어로부터 대행권을 받아 시띠(矽遞)문화방송유한공사와 2012년 4월 행사를 최

메이커 페어 선전 행사

화창베이 전자상가 내 화창전자세계

초 개최했다. 2012년 이후 매년 선전에서 행사를 개최하고 있는데, 2016년부터 중국 최대 창업 축제로 거듭났다.

2019년 행사는 11월 9~10일에 걸쳐 개최됐다. 108개 사(중국 63%, 해외 37%), 관람객 약 3만 명이 참여했으며 외국 기업은 36개 사가 참가했고 그중 한국 기업은 8개였다. 참가자 유형을 살펴보면, 소프트웨어와 하드웨어 41%, 교육 25%, 인터랙티브(Interactive) 15%, 전통 수공업 7% 순이었다.

● 스타트업 인 상하이(Startup in Shanghai)

마이크로 기업을 대상으로 매년 2~4월, 성장 기업을 대상으로 매년 3~7월에 열리는 국제 스타트업대회로 중국 국내외 혁신 기업, 혁신 요소, 인재를 모아 사회 전체적으로 창업 열기를 활성화하려는 것이 목표다. 기업 성장 단계별 대회를 개최하는 등 다양한 프로그램이 진행되며 상하이시 과학기술창업센터(上海市科技创业中心)에서 주관한다.

🌐 cyds.shtic.com

● 상하이 대학생 '창조배' 대회(上海市大学生"创造杯"大赛)

매년 11월에 열리는 대회로, 중국 대학생들의 창의력과 협업 능력 향상을 목표로 토너먼트 식으로 열린다. 상하이에 있는 대학이 연합해 주관한다.

● 중국 혁신창업대회(创青春)

창업 활성화를 목표로 과학기술부에서 주관하는 대회로 전국의 청년들을 대상으로 열린다. 이를 통해 중국 정부는 창업에 대한 좀 더 구체적인 생각과 사회적 책임감, 진취적

인 정신을 학생들에게 심어주고자 한다. 매년 7~8월, 전국 단위로는 매년 10~11월에 개최된다.

🌐 www.cxcyds.com

● 슬러시 상하이(Slush Shanghai)

핀란드 헬싱키에서 시작된 글로벌 스타트업 축제로 핀란드뿐만 아니라 일본, 싱가포르, 중국 등 여러 아시아 국가에서도 개최되고 있다. 패널 토론, 트렌드 소개, 스타트업 부스 운영 등의 프로그램이 진행된다.

🌐 shanghai.slush.org

스타트업 관련 정부 부처나 유관 기관의 프로그램

● 공신부중소기업부(工信部中小企业局)

창업창신복무부(创业创新服务处)에서 담당하는 부서로, 소기업의 창업 베이스캠프 구축을 지원한다. 공신부는 국가 소형기업 창업 시범 베이스캠프 건설 관리 방안을 내놓았다. 비어 있는 부지나 공업구 등에 소기업 창업 베이스캠프 건설을 격려한다. 2019년 말까지 중소기업주관부서에서 인증한 중소기업 창업 베이스캠프는 이미 3천여 개, 입주한 기업은 23만 개 이상, 500만여 개의 일자리를 창출했다.

또한 창업의 공공서비스 체계를 개선한다. 중소기업의 창업 발전 단계에서 전방위적 인터넷 시스템을 제공해 중소기업을 돕는다. 2019년 말 공신부는 197개의 '국가 중소기업 공공서비스 시범 플랫폼' 리스트를 발표했으며, 시범 플랫폼의 유효 인증 기간은 3년이다.

창업 멘토 제도를 설립해 2003년부터 공신부는 창업 멘토의 교육 서
비스를 지원하고 있다. 이미 16기 교육반이 수료했고, 600여 명의 창
업 멘토를 배출했다. 이 창업 멘토들은 각지에서 창업교육 활동을 펼
쳐 중소기업에 정확한 서비스를 제공하고 창업의 성공률과 소형기업
의 생존율을 높인다.

🌐 www.miit.gov.cn/n1146285/n1146352/n3054355/n3057527/index.html

● 베이징 과학기술위원회(北京市科学技术委員会)

과기창신중심(科技创新中心)에서 담당하는 부서로, 베이징중창공간,
과학기술기업 인큐베이터, 글로벌 기술이전, 과학창업기업 등을 총괄
하고 관리한다. 베이징시 창업 기업 중점 지원과 정책 지원을 한다.
텐센트중창공간(腾讯众创空间), 처쿠카페(车库咖啡), 3W카페(3W咖
啡), 테크코드(太库), 투스스타(启迪之星), 칭화X랩(清华X-Lab) 등
200개 중창공간을 관할한다. 75개 베이징 소재 과학기술기업 인큐베
이터와 30개 베이징 소재 대학과기원을 관리한다.

🌐 kw.beijing.gov.cn

● 중관촌과기원구관리위원회(中关村科技园区管理委員会)

창업서비스지원센터(创业服务处)에서 관리하는 부서로 중관촌 과기
창신과 산업화 촉진센터(中关村科技园区) 프로그램을 운영한다. 중
관촌관리위원회를 통해 수도 고등교육기관, 과학연구소, 중앙기업,
첨단 기술기업 등 혁신 자원들을 조합해, 특색산업원과 산업기술연구
원계획 건설, 북경시창신창업단체나 기업에 기술과 자본 등을 지원한
다. 또 창업서비스지원센터를 통해 과기원 창업서비스 체계 발전계획
수립, 창업 지원 정책 제출 및 시행을 추진하고, 대학과기원, 인큐베
이터, 분야 협회 및 사회 지자체를 건설해서 창업 지원 플랫폼 구축,
창업서비스자원을 결합해 창업서비스 체계 및 환경을 개선한다.

🌐 zgcgw.beijing.gov.cn

● 중관촌창업대가(北京中关村创业大街科技服务有限公司)

산업 이노베이션 서비스, 글로벌 인큐베이팅, 창업서비스 플랫폼,
기술투자 서비스 등 다양한 프로그램을 운영하고 있다.

• 산업 이노베이션 서비스

대기업의 이노베이션 개방을 돕고, 대기업과 연합해 이노베이션연
맹을 맺어 혁신을 추구한다. 대기업의 글로벌 혁신 계획 등 서비스
를 제공한다.

• 글로벌 인큐베이팅

중국 최고의 글로벌 이노베이션 사회 건설, 과기부 최고의 창업공간
획득, 글로벌 국경 간 인큐베이팅 진행, 글로벌 협업, 랜딩 차이나
긱 챌린지(Landing China Geek Challenge) 등의 프로그램을 진행
하고 글로벌 이노베이션의 중국 진출 창구와 플랫폼을 건설한다.

• 창업서비스 플랫폼

전국 제일의 원스톱형 전방위 쌍창(双创) 서비스 플랫폼인 '창업라
운지'를 운영한다. 전국 최초의 '정부 서비스+사회 전문 서비스' 형
태도 운영한다. 스타트업 기업을 위해 상무, 재정, 지식재산권, 인
력 등 100개 항목의 전문 서비스를 제공한다.

• 기술투자 서비스

중관촌 창업대가기금을 설립해 중관촌창업대가, 북경대학교우회,
경북금융, 동승과기원 등에서 후원받아 인공지능, 빅데이터 등 스
마트 영역 위주의 첨단 기술 분야에서 초창기와 성장기 기업에 투자
를 지원한다.

• 공간 운영

이노베이션 창업 요구에 따라 중관촌창업대가에 처쿠카페, 3W카
페, 렌샹즈싱, 36커, 다크호스 등 45개 우수 창업서비스 기구가 밀

집되어 지속적으로 서비스를 업그레이드할 수 있도록 연구 중이다.

🌐 www.z-innoway.com

● 상하이시 과학기술창업센터(上海市科技创业中心)

국제협력 교류, 기술이전 서비스, 정책 부양, 혁신자금, 과학기술 공정, 창업 멘토 서비스, 기업 인큐베이터, 과학기술 성과 전환 등을 주로 다룬다. 상하시 하이테크 성과 전환 사업 인정, 하이테크 성과 전환과 산업화를 위한 정책 서비스, 기술이전 서비스, 과학기술 금융 서비스, 상하이시 중소기업 기술혁신자금 조성사업 프로젝트 등 과학기술 산업화 프로그램과 크라우드소싱 공간, 인큐베이터 건설 전문 자금에 관한 일괄 조달 배치 및 관리 등을 지원한다.

🌐 www.shtic.com

● 텐센트 이노베이션 스타트업센터(腾讯创新创业中心)

중국 인터넷 및 게임 서비스 기업의 성장 지원이 목적이다. 단독 사무실 임대, 엔젤투자 지원, 창업 생태계 구축 등을 지원한다.

🌐 txcxcyzx.cn

● 상하이 중한혁신창업센터(上海中韩创新创业园)

중국 내 한국 스타트업의 투자 유치와 플랫폼 운영을 전담하는 과학기술혁신단지다. 서울에도 대표처를 운영하고 있다.

🌐 sh.zhaoshang.net/yuanqu/detail/11517

● 홍치아오 국제창업서비스센터(虹桥国际创业服务中心)

해외 창업자들을 위한 원스톱 창업 육성 지원 서비스와 해외 창업자를 위한 국내와 국제적인 창업 정책 정보를 제공한다. 비자 신청, 기업공상정책 컨설팅, 기업시장 보급, 창업 활동 교육강좌와 세미나, 기술 유치와 인재 유치, 금융·재무 관련 법률 자문 등을 지원한다. 지원 자격은 ①최근 3년 이내 설립한 기업의 창립자, ②정상영업 6개월 이상 기업, ③대학교, 직업학교, 전문대학 재학 및 졸업(5년 이내) 인력, ④유학 후 귀국 인력(졸업 5년 이내) 등이다. 지원 대상은 기업 설립자만 1회 지원할 수 있으며, 창립지가 다수일 때는 최대 10명까지 가능하다. 보조금은 신규 스타트업은 설립자에게 1만 위안 지급, 최대 10명 10만 위안까지 지원한다.

또한 창업 임대료를 지원한다. 조건은 ①대학교(직업학교, 전문대학 포함) 졸업 후 창업 공간 및 액셀러레이터 입주 기업, ②유학 후 귀국 인력(졸업 5년 이내), ③인큐베이터 입주 3개월 이상 기업 등이다. 보조금은 최대 3년간 임대료를 지원한다. 1차 연도에 매월 1,200위안(한화 약 21만 원), 2차 연도에 매월 1천 위안(한화 약 17만 원), 3차 연도에는 매월 700위안(한화 약 12만 원)을 지원한다. 단, 실제 임대료가 지원금보다 저렴할 경우 해당 임대료만큼만 지원한다. 실제 입주 공간을 소유한 기관의 성격에 따라 지원금을 산정하는 방식이 다르다.

고용 비용을 지원한다. 조건은 ①고용자 사회보험 납부 6개월 이상, ②1년 이상 계약 체결 등이며 보조금은 3인 이하 기업의 경우 고용 인원 1인당 1회 2천 위안(한화 약 34만 원), 3인 이상 기업 3천 위안(한화 약 51만 원), 최대 10명까지 3만 위안(한화 약 513만 원)을 지원한다.

창업 대출 또한 지원한다. 조건은 ①기업 설립, ②선전농촌상업은행 계좌 이용, ③대학교, 직업학교, 전문대학교 재학 및 졸업(5년 이내) 인력, ④유학 후 귀국 인력(졸업 5년 이내), ⑤홍콩이나 마카오 시민 포함 등이다. 지원 대상은 기업 설립자 1명당 최대 30만 위안(한화 약 5,125만 원), 공동 창업의 경우 담보를 조건으로 최대 300만 위안(한화 약 5억 1,250만 원)까지 대출할 수 있다. 노동 밀집형 및 과학기술형 소형 기업은 최대 500만 위안(한화 약 8억 5,420만 원)까지 대출할 수 있다. 혜택은 이자를 최대 3년까지 전액 보조한다.

우수 스타트업에 보조금을 지원한다. 조건은 ①선전시 인력 자원 및 사회보장국에서 개최한 시(市)급 창업대회에서 우수창업팀으로 선정되거나(优秀创业项目) 혹은 국가(성급)에서 개최한 창업대회에서 3등 이상 기업, ②선전시에 등록된 기업 등이다. 보조금은 프로젝트마다 5만~20만 위안(한화 약 850만 원~3,420만 원)의 보조금을 지원하되 중복 지원은 안 된다.

● 선전시정부(深圳市政府)

선전시 정부 상무회의에서 2020년 4월 7일 선전시 취업 지원 정책을 발표했다.

창업 대출 지원 정책은 선전에서 창업하는 창업자에게(선전시 호구 불요) 창업 담보대출 조건을 완화했다. 그해 신규 채용 직원 수가 일정 수를 초과할 경우 최고 500만 위안(한화 약 8억 5,420만 원) 대출을 신청할 수 있다. 구체적인 필요 채용 직원 수는 명시하지 않았다. 개인 창업 담보대출은 기존 30만 위안(한화 약 5,125만 원)에서 60만 위안(한화 약 1억 250만 원)으로 인상했다.

구직·창업 지원 정책은 구직·창업 보조금을 기존 2천 위안에서 3천 위안으로 인상하며 대학교에 취업·창업 지원센터 설립을 지원하기 위해 매년 20만 위안(한화 약 3,420만 원) 한도 내에서 사후 보조금을 지급한다.

스타트업 육성 주요 대학 및 연구기관

● 베이징대학교 창업 인큐베이터(北大创业孵化器)

베이징에 소재하며 지원 대상은 소비 업그레이드, 헬스케어, 문화콘텐츠, 문화오락 등이다. 심사 절차는 홈페이지를 통해 지정된 신청서를 받아 검토를 거쳐 선발하는 식이다. 선발되면 베이징대학교를 비롯한 우수 고등교육기관 출신과 유명한 기업가들의 멘토링, 3개월의 인큐베이팅, 시드펀드 투자, 사업계획서 수정, 상업모델 그루밍, 기업 경영 등에 대해 1:1 지도와 교육을 제공한다.

🌐 www.pkustarter.com

● 칭화대학교 투스스타(清华大学启迪之星)

인터넷, 나노산업, 환경에너지 등 과학기술 분야를 대상으로 융자와 대출 등 종합형 금융 오픈 플랫폼, 엔젤투자 플랫폼을 제공하고 주간과 월간, 연간별 다양하고 체계적인 창업교육과 중국 내 각지의 창업공간을 지원한다. 심사 절차는 홈페이지를 통해 지정된 신청서를 받아 검토를 거쳐 선발하는 식이다.

🌐 www.tusstar.com

● 중국인민대학교 문화과기원 인큐베이터(中国人民大学创业学院)

베이징에 소재하며 지원 대상은 데이터기술, 신문출판, 광고 설계 등 과학기술과 컬처미디어 분야다. 심사 절차는 ①홈페이지 등록 후 기업/사업소개서, 이력서 등 필요한 서류 제출, ②검토 후 면접, ③평가 후 3일 내 결과를 발표하는 식이다. 창업 공간 임대료 감면, 시드자금 투자, 국제협력보조금, 기업 상장 보조금 등 지원, 법인 설립, 자격인증, 허가 신청, 재무법률 자문 지원, 창업교육, 담당 멘토, 프로젝트 선정 등 지원, 시드펀드, 투자와 융자 컨설팅, 투자 유치 연결도 지원한다.

🌐 iei.ruc.edu.cn

● 베이징협동창신연구원(北京协同创新研究院)

대학 간 산업, 창신, 창업, 교육 및 세계 유수 기관과 협업하는 목적으로 베이징대학교, 칭화대학교 등 베이징에 소재한 13개 대학교가 공동 설립한 기관이다. 현대제조, 광전자, 신에너지, 의료기기, 생물의약, 환경보호 등 6개 중점 분야에서 기술 투자와 이전 등 형식으로 기술연구의 산업화를 추진한다. 2015년 9월 창신투자모펀드를 설립, 총 규모는 12억 위안(한화 약 2,050억 원)으로 현재까지 63개 프로젝트를 투자했으며, 연구산업화와 창업기업 육성 발전에 따라 6개 창신투자자펀드를 추가 설립했다. 현대제조, 전자정보 신재료, 친환경, 생명과학 등 5개 분야의 투자 총 규모는 40억 위안(한화 약 6,832억 8천만 원)을 초과한다. 창신창업원 및 인큐베이터 운영, 과학기술연구, 스타트업 인큐베이팅 및 산업 운영을 일체화하는 신형 창신창업 단지를 구축했다. 창업창신대학원 과정을 설립해 국내외 유명 대학과 협력을 통해 창신창업 인재를 육성한다.

🌐 www.bici.org

● 베이징창신연구소(北京创新研究所)

베이징시 인민정부에서 담당하는 연구소로, 베이징시 인민정부가 설립 승인한 베이징대학교, 칭화대학교 등 베이징 소재 대학 및 중국 과학원 등 연구기관, 협회 및 대기업 등을 멘토단으로 구성해 산업과 교육의 공동 발전 및 창신 지원 플랫폼 구축을 위해 노력하고 있다. 창업창신센터, 실험실, 창업단지, 창업 과제 등 전국 단위로 창신창업 서비스를 지원한다.

🌐 www.aaie.org.cn

● 선전대학교

선전대학교는 알리바바, 아마존(중국), 선전시 요우커(관광객)온라인 교육회사와 협력해 '창업 실전(创业实战)'이라는 창업 지원 과정을 운영 중이다. 총 32개 과정이 있으며 그중 학점과 연계된 과정은 11개, 온라인 과정은 7개, 증서가 나오는 전문 과정은 14개가 있다. 선전대학교는 선전시 과학창신위원회에서 2016년에서 2018년까지 대학생 창업 프로젝트 57개에 대해 785만 위안(한화 약 13억 4,100만 원)을 지원받았다. 1개 프로젝트당 약 10만에서 20만 위안(한화 약 1,710만 원~3,420만 원) 규모다.

● 스타트업 육성 대학교
상하이 복단대 과학기술원창업센터(上海复旦大学科技园创业中心), 상하이 재경대 창업연구원(上海财经大学创业学院), 화동사범대학 경제 및 관리학부(华东师范大学经济与管理学部道杰资本创业实践研究中心), 상하이대학 혁신창업연구원(上海大学创新创业学院), 상하이 교통대 창업연구원(上海交通大学创业学院), 상하이 과기대학 창업&경영연구원(上海科技大学创业与管理学院) 등이 있다.

● 스타트업 연구기관
상하이 과학기술기업육성협회(上海科技企业孵化协会), 상하이 중과생물단지(上海聚科生物园区), 상하이 창업투자업협회(上海市创业投资行业协会) 등이 있다.

CHINA

현지 투자자 인터뷰
VC Interview

텐센트투자

인터넷 기반의 플랫폼 회사인 텐센트는 1998년 11월 설립되어 중국 최대 인터넷 종합 서비스 제공 기업으로 성장했다. 중국 인터넷 기업 중 이용자가 가장 많다. 주로 소셜 커뮤니케이션 서비스인 QQ, 위챗과 소셜 네트워크 플랫폼인 QQ 공간, QQ 게임플랫폼, 포털사이트 텐센트왕, 텐센트 뉴스와 인터넷 동영상 서비스 QQ Live 등을 제공한다. 2011년 텐센트에서 텐센트투자(CVC)를 설립한 목적은 텐센트 산업체인에 관련 있는 우수한 기업을 찾아 투자하기 위해서다. 관심 분야는 인터넷 게임, SNS, 무선 인터넷, 전자상거래, 신매체 등이 있고, 투자 단계는 시드, 스타트업, 벤처캐피털, 기업공개 전, 기업공개 등 현재까지 700여 개 기업에 투자했다.

Q 앞으로 어떤 스타트업이 유망할까요?

현재 전 세계적으로 산업 환경이 좋지 않고, 미래 발전에 대해 예측하기 어렵지만, 텐센트에서는 주로 문화콘텐츠와 인공지능 스마트 기술, 이 2개 분야에 관심을 두고 있습니다. 문화콘텐츠는 짧은 동영상, 왕홍(网红, 인터넷 스타라는 뜻) 전자상거래 등이 있으며, 인공지능 스마트 기술 분야는 주로 빅데이터, 스마트 하드웨어, 모바일 인터넷, 클라우드 서비스 등이 있습니다.

Q 투자할 때 중요하게 보는 부분은 무엇인가요?

몇 년간 인공지능 스마트 기술 분야를 적극적으로 추진해 안정적으로 발전하고 있으므로 이제는 문화콘텐츠 분야에 지원을 집중하려고 합니다. 텐센트는 중국에서 많은 왕훙 자원을 보유하고 있으며, 시장 수요가 많이 일어나리라 예상합니다. 한국은 엔터테인먼트 자원이나 산업이 발전해 중국 시장 진출을 원하는 기업이 있을 것입니다. 텐센트도 엔터테인먼트 분야에서 한국과 협력할 수 있기를 희망합니다.

Q 한국 스타트업이 현지에 진출할 때 흔히 저지르는 실수나 간과하는 부분이 있나요?

한국 스타트업은 정밀 연구 및 기술 혁신에서는 뛰어나지만 우수한 기술을 어떻게 현지 시장에서 활용할 수 있는지에 대한 고민은 아직 부족하다고 생각합니다. 이러한 측면에서 보았을 때, 중국 기업들이 중국 현지 시장에서 기술의 시장화 측면에서 강점이 있으므로 한중 양국 기업 각자의 장점을 잘 결합한다면 이상적인 성공 사례를 만들 수 있으리라 기대합니다.

Q 현지 진출을 희망하는 한국 스타트업에 조언을 한다면요?

대부분 투자자는 국내에서 성과가 좋지 않거나 현지 시장에 맞지 않는 제품에는 신뢰를 주지 않습니다. 따라서 중국 시장에 진출하거나 투자를 받고 싶다면 중국 시장에 적합하고 중국 소비자가 선호하는 제품과 서비스를 제공해야 합니다. 또한 우수한 기술을 시장에 어떻게 적용할지를 충분히 고민해 해당 기술을 가치를 실현해야 합니다. 중국 현지의 실제 시장 현황(수요, 경쟁 등)을 숙지한 다음 우수한 제품과 서비스를 개발해 중국 시장에 도전합니다. 아울러 기업에 중국어를 할 수 있는 인재가 있어야 합니다.

현지 투자자 인터뷰
VC Interview

치푸자본

치푸자본은 사모펀드 운영 및 스타트업 투자를 주로 진행한다. 주요 투자 분야는 TMT(Technology, Media, Telecom), 신재료, 인공지능 등이다. KOTRA를 통해 한국 기업과 교류를 가진 적이 있으며, 담당자가 KOTRA 선전무역관에서 2019년에 추진한 화창베이 국제창업센터 입주 프로그램에서 이틀간 강의를 진행한 적이 있다.

Q 현지 진출을 희망하는 한국 스타트업에 조언을 한다면요?

중국에는 벤처캐피털이 많지만 그만큼 스타트업도 많습니다. 중국 시장에 진출하고 싶다면 일단 자신의 기술이나 제품이 중국 시장에 필요한지 혹은 다양하게 활용될 수 있는지 면밀한 사전 조사가 필요합니다. 중국에는 스타트업 투자 관련 플랫폼이 다양하므로 최근 어떤 투자가 이루어졌으며 어떤 분야가 각광받고 있는지 등을 수시로 확인할 수 있습니다. 아래는 참고할 만한 투자관련 주요 플랫폼입니다. 또한 가능하다면 다양한 투자기관이나 기업과 만나 역량을 파악하는 것도 좋습니다.

두 번째로 현지화가 중요합니다. 중국 투자자들은 중국 시장 내에서 성공할 만한 유망 기업에 투자를 선호하기 때문에 외국 기업의 현지화는 필수입니다. 중국 시장에 적합한 사업모델을 준비합니다.

세 번째로 콘퍼런스와 네트워킹 행사 참가가 있습니다. 중국에서 다수 개최되는 스타트업 관련 행사에 참여해 잠재 파트너를 발굴하고 중국 시장에 함께 진출하는 것도 방법입니다. 다양한 행사 정보는 웹사이트 www.huodongxing.com에서 확인할 수 있습니다.

중국의 스타트업 투자 관련 플랫폼	
플랫폼명	웹사이트
칭커(清科)	www.pedata.cn
터우중(投中, 차이나벤처)	www.chinaventure.com.cn
시뉴수지(烯牛数据)	www.xiniudata.com
촹예방(创业邦)	www.cyzone.cn
亿欧	www.iyiou.com
36kr	36kr.com

현지 투자자 인터뷰
VC Interview

포춘 캐피털

2000년 선전에 설립된 벤처투자기구회사로 관리자금이 300억 위안(한화 약 5조 1,300억 원)으로 2019년 중국 최고의 벤처투자기구회사 50위 중 하나로 꼽히고 있다.

Q 주로 어느 산업에 투자하나요?

주로 TMT, 소비재, 의료건강, 친환경에너지, 로봇 등 미래 발전 가치가 높은 산업을 중심으로 프로젝트를 검토합니다. 특히 한국은 소비재 관련 유망 프로젝트가 많아 작년부터 검토 중입니다.

Q 투자할 때 중요하게 보는 부분은 무엇인가요?

스타트업 기업의 국적을 불문하고 저희가 규정한 몇 가지 원칙에 부합하는지에 따라 투자 여부를 판단합니다.

1. 시장 규모가 비교적 큰가?
2. 핵심 기술이나 자원 장벽이 있는가?
3. 내부 핵심 구성원이 훌륭한가?
4. 회사를 표준화·규범화해 운영하는가?
5. 투자 시기가 합당한가?

위 5가지 원칙에 부합하면 회사 내부에서 적극적으로 검토해 이미 투자한 다른 회사 자원과 통합해 스타트업을 육성할 수 있습니다.

Q 현지 진출을 희망하는 한국 스타트업에 조언을 한다면요?

많은 중국 투자자들은 회사 경영 상황 외에도 창업자의 인격을 중요하게 봅니다. 원대한 포부가 있고 착실하게 기초부터 시작하며 학습의욕이 강하고 소통이 원활한지, 스트레스를 이겨내는 능력이 강한지를 살핍니다. 한국 창업주들도 자신의 미래 판단을 믿고 착실하게 한 걸음씩 나아가면 언젠가는 성공할 수 있습니다.

현지 투자자 인터뷰
VC Interview

로열밸리 캐피털

상하이에 기반을 둔 사모펀드로 2015년에 설립된 투자 전문회사다. 207억 위안(한화 약 3조 5,400억 원)의 투자금을 관리하고 있다. 투자 사례에는 중국판 유튜브로 불리는 빌리빌리와 디디추싱이 있다.

Q 주로 어느 산업에 투자하나요?

문화오락, 의료건강, 교육, 현대금융, 선진 제조산업에 투자하고 있습니다.

Q 투자할 때 중요하게 보는 부분은 무엇인가요?

기업의 장기 투자 가치를 중요시합니다. 미래에 중국을 대표할 만큼 성장 가능성이 커야 하며 성장 가치가 있는 기업이어야 합니다. 10년간 중국 투자 시장을 연구한 결과, B2C를 위해 특히 젊은 사람과 노인의 요구를 충족하는 프로젝트이자 중국의 미래 성장 공간을 가장 잘 대표하는 문화오락, 교육, 의료바이오, 금융 분야에 가장 많이 투자했습니다. 또한 중국은 거대한 제조국으로 선진 제조기업에 기회가 많습니다. 따라서 미래 가치가 높은 선진 제조업에도 작년부터 투자 규모를 늘리기 시작했습니다.

Q 투자할 때 중요하게 보는 부분은 무엇인가요?

저희는 설립된 지 4년밖에 되지 않았지만, 중국에서 유명한 디디추싱, 빌리빌리, 로직쇼(Logic Show), 시노시그(sinosig) 등 기업에 투자해 투자한 금액보다 몇 배의 수익을 창출했습니다. 이런 투자 경험을 통해 투자한 기업이 가진 공통된 특징을 정리해보면 다음과 같습니다.

1. 성장 잠재력이 높고 경쟁구조가 유리한 산업에서 순위가 앞인 기업
2. 열정이 충만하고 강력한 실행력을 갖춘 훌륭한 경영진이 이끄는 기업
3. 강력한 발전 추세를 가지고 있으며 필요한 건 시간뿐인 기업
4. 원대한 포부가 있는 기업

이러한 특징에 부합한다면 중국뿐 아니라 전 세계 어디서든 성공할 수 있습니다.

현지 투자자 인터뷰
VC Interview

핵스 프로그램 디렉터(HAX Program Director)

Q 입주한 기업이 대부분 미국인데요. 그 이유가 뭔가요?

많은 사람이 비용 절감을 이유로 선전에서 창업을 생각합니다. 그러나 선전의 물가는 이미 미국만큼이나 높아 비용만 고려해서는 선전에서 창업하기가 쉽지 않습니다. 외국 스타트업이 선전에 오는 가장 큰 이유는 '속도'입니다. 첫 번째 의미의 속도는 '제조'에서 잘 나타납니다. 선전의 제조 인프라를 활용할 경우, 시제품을 단기간에 만들어낼 수 있어 하드웨어 스타트업에 매우 유용합니다. 두 번째 의미의 속도는 '투자 유치'입니다. 하드웨어 스타트업이 투자 유치를 받을 때 가장 중요한 부분이 시제품의 유무입니다. 시제품 제작 시간의 단축은 결과적으로 스타트업에 필수인 투자 유치 부분에서 시간을 절감하게 해 초기 스타트업 운영에 큰 힘이 됩니다.

Q 입주한 기업의 주된 특징이 있다면요?

핵스에 입주한 적 있는 한국 기업 BBB

주로 하드웨어와 B2B 관련 스타트업이 대부분입니다. 중국계 스타트업은 20% 정도밖에 없고 주로 미국, 유럽 등 서양 기업이 다수 입주해 있습니다. 한국 스타트업도 핵스에 입주한 사례가 있습니다. 한국 기업 중 기억나는 스타트업은 BBB로 실제로 투자까지 진행한 것으로 알고 있습니다. BBB와 같이 실력 있는 한국 기업과 협력하기를 희망합니다. 사업 참가 신청은 hax.co/how-it-works에서 가능하니 많은 신청을 부탁드립니다.

Q 핵스에 입주한 기업 중 성공 사례를 말해주세요

핵스 지원으로 창업에 성공한 로봇 관련 부품 제조기업이 있습니다. 메이크블록(MakeBlock)이라는 회사인데, 로봇 관련 부품과 모터 등 여러 제품을 제조하고 판매합니다. 이 회사의 왕젠쥔 대표는 "선전은 로봇을 제작하기에 가장 적합한 도시이며 로봇에 필요한 기계, 전자제품, 소프트웨어 등을 쉽게 찾을 수 있다"고 말합니다. 덧붙여 "미국에서 제품을 생산하려면 1~2년이 걸리지만 선전에서는 1~2개월, 심지어는 1~2주면 제작할 수 있다"라며 선전 하드웨어 생태계의 우수성을 강조합니다.

메이크블록의 왕젠쥔 대표

다품종 소량생산 기업으로 유명한 스피드스튜디오(Speed Studio)를 이용해 메이크블록은 첫 번째 로봇을 제작했으며, 현재는 화창베이 전자유통상가에서 필요한 부품을 저렴하게 구입해 광둥성 포산(佛山)시에 위치한 공장에서 제품을 제작 및 생산하고 있습니다.

메이크블록 홈페이지

출처: 바이두

현지 진출에 성공한 국내 스타트업

㈜두트레이드
DOTRADE

품목(업종)
서비스, 소프트웨어, 무역

설립연도
2013년

대표자
김민수

소재지
서울, 광주

홈페이지
www.dotrade.co.kr

종업원 수
5명

사업 규모 (연 매출액)
한국 본사 **1**억 **5**천만 원

Q. 두트레이드는 어떤 기업인가요?

두트레이드는 SaaS 기반 해외 바이어 이력 추적 관리 시스템을 가지고 원스톱 온오프라인 B2B2C 해외 바이어 발굴과 크로스보더 무역(Cross-Border Trade, CBT) 서비스를 제공하는 기업입니다. 전 세계 100여 개 통화, 200여 개국 바이어로부터 주문과 샘플 구매, 결제, 그리고 배송까지 쉽고 빠르게 진행할 수 있습니다.

20대 때 국내 대기업 건설회사에서 근무하다가 일본 IT 건축을 배우기 위해 회사를 그만두고, IT와 일본어를 배운 후 일본 도쿄에 있는 IT 회사에 취업해 3년 정도 일했습니다. 한국에 돌아가기 전 1년 동안 세계 여행을 하면서 무역에 관심을 가지게 됐습니다. 한국에 돌아와 무역에 대한 경험을 쌓은 뒤 IT와 무역을 융합해 국경 간 전자상거래 무역(Cross-Border e-Commerce) 플랫폼을 개발하고자 2012년에 창업했습니다. 무역회사로 시작해 2013년에는 중소기업진흥공단 청년사관학교를 졸업한 후, 광주와 서울에 사무실을 내고 2015년에는 전 세계 1위 B2B 무역플랫폼 회사인 중국 알리바바로부터 한국 파트너 제안이 와서 국내 중소기업에 알리바바 입점 및 운영관리에 도움을 주고 있습니다.

Q. 법인 설립 과정을 들려주세요. 고객과 투자는 어떻게 유치했나요?

전 세계 온라인 거래 규모는 작년 11조 7천억 달러에 달해 매년 1조 달러 이상 급증하고 있습니다. 인터넷 통신 환경이 좋아지면서 온라인을 통해 해외 제품을 구매하기가 쉬워져 기업과 개인들이 더욱 인터넷을 통한 구매를 확대하고 있습니다. 급성장 중인 글로벌 온라인 거래 시장을 어떻게 활용하는가가 앞으로 우리 중소기업 수출의 성패를 좌우할 것입니다.

전 세계 B2B2C 국경 간 전자상거래 시장 현황

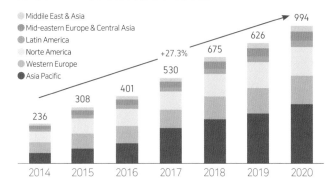

Q. 2020년 이후 디지털 비즈니스 시장 현황은?

모바일, 클라우드 인공지능(AI) 등 앞으로 어떤 산업이든지 디지털 기반으로 비즈니스 전반을 변화시키는 디지털 트랜스포메이션(Digital Transformation, TX)이 기업 생존과 성장을 위한 핵심 과제입니다. 2027년에는 기업의 평균 수명이 2016년 대비 절반인 12년으로 감속할 것으로 전망됩니다(S&P500). 10년 안에 변화에 적응하는 기업은 살아남고, 나머지는 사라지거나 디지털 리더(digital leaders)에 끌려갈 것으로 예상합니다.

Q. 현지에서 파트너는 어떻게 발굴했나요?

해외 마케팅을 하려면 비용이 많이 들기 때문에 일단 초기에는 알리바바 닷컴, 링크드인 외에 B2B 커뮤니케이션을 통해서 회사를 홍보하는 데 집중했습니다. 이후 정기적으로 홍콩

전시회에 참석해 3년간 해외 바이어와의 신뢰 관계를 만들기 위해 노력했습니다. 이를테면 작은 거래에도 납기일을 꼭 지켜 신용도를 높였습니다.

Q. 현지 시장 진입 과정이 궁금해요

중소 제조회사 해외무역 부서에서 근무하면서 가장 어려웠던 점은 진성 바이어와 해외 유통망을 찾는 것이었습니다. 바이어를 발굴하기 위해서 해외 전시회를 준비하고 참가하면서 많은 시간과 비용을 투자하면서도 진성 바이어와 연결되기가 쉽지 않습니다. 이런 여러 제조회사의 어려운 점을 풀어주고자 바이어 상품 추천과 무역 거래 제안 관련 무역 거래 솔루션 서비스를 제공하고 있습니다. 제조회사가 제품 사진, 가격, 상세정보와 키워드를 입력하면 해외 바이어에게 최적화된 거래 제안서를 제작해주고자 합니다. 바이어를 찾는 데 많은 시간과 비용을 지출한 것과 달리 두트레이드 서비스는 최적화된 진성 바이어를 찾고 연결하며 상품과 함께 무역 거래 제안서를 발송해 드립니다. 향후 인공지능(AI)을 통한 자동 매칭 및 거래 제안 솔루션도 개발할 예정입니다.

Q. 노무나 세무 등 관리 업무는 어떻게 해결하나요?

중국 파트너 테크코드코리아를 통해 법인 설립과 관련해 법률 지원을 받았습니다. 한국과 법인 설립 절차 및 공증, 은행 거래 등 세무 면에서 다른 점이 많고, 한국에서 서류를 발송하고 인증을 받는 데도 3개월 정도 걸립니다.

Q. 현지에 진출하면서 KOTRA 사업 참가 또는 지원을 받은 경험이 있나요?

KOTRA를 통해 스타트업 현지 정착 지원사업, 홍콩 추계 전시회 등 전시회 참가, K-Global@China '5G is on future' 포럼 참가 지원을 받으면서 현지 법인 설립 관련 정보를 얻고 유력 바이어를 많이 접했습니다. 또한 IT 동향을 파악하는 데도 도움이 됐습니다. 스타트업 현지 정착 지원사업 참가를 통해 KOTRA 협업 인큐베이터인 테크코드코리아와 연결해주었고, 그곳을 통해 법인 설립 시 필요한 정보와 기타 현지 관계자(파트너, 투자가, AC, 인큐베이터 등)를 소개받았습니다. KOTRA 베이징무역관을 통해서 법인 설립 이후 필요한 현지 직원 채용 방법 등 조언을 구하고 있습니다. 또한 전시회 및 K-Global@China 사업 참가 지원을 받아 진성 바이어 정보를 얻고, 피칭대회 등 ICT 현지 행사를 참관하면서 향후 사업 추진 방향에 대한 실마리를 얻고 있습니다.

Q. 현지에 진출할 때 가장 중점을 둔 부분이 있나요? 혹시 팁이나 조언을 한다면요?

바이어와 거래하거나 파트너 관계를 유지하고 글로벌 B2B 채널을 구축하기 위해서는 꾸준히 신뢰를 쌓는 데 시간을 투자해야 합니다. 바이어와의 거래는 짧게는 3~6개월, 길게는 1년이 넘게 걸립니다. 그 시간 동안 거래 제안을 하고 샘플을 받고 최종 구매 완료까지 연결됐을 때 가장 보람을 느낍니다. 또한 좋은 제조회사, 파트너, 바이어를 만나 신용을 바탕으로 관계가 유지되고 있어 기쁩니다. 처음 30대 초반에 무역회사를 창업할 때 '바이어 ZERO', '제조회사 ZERO'에서 시작했습니다. 초기에는 수출할 기업들을 찾아다니면서 해외 마케팅 통번역, 바이어 수출 상담회 때 도와드리면서 신뢰를 쌓는 데만 3년 이상이 걸렸
습니다. 지금은 기업 혹은 바이어의 문의가 많은 상황입니다. 2015년 알리바바 본사 측에서 한국 공식 파트너 제안이 와서 협약을 체결했습니다. 알리바바 닷컴 입점 및 운영관리 컨설팅을 기업들에 지원해 1년 동안 실적이 가장 좋아 한국 파트너 중 1위를 달성했습니다. 2019년 5월 HKTV mall 파트너 계약 후 한국 기업의 HKTV mall 입점을 지원해드리고 있습니다. 2019년 10월 두바이 기업과 MOU 협약 후 2020년 두바이를 중심으로 사우디아라비아, 이라크, 이스라엘 등 중동, 중앙아시아 지역에 다시 한 번 도전할 예정입니다.

어떤 일을 추진할 때 1등이 아니라 베스트(Best)가 되어야 한다고 생각합니다. 2020년에는 두트레이드 버전 2.0으로 인공지능(AI)을 적용해 좀 더 빠르고 정확하게 제조회사와 바이어가 서로 연결되게 할 예정입니다. 데이터 시각화 및 고도화하는 작업도 함께 진행할 계획입니다. 앞으로 B2B NO.1 글로벌 디지털 무역회사가 될 것으로 확신합니다.

TAIWAN

TAIWAN

대 만

01

지금 대만 스타트업 상황

창업을 위한 '물리적 인프라'는 54개국 중 1위

대만은 1990년 이후 창업촉진책을 실시해왔다. 현재 대만 스타트업 생태계는 성숙기를 거쳐, 점점 더 국제화하는 방향으로 나아가고 있다. 이에 발맞춰 정부는 국내외 신생 기업에 대해 과감한 지원을 펼치고 있다.

2018년 글로벌기업가성신연구(GEM)가 발표한 보고서에 따르면, 대만의 창업 제반 여건은 54개국 중에서 평균치를 상회했으며, 물리적 인프라의 평점이 가장 높아 54개국 중 1위를 차지했다. 2년마다 150~350개의 스타트업이 등장(홍콩은 450~850개)하며 초기 투자금액은 1개 사당 25만 6천 달러로 43개 도시 평균치(25만 2천 달러)를 소폭 상회한다.

대만 내 싱크탱크, 회계법인 등이 현지 스타트업을 대상으로 한 '2018 대만 스타트업 생태계 조사'에 따르면, 창업 연령대는 31~40세가 46%이며 평균 2.4명으로 팀을 구성해 창업했다. 창업 전 평균 경력은 11.3년이며 해외 유학 또는 취업 경험자가 과반수(56%)를 차지했다. 사업 규모 확대 전략의 하나로 증시 상장을 고려하는 스타트업은 59%

에 달하며 상장 추진 시기는 업력 5년 이상이 적합하다는 반응이 55%를 차지했다.

현지 스타트업 관련 고위관계자들은 대만이 물리적 인프라가 잘 구축되어 있고 하드웨어 경쟁력이 높으며 새로운 제품이나 서비스에 대한 소비자들의 관심과 수용성도 높다고 평가한다.

한 · 대만 창업 제반 여건

주: 평점이 높을수록 여건이 좋다.　　　　　　　○ 대만 ○ 한국 ○ 54개국 평균

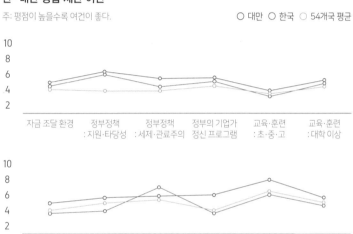

출처: 2018년 글로벌기업가정신연구 보고서, KOTRA 타이베이무역관

첨단 제조 및 로봇 분야에 강점

미국의 스타트업 분석 기업인 스타트업 게놈이 세계 150개 도시를 대상으로 실시한 도시별 2019년 창업 생태계 조사에 따르면, 타이베이의 창업 생태계 가치는 24억 달러에 달한다. 분야별로는 첨단 제조 및 로봇 분야에서 25위, 인공지능에서 30위에 올랐다. 마이크로소프트에서 3천만 달러 이상을 타이베이에 투자해 인공지능 연구 개발의 허브를 구축했으며, 200여 명의 엔지니어를 채용할 예정이다.

인력 수준이 높은 데 반해 인건비는 낮은 편

이공계 고급 인력이 풍부한 데 비해 소프트웨어 엔지니어의 연봉은 3만 달러 수준으로 전 세계 평균 5만 8천 달러 대비 인건비가 저렴하다. 이는 강점이긴 하지만 상대적으로 인력 다양성이 미흡하고 내수 시장 규모가 작은 점은 사업 확장에 불리하다는 평가가 있다.

2018년 '외국인 전문인력 유치 고용법'을 개정해 과학기술, 경제, 교육, 문화예술, 체육, 금융, 법률, 건축설계 등 8개 분야에서 외국인 고급 인력에 '취업카드'를 발급해 대만에서 구직 활동을 하는 데 편의성을 높였다.

초기 단계의 스타트업에 대한 활발한 투자

시드, 시리즈 A 등 초기 단계의 스타트업 1개 사당 투자 금액은 20만 달러로 전 세계 평균 28만 달러 수준에 가까워지고 있다. 다국적 회계감사 기업인 프라이스워터하우스쿠퍼스 대만(PwC Taiwan)에서 총 317명을 대상으로 진행한 2018년 설문 결과, 응답자의 33%가 스타트업의 가장 큰 난관으로 자금 조달을 선택했다.

한편 엑시트는 완만한 성장세를 그리는 중이다. 2015~2016년 대비 2017~2018년 전 세계 엑시트 성장세를 10단계로 측정했을 때 타이베이는 5단계 수준이다.

대표적인 스타트업

● 고고로(Gogoro)

2011년 4월에 설립된 대만의 대표적인 전기 오토바이(스쿠터) 관련 스타트업이다. 차체에 내장된 컴퓨터, 차주의 스마트폰 앱, 배터리 교환소, 기업의 중앙관제센터가 서로 연결돼 승차 관련 빅데이터를 수집·분석하고 차주에게는 맞춤형 승차 정보를 제공한다. 대만 전역에 1천 개가 넘는 배터리 교환소가 있으며 계속해서 증설하는 중이다. 2018년 9월에는 화석연료 오토바이 제조사인 야마하 모터 타이완(Yamaha Motor Taiwan)과 제휴해 OEM(주문자상표부착생산) 방식으로 야마하 모터 전기 오토바이 생산을 추진했고 2019년 여름에 출시됐다.

● 아이튜터그룹(iTutorGroup)

2004년 3월에 설립된 온라인 영어·중국어 학습 서비스 기업이다. 전 세계 130여 개 국가와 지역을 대상으로 연간 3천만 회에 달하는 온라인 강좌를 제공하고 있다. 2018년 말에 상장되기 전 지분투자(Pre-IPO) 단계를 완성했다.

● M17엔터테인먼트(M17 Entertainment)

대만 17Media(실시간 개인방송), 싱가포르 Paktor(소셜데이팅 앱)가 2017년 4월 합병하면서 세워진 기업이다. 실시간 개인 방송 서비스 위주로 운영 중이다. 매출액의 90% 이상이 유료 후원 아이템 결제로 창출된다. 2018년 3월 말 기준, 가입 회원 수는 4,790명에 이른다.

● 애피어(Appier)

2012년 6월에 설립된 인공지능 기반 마케팅 솔루션 업체다. 각종 스크린(스마트폰, 노트북·태블릿 PC 등)을 사용한 소비 행동 패턴을 인공지능으로 통합 분석·예측해 최적화된 마케팅 전략 수립을 지원한다. 아시아 지역 14개 도시에 거점을 보유하고 있다. 미국 세콰이어캐피털, 네이버, 소프트뱅크, 라인 등으로부터 투자를 유치했다.

● JHL 바이오테크(JHL Biotech)

2012년에 설립된 항체신약, 바이오시밀러(바이오의약품의 복제약)를 개발하는 회사다. 미국 나스닥이나 홍콩 증시에 상장을 추진하고 있다.

● 퍼펙트(Perfect Corp.)

2015년 6월에 설립된 인공지능·증강현실 기반 가상 메이크업 앱 개발 기업이다. 대만의 멀티미디어 소프트웨어 기업인 사이버링크(CyberLink)에서 분할·신설됐다. 앱 다운로드 수가 7억 건('YouCam Perfect·Makeup·Nails·Fun' 합산 기준)에 달하며 2019년 2월에는 기업용 앱도 출시했다. 2019년 손익분기점을 돌파해 대만 또는 미국에서 기업공개(IPO)를 추진하려고 한다.

● 고고룩(Gogolook)

2012년 4월에 설립된 스팸전화 차단 앱 '후스콜(Whoscall)' 개발사로, 2013년에 네이버가 인수했다. 전 세계 10억 건에 달하는 전화번호 데이터베이스를 보유하고 있으며 사용자 수는 6천만 명 이상이다.

● 케이케이데이(KKday)

2014년에 설립되어 2015년부터 서비스를 시작한 여행 앱 기업이다. 전 세계 자유여행 액티비티 예약 서비스를 제공한다. 2018년 '알리바바 창업자 펀드'로부터 투자를 받은 데 이어 알리바바그룹 산하의 여행 플랫폼인 '플리기(Fliggy)'와도 협업 중이다.

02

스타트업에 대한 투자 규모와 트렌드

17억 달러가 넘는 투자금 유치

2015~2018년 8월 누계 기준, 대만 스타트업의 투자 유치 규모는 339건이며 공개된 투자 유치 금액은 16억 달러에 달한다. 공개되지 않은 금액까지 합하면 17억 달러를 상회할 것으로 보인다.

투자를 많이 유치한 분야를 살펴보면, 인터넷, 헬스케어, 바이오테크놀로지가 압도적으로 높다. 최근 글로벌 투자 트렌드와도 같은 흐름이다. 또한 대만은 ICT(정보통신기술) 하드웨어 분야에서 세계적인 경쟁력을 보유한 만큼 전자·광전자·반도체 분야 스타트업에 대한 투자자의 관심도 높은 편이다. 최근에는 사물인터넷, 클라우드, 빅데이터, 인공지능, 트래블테크, 핀테크 등 신기술 분야에 대한 투자자의 관심도 높아지는 추세다.

현지 주요 벤처캐피털, 액셀러레이터, 기업형 벤처캐피털

대만 벤처캐피털협회에 따르면 대만 벤처캐피털 분야에서 투자 건수는 2016년 593건으로, 그중 448건이 국내 투자(75%)이며, 145건(25%)이 해외 투자였다. 투자 금액은 국내 투자가 101억 2,600만 대만 달러(TWD)로 64%, 해외 투자가 57억 2,500만 대만 달러로 36%를 차지했다. 총 투자금이 158억 5,100만 대만 달러에 달한다.

분야별로는 IT 분야 투자 건수가 199건(34%)으로 가장 많았으며, 바이오테크놀로지가 141건(24%), 제조업이 85건(14%) 순이었다.

분 야	투자 건수	비 중	금 액 (단위 : 백만 대만 달러)
IT	199	34%	4,293
바이오	141	24%	5,104
제 조	85	14%	2,291
문 화	54	9%	1,492
서비스	48	8%	1,218
환 경	20	3%	252
벤처캐피털	15	2%	508
농 업	12	2%	454
기 타	11	2%	41
관 광	6	1%	160
총 계	593	100%	15,851

출처: 대만벤처캐피털협회

● UMC 캐피털(UMC Capital)

크리스 팽(Kris Peng)이 1993년에 설립한 회사로, 펀드 규모는 6백만 달러이며 초기, 후기, IPO/SPO/PIPE 단계의 스타트업에 투자한다. 주요 투자 분야는 반도체, 인공지능, 빅데이터 등이며 주요 투자 스타트업으로는 애피어, ACTi, 픽스아트(PixArt) 등이 있다. 연평균 15%의 수익률을 올리는 성과를 이뤘다.

www.umccapital.com

● 유안타벤처캐피털(Yuanta Venture Capital)

아서 첸(Arthur Chen)이 2002년에 설립한 회사로, 펀드 규모는 3백만 달러이며 3라운드나 IPO 전 후기 단계의 스타트업에 투자한다. 주요 투자 분야는 IT, 통신, 전자, 바이오테크, 반도체 등이며 주요 투자 스타트업으로는 옵티맥스(Optimax), GSEO, SHIAN YIH

ELECTRONIC INDUSTRY(先益電子) 등이 있다. 연평균 18%의 수익률을 올리고 있다.

🌐 www.yuanta.com/EN/Yuanta-Group/VC

● CDIB Partners Investment Holding Corp.

안젤로 쿠(Angelo J.Y. Koo)가 대표로 있으며 2002년에 설립됐다. 펀드 규모는 3백만 달러다. 주요 투자 분야는 IT, 소비재 등이며 주로 성장 단계의 스타트업에 투자한다. 주요 투자 스타트업으로는 솔라테크에너지(Solartech-energy), 선샤인-pv(Sunshine-pv), 터치미디어(Touchmedia) 등이 있으며 연평균 12%의 수익률을 올린다.

🌐 www.cdibcapital.com

● 앱웍스(Appworks)

아시아 최대 스타트업 액셀러레이터 중 하나인 앱웍스는 2010년에 설립됐다. 2010년부터 6개월마다 30~40개 스타트업을 선정해 지원해오고 있다. 펀딩 규모는 6,100만 대만 달러다. 6개월 인큐베이팅 프로그램을 진행하며, 주요 투자 분야는 인공지능, 블록체인, 빅데이터 등이다. 초반 4개월은 워크숍, 세미나, 네트워킹 데이로 진행되고, 최종 데모데이로 마무리된다. 참가자 규모는 1,200명이다. 인하우스 디자이너, 리크루터, 변호사 등을 보유하고 있고, 한국 스타트업 5개사가 지원한 바 있다. 프로그램 완료 후 월 100달러 비용을 받고 코워킹 스페이스를 지원한다. 직접 투자 또한 진행하며 건당 5백만~2천만 대만 달러($200,000~$10,000,000) 규모다. 2018년 17차 지원 기업을 선정했고, 주로 인공지능과 블록체인 기술을 보유한 스타트업에 지원한다. 연평균 수익률은 15%다.

🌐 appworks.tw

● 가라지+(Garage+)

대만 주요 기업 20개 사가 투자해 만든 시대기금회(時代基金會) 산하 기구로 2003년에 설립된 비영리 인큐베이터나. 주요 투자 분야는 인공지능 및 빅데이터, 사물인터넷과 스마트 디바이스, 디지털 건강, 가상현실과 증강현실, 모바일, 그린테크 등이다. 해외 스타트업을 대상으로 10일에 걸친 스타트업 글로벌 프로그램(Startup Global Program)을 진행하며 주요 대기업, 벤처캐피털과의 일대일 비즈니스 미팅, 멘토링, 파트너십 프로그램을 제공한다. 한국의 시프트아시아(ShiftAsia), 디캠프(D.camp), 스파크랩스(Sparklabs), 카이스트(KAIST)와 협력하고 있다. 비영리기구로서 직접 투자는 하지 않는다. 지금까지 성과로는 글로벌 프로그램으로 2015년부터 2018년까지 196개 회사를 지원했고 그중 89개 사가 해외 스타트업이었다. 10일짜리 초단기 프로그램에 참여하면 체류 비용을 전액 지원한다. 지원 기업 중 75%가 투자를 유치하는 데 성공했다. 대만 진출에 성공한 한국 스타트업으로는 버즈빌(buzzvil)이 있는데, 이 프로그램에 지원한 적이 있다.

🌐 www.garageplus.asia/en

03

정부의 스타트업 지원 정책

스타트업 투자 환경 개선 액션플랜

대만 행정원은 2018년 2월 '스타트업 투자 환경 개선 액션플랜'을 수립, 발표하고 스타트업의 초기 자금 확보, 협력 기회 및 엑시트 경로 확대, 법제 적용과 해외 진출 지원 등의 조치를 추진 중이다. 이를 통해 창업 생태계를 개선하는 데 초점을 맞추고 있다. 이 정책은 2년 평균 1개 이상의 유니콘 기업을 육성하고 배출해 대만을 기반으로 한 스타트업의 투자 유치 금액이 연 1억 6천만 달러씩 증가하는 것을 목표로 한다. 대만 대표 스타트업 가운데 고고로, 애피어, M17 엔터테인먼트, 케이케이데이가 유니콘 기업으로 성장 가능한 유망주로 꼽히고 있다.

● 초기 자금 확보 지원

엔젤투자를 유도하기 위해 엔젤투자자 조세 혜택을 지원하고, 창업 엔젤투자 방안을 개정한다. 벤처캐피털과의 협력을 강화하기 위해 해외 벤처캐피털의 투자 비율 규제를 완화하고 합자회사(Limited Partnership) 법인세 면제를 추진해 잉여금 분배 비율에 따라 개인소득세로 과세한다. 투자·융자 편의성 제고를 위해 외국인 투자 심사 절차를 간소화하고 스타트업 신용보증 비율을 확대한다.

● 인력 확보·법제 적용 지원

전문 인력을 육성하고 유치하기 위해 '외국인 전문 인력 유치 및 고용법'을 제정해 실시한다. 외국인 취업 지원 창구(Contact Taiwan)의 역할을 강화한다. 또 신산업 분야 외국인 고용 규제를 완화하고 동남아 인재의 전략적 유치 정책을 확대한다. 법제를 정비해서 '혁신 사업 규제 샌드박스 신청 플랫폼', '혁신 사업 법제 적응 지원 플랫폼', '스타트업 세무 지원 플랫폼'을 구축한다.

● 해외 진출 지원

해외 자원을 끌어오기 위해 해외 액셀러레이터를 유치하고 해외 스타트업 관계자 및 해외 교포 기업을 초청한다. 사업 확장을 지원하기 위해 해외 전시회 참가, 컨설팅·상담 주선, 창업 클러스터 조성 등을 지원한다. 해외 마케팅 역량을 강화하기 위해 해외 언론 인터뷰를 주선하고 대만 스타트업 기업 이미지 통합 시스템(Corporate Identity Program)을 구축한다.

● 협력 기회 확대

대(對)정부 협력 경로를 확대해 정부 조달, 경연대회, 오픈 데이터 등을 통한 스타트업 참여 기회를 늘린다. 기업과의 협력을 촉진하기 위해 재계의 스타트업 투자 지원과 대학교 내 재계 자원 도입으로 창업 역량을 키운다.

● 엑시트 경로 확대

증시 상장, 장외주식 등록 기회를 확대해 장외주식에 전자상거래 종목을 추가하고 스타트업 상장 요건을 완화한다. M&A 규제를 완화해 M&A 절차를 간소화하고 정부 산업 혁신 펀드를 운용해 민관 공동 투자를 추진한다.

비전 프로그램(Vision Program)

해외 시장에 진출하고자 하거나 해외 창업을 희망하는, 설립 3년 이내의 스타트업을 대상으로 역량을 강화할 수 있도록 지원하는 제도다. 분야별 지원 대상은 인공지능, 사물인터넷, 빅데이터, 소셜·모바일 커머스, 디지털미디어, 가상현실과 증강현실, 의료바이오, 소프트웨어,

블록체인, 핀테크, 클라우드 서비스 등 신기술 위주다. 대만 내에서 해외 창업 생태계 적응 가능성을 테스트하고 비즈니스모델을 조정한 후 미국 또는 싱가포르 액셀러레이터 또는 인큐베이터에서 한 달가량 트레이닝을 실시한다.

🌐 vision.stpi.narl.org.tw/index.htm

TITAN(Taiwan Innovation & Technology Arena)

창업 초기에 현지에 연착륙할 수 있도록 1개월간 맞춤형 멘토링, 숙박비·왕복항공권, 사무공간 등을 지원한다. 사물인터넷, 의료바이오, 신재생에너지, 스마트 기계, 항공우주 등의 신산업 분야에서 회사 설립 5년 이하의 스타트업을 대상으로 하며 선정된 기업에는 해당 업계 전문가의 멘토링과 프로토타입 제작 지원금 200만 대만 달러를 제공한다.

🌐 www.titan.org.tw

타이완 스타트업 스테이디움(Taiwan Startup Stadium)

회원제 스타트업 소셜네트워크를 운영하면서 스타트업 부트캠프, 워크숍, 1:1 액셀러레이터 상담, 발표 트레이닝, 해외 스타트업 행사 참가단 모집·인솔 등으로 역량 강화를 지원한다.

🌐 www.startupstadium.tw

창업가비자(Entrepreneur Visa)

외국인 창업자를 유치하기 위해 마련한 제도로 2015년 7월부터 실시됐다. 투자 유치 금액이 200만 대만 달러(약 6만 3천 달러) 이상이거나 스타트업 경연대회 수상 경력 또는 특허를 보유한 스타트업의 경우 대만에서 회사를 설립하지 않은 상태에서 체류증(기본 1년, 연장 가능)을 취득할 수 있다. 팀으로 진출할 경우 최대 3명까지 발급된다.

🌐 startup.sme.gov.tw/taiwan−entrepreneur−visa

그 밖에 국내외 혁신 스타트업을 육성하고 유치하기 위한 환경 조성에 박차를 가하고 있다. 타이완 테크아레나(2018년 6월), 핀테크 혁신단지(2018년 9월), 스타트업 테라스(2018년 9월) 등의 스타트업을 육성하고 지원하는 단지를 마련했다. 그리고 금융규제 테스트베드(2018년 4월 시행), 무인 운송수단 규제 테스트베드(2019년 6월 시행) 등의 핀테크·무인 운송수단 관련 규제 테스트베드 제도를 도입했다.

스타트업 클러스터

산업 혁신, 스타트업 육성에 대한 정부 차원의 관심, 지원이 확대되면서 곳곳에 크고 작은 창업 클러스터가 조성되는 추세다.

● 타이완 스타트업 테라스(Taiwan Startup Terrace)

2017년 타이베이 하계 유니버시아드 때 사용한 선수촌의 일부 건물을 창업 클러스터로 개조했다. 총면적이 1만 4,618평에 이른다. 타이베이시 동쪽 근교인 린커우(Linkou)에 위치하며 타오위엔 국제공항 또는 타이베이 쑹산 공항에서 차로 30분 거리에 있다. 사무실, 숙박시설, 회의실, 발표장 등 각종 편의시설을 갖추고 있으며 부분적으로 2018년 9월부터 운영을 시작해 58개 스타트업, 12개 액셀러레이터가 입주했다.

🌐 www.startupterrace.tw

● 타이완 테크 아레나(Taiwan Tech Arena)

2018년 6월 개장했으며 타이베이 시내 대형 콘서트장인 '타이베이 아레나' 건물 안에 있다. 면적은 작지만, 지리적 접근성이 좋다. 타이베이 쑹산 공항에서 차로 10분 거리에 있다. 주요 유치 대상은 액셀러레이터이며 액셀러레이터가 선정한 인공지능, 소프트웨어, 반도체 위주 IT 분야 스타트업이 동반 입주할 수 있다. 현재 4개 액셀러레이터를

중심으로 114개 스타트업이 입주해 있다. 코워킹 스페이스, 회의실,
공용 주방 등이 갖춰져 있다.

🌐 taiwanarena.tech

스타트업 테라스

타이완 테크 아레나

04
주요 콘퍼런스와 프로그램

스타트업 관련 주요 콘퍼런스

● 이노벡스(InnoVEX)

매년 대만에서 개최되는 컴퓨텍스(Computex)의 스타트업에 특화된
전시회로, 2016년부터 개최됐다. 전시회 외에도 아이디어·제품 발표
회, 경연대회, 포럼, 일대일 상담회, 워크숍 등 다양한 프로그램이 진
행된다. 2019년에는 세계 각국에서 467개 스타트업이 참가했고 25개
국가관을 개설했다. 한국관 역시 참가했다. 참가 기업들의 투자 유치·
사업 추진 단계는 엔젤 라운드가 24%, 제품 개발 완성 후 시장 진출을
도모하는 단계가 34%로 높았고, 취급 분야별로는 인공지능·사물인터

넷이 28%로 가장 높았다. 2020년은 9월 28~30일, 타이베이 난강전시센터 2관에서 개최할 예정이다.

🌐 www.innovex.com.tw

● Meet Taipei Startup Festival

2014년부터 매년 11월경 개최되는 스타트업 페스티벌로, 2019년에는 16개 국가, 30개 도시에서 460개 사가 참가했다. 포럼, 데모 쇼, 강좌, 경연대회, 제품·아이디어 발표회, 예술 공연 등 다양한 프로그램으로 구성된다. 2020년에는 11월 18~21일, 타이베이 엑스포돔에서 개최될 예정이다.

🌐 meettaipei.tw

스타트업 테라스

타이완 테크 아레나

스타트업 관련 정부 부처나 유관 기관의 프로그램

대만 정부는 지속 가능한 발전을 위해 차세대 경제를 구축했다. '혁신·취업·분배'를 3대 핵심 가치로 내세우며 '미래와의 연결, 글로벌과의 연결, 현지와의 연결'이라는 3대 전략을 세웠다. 3대 전략에 따라 '아시아·실리콘밸리'를 포함한 5+2 혁신 산업에 대한 발전 계획을 수립했다. 5+2 혁신 산업은 스마트 기계, 아시아·실리콘밸리, 친환경 재생에너지, 바이오의약산업, 국방산업, 신농업, 순환경제 등을 포함한다.

또한 아시아·실리콘밸리 프로젝트를 추진하는 방안을 마련해 사물인터넷 산업에서 혁신과 연구개발을 강화하고 창업 생태계를 최적화해 아시아의 실리콘밸리로 도약한다는 구상이다. 이 정책은 2016년부터 2023년까지 집중적으로 시행하며 R&D 센터 유치를 포함한 스타트업 성공 사례 100건을 달성하고 2025년에는 대만이 세계 사물인터넷 산업에서 5%의 점유율을 차지하는 것을 목표로 한다.

● 국가발전위원회 산업발전처

국가발전위원회 산업발전처는 타오위엔 지역에서 '아시아·실리콘밸리 발전 에이전시(Asia Silicon Valley Development Agency)'를 개설해 아시아·실리콘밸리 프로젝트를 추진한다. 이를 위해 아시아 창신 연구인재 교류센터, 국제청년창업단지, 스마트산업 육성센터 등 3개 육성단지를 개설할 계획이다. 주요 운영 프로그램 및 내용으로는 창업 생태계 개선을 위해 자금 투자 유치, 인재 발굴, 법규 자문, 글로벌 시장 진출을 지원한다. 사물인터넷 산업 추진 방안으로는 국제 개발 자원 유치, 사물인터넷 산업 교류 추진, 스마트 시범 공간 구축을 지원한다. 또 현지 네트워크 강화를 위해 사물인터넷 생태계 발전을 추진하고 스타트업 창업 육성, 국제전시회 참가를 지원한다.

🌐 www.asvda.org.tw

● 과학부 산학협업연구지원센터(Taiwan Startup Institute, TSI)

정부가 추진하는 5+2 혁신 산업 분야 중 아시아·실리콘밸리, 친환경 재생산업, 신농업, 스마트 기계, 바이오의약산업 등 5대 산업을 지원하며 홈페이지를 통해 사업소개서를 제출하면 심사를 거쳐 스타트업을 결정한다. 연간 1회 선발하며 모집 기간은 매년 2~3월이다. 정부 지원금은 신청 프로젝트 규모에 따라 1,000만~1억 대만 달러까지 신청할 수 있다. 잠재 스타트업 발굴 및 산업협업을 추진하고 국내외 투자 벤처, 산업계, 스타트업, 연구기관과 연결하거나 협업을 지원한다. 또 스타트업 육성 전문가 섭외 및 비즈니스모델 분석, 타깃 시장 진출에 대한 시장 조사 등 컨설팅 서비스를 제공한다. 국내외 스타트

업 전시회, 데모데이 등 대회에 참가하거나 스타트업을 홍보하는 일도
지원한다.

🌐 www.tsi.center

스타트업 육성 주요 대학 및 연구기관

● 국립대만대학 창신육성센터(Innovation Incubation Center)

국립대만대학은 창신육성센터를 통해 바이오화학, ICT 정보통신, 반도
체, 광학, 정밀 기계 산업 등을 지원한다. 홈페이지를 통해 사업소개서
를 제출하면 심사를 거쳐 최종 스타트업을 선발한다. 회사 운영계획,
회사 설립 등과 관련된 컨설팅과 융자, 인재 매칭 등 운영 관리를 지원
한다. 또 정부 프로젝트, 전시회, 스타트업 피칭대회, 워크숍 참가 및
기업 이미지 향상 프로젝트를 지원한다. 공유 오피스 사용비용은 평당
1,050 대만 달러이며 수도, 전기 요금 등은 별도다. 육성 수수료는 한
달 기준 1만 2천 대만 달러이며 회의실, 실험실, 오염방지 시설을 대여
하는 요금은 별도 협의를 통해 결정한다.

🌐 www.ntuiic.com

TAIWAN

현지 투자자 인터뷰
VC Interview

크라우드펀딩 플랫폼, 젝젝

젝젝(Zeczec)은 대만 최초로 설립된 크라우드펀딩 플랫폼으로, 현지 크라우드펀딩 플랫폼 중 소비자 인지도가 가장 높다. 모금액 규모, 회원 수, 홈페이지 방문 트래픽 또한 대만 펀딩 플랫폼 중 1위를 차지한다. 한 달에 평균 30개 이상의 신규 프로젝트를 계속 론칭해 모금 목표의 달성 확률을 높이고 있다. 젝젝의 프로젝트 매니저들이 대부분 창업자 출신이기 때문에 새로운 아이디어에서 제품 양산 단계까지의 운영 노하우, 마케팅, 기획 전반에 대한 전문 자문을 제공할 수 있는 것이 강점이다.

Q 대만의 크라우드펀딩 시장의 동향은 어떤가요?

대만 현지에서 젝젝의 성공 사례가 많이 언급됩니다. 다수의 전통 제조기업과 창업자들이 크라우드펀딩 성공 사례를 보고 혁신적인 아이디어로 양질의 제품을 개발하기 때문입니다. 더불어 현재 대만 크라우드펀딩 시장은 중간층의 프로젝트 건수와 펀딩 금액이 증가세를 보이며 건강하게 성장하는 중입니다.

Q 프로젝트를 선정할 때 중요하게 보는 부분이 있나요?

젝젝에서는 다양하고 창의적인 프로젝트를 진행하고 있습니다. 꿈과 아름다움을 추구하는 사람들을 위해 개설한 플랫폼의 취지에서 벗어나지 않으려고 노력합니다. 이미 시장에서 흔히 볼 수 있는 제품이라면 꿈이라고 부를 수 없습니다. 그래서 현지 시장에 아직 소개된 적 없는 제품을 중요하게 봅니다. 사용자의 삶을 더 편리하게 해주는 제품이면 무엇이든 열린 마음으로 검토합니다.

Q 한국 스타트업이 대만에 진출할 때 고려해야 할 점이 있나요?

대만에 제품을 가져와 유통채널을 통해 온라인이나 오프라인 점포에 입점하면 반드시 판매되리라는 것은 너무 성급한 생각입니다. 한국 혹은 다른 해외 홈페이지에서 사용한 랜딩페이지(검색엔진, 광고 등을 통해 접속하는 유저가 최초로 보게 되는 웹페이지) 내용을 따로 수정할 필요가 없다고 생각하는 분이 많습니다. 현지 사용자 중에 한국 혹은 한류에 이미 익숙한 사람에게는 따로 설명할 필요가 없을 수도 있지만, 한국과 한류에 낯선 현지인들에게는 해당 제품이 왜 필요한지 시간을 투자해서 소통하고 설득해야 합니다.

Q 현지 투자자와 만날 때 무엇을 가장 신경 써야 하나요?

대만 기업이 새로운 제품을 개발할 때 보통 시장 조사를 먼저 진행합니다. 스타트업 상품인 만큼 대만에 참고할 만한 자료가 없을 수 있습니다. 그럴 때 한국 혹은 해외에서의 성공 사례가 있으면 아주 효과적입니다. 대만과 한국 사람의 소비 습관은 유사한 경향이 있습니다. 한국에서 먼저 성공한 사례가 있다면 대만에 진출할 때 유리합니다.

Q 현지 진출을 희망하는 한국 스타트업에 조언을 한다면요?

크라우드펀딩을 할 때 핵심 포인트는 제품의 성능과 용도라고 흔히 생각하는데, 제품을 소개하는 페이지도 중요합니다. 프로젝트를 진행하는 현지의 성향과 이해가 맞아떨어지도록 디자인이나 스토리를 재정비하는 것이 효과적입니다. 크라우드펀딩은 온라인 쇼핑을 기본으로 하기에 온라인 소개 페이지의 역할이 중요합니다. 소비자가 오프라인 상점에 가서 점원의 얼굴을 마주 보고 대화하는 것과 같습니다. 소개 페이지로 설득이 이루어지지 않으면 소비자의 지갑은 순순히 열리지 않습니다. 심지어 소개 페이지 안에 사용하는 텍스트와 사진을 과장되게 보여줄 것인지, 깔끔하게 표현할 것인지에 따라 온라인 쇼핑의 매출 결과가 달라집니다. 그러므로 현지화를 성공적으로 지원하는 컨설팅 에이전시와 접촉한다면 현지 소비자들과의 대화를 더 원활하게 진행할 수 있을 겁니다.

현지 진출에 성공한 국내 스타트업

블루필 주식회사
BLUEFEEL

품목(업종)
기타 무선통신 관련 기기

설립연도
2017년

대표자
김강남

소재지
경기도 성남시 분당구 판교로 289번길 20, 1동 4층

홈페이지
bluefeelcorp.com

종업원 수
9명

사업 규모 (연 매출액)
한국 본사 **8**억 **8,590**만 원

Q. 블루필은 어떤 기업인가요?

2017년에 설립된 스마트기기 전문 제조업체입니다. 대기업의 사내 벤처 육성 프로그램 'C-Lab'을 통해 탄생했습니다. 여름철 필수 아이템인 선풍기를 휴대하기 편한 패션 소형 액세서리로 재탄생시켜 국내 크라우드펀딩 사이트를 통해 2억 4,596만 원을 투자받았습니다. 생활용품이지만 디자인이 우수해 패션 액세서리로 대접받는 제품입니다. 단순히 겉모습만 뛰어난 것이 아니라 품질 또한 우수한 소형 선풍기입니다.

블루필은 국내 시장에 안주하지 않고 해외 시장 진출에도 적극적입니다. 최대 수출 시장은 일본으로, 제품의 품질을 인정받아 일본 크라우드펀딩 플랫폼인 마쿠아케(Makuake)를 통해 2018년 일본에 진출했으며 현재까지 활발하게 수출하고 있습니다. 이외에도 미국, 대만, 홍콩 등 7개국에 수출하고 있습니다.

Q. 회사 설립 과정을 들려주세요. 고객과 투자는 어떻게 유치했나요?

블루필은 시장 초기 진입에 크라우드펀딩을 활용하는 것이 좋다고 생각하던 참에, KOTRA에서 주최한 대만 젝젝 크라우드 펀딩 상담회에 참여하게 됐습니다. 대만 진출을 위해서는 가장 먼저 대만 시장의 문화를 잘 아는 현지 에이전시가 필요하다고 느꼈습니다. 다행히 블루필 제품을 좋아하던 대만 에이전시를 만나게 됐습니다. 제품 카탈로그를 진출국의 언어로 번역하고 현지 문화에 알맞게 설명했고 성공적으로 펀딩을 마쳤습니다. 2019년 KOTRA 해외 크라우드펀딩 플랫폼 입점 설명회 사업을 통해 업계 최초로 대만 펀딩 플랫폼에 올렸는데 이것이 대만 진출의 초석이 됐습니다. 그때 3,500명 후원자들의 눈길을 끌어 성공적으로 펀딩 목표(4,071%)를 달성했습니다.

대만이 작은 시장처럼 보일 수 있지만, 한국이나 일본처럼 틈새시장이 형성되어 있고 온라인 시장이 빠르게 커가는 중이고 감성도 한국과 비슷합니다. 블루필은 기술력에 사용자 입장을 고려한 아이디어를 더해 좀 더 뛰어난 제품으로 경쟁이 치열한 시장에서도 빛날 수 있었습니다.

Q. 현지 시장 진입 과정이 궁금해요

블루필의 제품은 기존 휴대용 선풍기보다 가격대가 높아서 성능, 크기, 디자인 그리고 품질 면에서 일반 저가의 선풍기와는 확실한 차별화가 무엇인지를 알리려고 노력했습니다. 크라우드펀딩을 위해 현지 에이전시가 필요하지만, 그것은 좋은 마케팅 수단 중 하나일 뿐 실은 제품의 상품성이 가장 중요합니다. 어떤 마케팅을 해도 사실 제품 자체가 별로면 팔리지 않겠지요. 한국 문화와 제품들이 전 세계적으로 사랑받고 있어서 한국에서도 좋은 평가를 받은 제품이 해외에서도 충분히 공감받는 경우가 많습니다. 현지화가 중요하다지만, 현지화를 위해 상품성을 바꿔버리지 말고, 자신의 제품을 믿는 것이 중요합니다.

블루필은 해외 구매자 발굴을 위해 전시회를 통해 북미, 일본 및 여러 해외무역관의 지원을 적극적으로 활용했으며 이외에도 KOTRA 세일즈 출장서비스를 이용해서 세계 각국을 공략하고 있습니다.

Q. 현지에 진출할 때 가장 중점을 둔 부분이 있나요? 혹시 팁이나 조언을 한다면요?

해외 진출을 목표로 삼은 후 가장 중점을 둔 부분은 충분한 시장 조사였습니다. 위험을 최소화하기 위해 어디서 어떤 파트너와 사업을 할 것인지를 먼저 결정해야 합니다. 진출하는 국가의 문화, 운송법, 관세, 법규, 수요 등에 대해서도 숙지해야 합니다. 블루필에서 만든 휴대용 선풍기는 기존 제품보다 가격대가 높았지만, 성능 면에서 차이가 분명히 있었기 때문에 시장 조사를 통해 다양한 의견들을 수렴할 필요가 있었습니다. 또한 타깃 소비자를 확실히 정해 그들이 무엇을 가장 필요로 하는지 계속 생각하고 시장 조사를 통해 개선할 수도 있습니다. 진출하는 국가에서 나름 유명한 온라인 사이트도 많이 참고했습니다. 판매하고 있는 제품들, 그에 대한 리뷰, 가격대 등도 많이 참고했습니다. 이를 포함해 무역 현황 등에 대한 충분한 시장 조사가 필수라고 생각합니다.

출처: 블루필 홈메이지

SINGAPORE

SINGAPORE

싱가포르

01

지금 싱가포르 스타트업 상황

동아시아에서 스타트업 생태계 1위

도시 국가인 싱가포르는 전체 국토가 서울보다 조금 더 크다. 좁은 섬 나라에 585만 명이라는 많은 사람이 살다 보니 인구 밀도가 높다. 교통과 환경 등 인구 과밀로 인한 도시 문제가 지속적으로 증가할 수밖에 없는 여건이다. 이러한 미래의 도시 문제를 해결하기 위해 싱가포르 정부는 2014년에 스마트 네이션(Smart Nation) 프로젝트를 선포했다. 도시가 아니라 국가를 통째로 지속 발전 가능한 스마트 국가로 만들겠다는 것이다. 그에 따라 정부는 혁신 기술을 가진 스타트업에 적극적인 지원을 아끼지 않고 있다. 기업 친화적인 환경, 신기술을 적극적으로 수용하는 국민의 태도가 한데 어우러져 스마트 국가를 건설한다는 목표에 다가가고 있다.

싱가포르는 나라 자체가 스타트업이라 칭할 수 있을 정도로 정부 차원에서 스타트업 육성 프로그램을 시행하고 지원한다. 오랫동안 기회의 땅으로 여겨졌던 실리콘밸리에 맞먹는 환경으로 성장하고 있다.

스타트업 게놈이 펴낸 글로벌 스타트업 생태계 보고서 2019에 따르면, 싱가포르는 스타트업 생태계 비교에서 전체 14위, 중국(베이징,

상하이)을 제외한 동아시아에서 1위를 기록했다. 전체 1위는 실리콘밸리, 2위는 뉴욕, 3위는 런던과 베이징, 5위는 보스턴, 6위는 로스앤젤레스와 텔아비브 순이었다. 싱가포르는 연결성(Connectedness), 인재(Talent), 수행 능력(Performance) 등에서 우수한 평가를 받았다.

싱가포르 스타트업 생태계 가치는 250억 US 달러로 전 세계 평균 50억 달러를 크게 상회한다. 스타트업 분야별 평가에서 싱가포르 블록체인 부문은 전 세계 4위, 핀테크는 5위를 기록하며 가장 주목받는 분야로 부상 중이다. 금융·물류 등 다양한 분야의 지역 비즈니스 허브로서 7천여 개 다국적 기업과 3만 9천여 개 스타트업, 243여 개 벤처캐피털이 활발히 활동 중이다.

세계경제포럼의 혁신도시지수 2019에 따르면, 싱가포르는 2019년 글로벌 혁신도시지수 평가에서 전체 5위를 기록했으며, 국가 전체가 혁신 기술의 테스트베드(Test bed) 역할을 한다는 우수한 평가를 받았다. 테스트베드는 새로운 기술·제품·서비스의 성능 및 효과를 시험할 수 있는 환경 혹은 시스템, 설비를 말한다. 전체 1위는 뉴욕, 2위는 도쿄, 3위는 런던, 4위는 로스앤젤레스, 5위는 싱가포르, 6위는 파리 순이었다.

파격적인 세금 혜택

세계은행 기업환경평가 2020은 가장 기업을 운영하기 좋은 환경으로 전 세계 2위에 싱가포르를 선정했다. 싱가포르에는 약 7천여 개의 다국적 기업이 진출해 있으며, 스타트업은 약 3만 9천개에 달한다. 법인 설립 절차가 매우 간소해 주주, 관리자, 비서 1명씩이 필요하고 최소 자본금은 1싱가포르 달러(SGD, 이하 동일)다. 외국인이 주식을 100% 소유할 수 있고 현지 주소를 보유하면 누구나 설립할 수 있다.

법인세가 낮고 세금 감면 혜택도 제공한다. 법인 소득(이윤)에서 비용, 거래상 손실 및 기부금 등을 공제한 후 17%의 법인세율을 적용한다. 거주법인, 비거주법인, 지사 등 형태를 막론하고 같은 세율을 적용한다. 스타트업 세금 감면 정책에 따라, 최초 발생 법인소득 7만 3천 싱가포르 달러(한화 약 6,320만 원)의 75%를 공제하고 지식재산권(IP) 등록비용은 100%에서 200%까지 세금을 감면한다.

현지 진출 대표 스타트업				
스타트업명	설립연도	주요 제품 (서비스)	웹사이트	투자 유치 단계 및 금액
GRAB	2012	공유 자동차, 페이먼트	www.grab.com	Series I / US$9.9B
LAZADA	2012	전자상거래	www.lazada.com	Late Stage Ventures / US$4.7B
SEA(Garena)	2009	전자상거래, 게임	www.seagroup.com	IPO
BIGO	2016	소셜미디어	www.bigo.tv/index	Series D/ US$272M
Trax Image Recognition	2010	컴퓨터 비전 솔루션	traxretail.com	Series E / US$286.7M
MyRepublic	2011	인터넷, 텔레콤	myrepublic.net/sg	Late Stage Ventures / US$155.6M
Ninja Van	2014	배송, 운송	www.ninjavan.co	Series C/ US$182.8M
Carousell	2012	전자상거래, 중고거래	carousell.com	ICO / US$159.1M
TenX	2015	가상화폐, 핀테크	www.tenx.tech	Series D / US$188.8M
Sunseap	2011	청정에너지, 신재생에너지	sunseap.com	Series D / US$188.8M

정부의 적극적인 지원

싱가포르 리센룽(Lee Hsien Loong) 총리는 '스마트 네이션(Smart Nation)'이라는 국가 비전을 선포했다. 국민의 더 나은 삶을 지원하고 기업 생산성을 높이기 위해 전 국가의 혁신 기술 테스트베드 기지화 전략을 추구하고, 기업과 연구소는 기술 개발부터 상업화까지 추진할 수 있는 생활연구소(Living Lab) 개념의 테스트베드를 구축했다. 국가 전역에 센서 네트워크와 데이터 플랫폼을 공유하는 총 13개의 테스트베드다. 또 스타트업/AC/VC 협력 강화와 스타트업 생태계 조성을 위해 원노스 프로젝트(One-North Project), 블록 71(Block 71), 크리에이트(CREATE), JTC 런치패드 등 다양한 스타트업 단지를 세웠다. 특히 블록 71은 싱가포르의 대표적인 스타트업 허브로서 4차 산업혁명 시대를 주도할 스타트업 기업들이 몰려 있다. 인근에 싱가포르국립대와 경영대학원 인시아드 등이 있어 이곳의 우수 인재들이 바로 창업에 뛰어들기도 한다.

M&A를 통한 엑시트 선호도가 높다

스타트업 게놈에 따르면, 싱가포르는 '스타트업 성장률'과 '엑시트 속도' 부분 평가는 우수하나, '엑시트 규모(5천만 달러 이상 등)'에서 비교적 낮은 평가를 받았다. 로컬 증권시장 한계 등으로 기업공개보다는 M&A를 통한 엑시트 선호도가 높아 2020년 이후 M&A 거래량이 크게 증가할 것으로 예상된다. 싱가포르 거점 글로벌 벤처캐피털인 골든게이트벤처(Golden Gate Ventures)에 따르면, 2020년 이후 매년 약 250건(최근 5년간 건수 대비 약 5배)의 M&A를 예상한다.

02

스타트업에 대한 투자 규모와 트렌드

전년 대비 증가한 스타트업 벤처투자액

벤처투자는 꾸준히 늘어나며 2019년 9월 기준 전년 대비 36% 증가해 134억 달러를 기록했다. 정부 기관에 따르면, 현지 대표 스타트업인 '그랩(Grab)'(차량 공유앱)이 66억 달러를 유치했다. 또 모든 단계에서 투자가 증가하는 경향으로 초기 단계(Early Stage: 시드, 시리즈 A) 펀드는 304개 거래에서 8억 9천만 달러로 같은 기간 동안 거의 2배 증가했고, 성장 단계(Growth Stage: 시리즈 B 이상) 자금 조달 규모는 전년 대비 33% 증가해 83건의 거래에서 125억 달러가 투자됐다.

농식품 기술 분야에 투자 증가

스타트업 투자액의 가장 큰 비중(93.2%)을 차지하는 분야는 디지털테크다. 2019년 3분기까지 약 280건의 투자 건수를 기록했다(전년 대비 약 2배 증가). 첨단 제조, 도시 솔루션, 의료바이오 등 딥테크 분야가 투자가들에게 주목을 받으면서 2019년 상반기 동안 4억 7천만 달러의 투자가 발생했다. 핀테크 분야는 2019년 9월 기준, 투자액이 10억 싱가포르 달러를 넘었으며, 전년 대비 69% 증가한 수치다. 그리고 디지털테크 분야 또한 창업 투자가 278건으로 지난해 같은 기간 145건보다 91.7% 증가했다.

특히 싱가포르를 아시아의 농식품 개발 허브로 개발하려는 정부 정책에 힘입어 농식품 기술 분야 스타트업의 투자가 최근 크게 증가했다. 헬스케어 및 바이오메디컬 분야 스타트업이 약 1억 4천만 달러의 자금을 지원받았으며, 제약 및 메드테크(Med-tech) 스타트업에 대한 투자는 2,100만 달러를 기록했다.

가장 주목받는 분야는 핀테크와 블록체인

스타트업 창업 분야 중 가장 주목받는 분야는 역시 '핀테크와 블록체인'이다. 2016년도부터 핀테크 규제 샌드박스(새로운 제품이나 서비스가 출시될 때 일정 기간 기존 규제를 면제, 유예시켜주는 제도) 등 싱가포르 정부의 혁신적인 지원 속에서 가장 활발하게 창업이 진행되고 있다. 매년 싱가포르는 통화청에서 주관하는 핀테크 페스티벌(SFF)을 개최한다. 140개국, 6만 명 이상의 참가자를 유치하며 글로벌 핀테크 허브로 도약했다.

싱가포르 블록체인 시장은 2019년도 가상화폐공개(Initial Coin Offering, ICO) 규모에서 세계 3위를 기록했다. 싱가포르 정보통신미디어개발청(IMDA)에 따르면, 싱가포르 블록체인 시장은 2030년까지 연평균 32.5%의 성장률을 기록하며 26억 달러까지 성장할 것으로 예측한다.

지속가능성 기술에 관한 관심과 지원

싱가포르 정부는 2020 예산안에 지속가능성(도시 솔루션, 식량 문제 해결 기술 등) 스타트업에 기업당 최대 400만 달러를 투자하겠다는 내용을 포함했다. 2030년까지 30%의 식량을 싱가포르 현지에서 조달하려는 목표를 설정했다. 난양공대(NTU)와 같은 싱가포르의 대학 및 연구소에서도 테스트베드를 운영하고 있고, 에너지 관련 프로젝트 등 스마트시티, 무인 자율주행기, 스마트 그리드, 신재생에너지 분야의 스타트업과의 다양한 산학협력을 추진 중이다.

한국 시장에 관심이 많은 현지 벤처캐피털 회사

2019년 국내 시장에 유입된 국외 투자사 중 국가 비율로 싱가포르가 네번째로 높았다. 2019년 싱가포르투자청(GIC)이 야놀자, 비바리퍼블리카에 각각 1,070억 원, 110억 원대 규모의 투자를 집행했다. 한국의 블록체인 기술 기업인 테라와 템코는 싱가포르의 룬엑스 벤처와 코인베네로부터 각각 투자를 유치하는 데 성공했다.

싱가포르 대표 벤처캐피털인 빅커스벤처파트너스(Vickers Ventures Partners)는 최근 한국벤처투자로부터 펀드를 출자받았으며, 한국의 스타트업도 투자 대상이다. 한국의 딥테크 스타트업에 큰 관심이 있으며 2019년 초부터 국내 투자 대상 스타트업을 검토하고 있다. 투자 단계는 시리즈 A~B단계이며, 투자 규모는 500~1,000만 달러 수준이다. 싱가포르의 최대 사모펀드 템부스파트너(Tembusu Partners)는 블록체인 기술 펀드와 딥테크 펀드를 조성해 한국의 기술 스타트업에 적극적으로 투자할 예정이다.

현지 주요 벤처캐피털, 액셀러레이터, 기업형 벤처캐피털

● 빅커스벤처파트너스

2005년에 설립된 벤처캐피털로, 대표는 제프리 치(Jeffrey Chi)다. 펀드 규모는 3,340억 달러에 달한다. 주요 투자 분야는 인공지능, 바이오테크놀로지, 나노테크놀로지 등 딥테크 스타트업이며 시리즈 A~B단계에 걸쳐 투자한다. 투자 조건은 500~1,000만 달러 규모다. 주요 투자 스타트업으로는 RWDC인더스트리, 이머지엑스(Emergex), 볼로미(Bolome), AI 교육 플랫폼 추치(CHOOCH) 등이 있다. 특히 올해 한국벤처투자(모태펀드)로부터 펀드를 출자받았으며, 국내 딥테크 스타트업을 발굴해 투자할 예정이다.

🌐 www.vickersventure.com

● 골든게이트벤처(Golden Gate Ventures)

골든게이트벤처는 2012년 설립된 벤처캐피털로, 대표는 비니 로리아 (Vinnie Lauria)다. 펀드 규모는 10억 달러이며 주요 투자 분야는 모바일앱, 이커머스, 페이먼트, 마켓플레이스, 핀테크, SaaS 등이다. 초기 단계 스타트업(시드, 시리즈 A)에 투자한다. 주요 투자 스타트업은 마이뮤직테이스트, 테라, 캐로셀(Carousell), 레드마트(Redmart), 오미세(Omise) 등이 있다. 2018년 9월 1억 달러 규모의 펀딩을 유치하는 데 성공했으며 특히 싱가포르 국부펀드 '테마섹'(Temasek)을 비롯해 한화그룹, 네이버, EE캐피털이 펀딩 투자자로 참여했다. 또한 한화 드림플러스의 파이프라인 벤처캐피털 중 한 곳이다.

● goldengate.vc

● 정글벤처(Jungle Ventures)

정글벤처는 2012년에 설립됐으며 대표는 아밋 아난드(Amit Anand)다. 펀드 규모는 1억 달러이며 주요 투자 분야는 B2B, 컨슈머테크, 금융, 소프트웨어 등이다. 초기 단계(Seed~시리즈 A)에 투자하며 투자 조건은 최소 100만 달러, 최대 500만 달러다. 주요 투자 스타트업으로는 인도의 스타트업 집다이얼(Zipdial), 보야진(Voyagin), 글로벌 소프트웨어 창업 기업 트레이드게코(Tradegecko), 리서치 회사 스마트카르마(Smartkarma) 등이 있으며 모모에(MOMOE), 트래블몹(Travelmob), 집다이얼, 보야진을 엑시트한 성과가 있다.

● www.jungle-ventures.com

● 500 스타트업스(500 Startups)

2010년도 설립된 미국계 벤처캐피털로, 대표는 크리스틴 차이(Christine Tsai)다. 주요 투자 분야는 모바일앱, 이커머스, 페이먼트, 마켓플레이스, 핀테크, SaaS, 컨슈머테크 등이다. 시드 단계에서 투자하며 처음에는 10만~20만 달러 규모로 시작해서 이후 최대 100만 달러까지 선택적으로 후속 투자를 이어간다. 주요 투자 스타트업으로는 99.co, 캐로셀, 부카라팍(Bukalapak), 페이브(Fave), 그랩(Grab) 등이 있으며 동남아 지역 스타트업에 투자하는 이른바 '500 두리안 II' 펀드를 출범했다. 규모는 총 5천만 달러(한화 약 561억 원)로 종전 펀드 규모보다 2배가 늘어났다. 500 스타트업스는 2014년 첫 두리안 펀드를 통해 동남아 119개 기업에 투자하고 있다.

◉ 500.co/startups

● 몽크스힐벤처스(Monk's Hill Ventures)

1억 3천만 달러 규모로 2014년에 설립된 벤처캐피털로, 대표는 펑 T. 옹(Peng T. Ong)이다. 주요 투자 분야는 테크, 딥테크, 컨슈머테크, 모바일이며 포스트시드(post-seed) 및 초기 단계에 투자한다. 주요 투자 스타트업으로는 닌자 반(Ninja Van), 엘사(ELSA), 호랑지 사이버 시큐리티(Horangi Cyber Security) 등이 있다.

◉ www.monkshill.com

● 세쿼이어 캐피털(Sequoia Capital)

1972년 미국에서 설립된 세쿼이어 캐피털은 세계 최대 규모의 벤처캐피털로 대표는 모힛 바트나가르(Mohit Bhatnagar)다. 펀드 규모는 146억 달러이며 주요 투자 분야는 컨슈머테크, 헬스케어, 테크, 모바일 등이다. 모든 단계의 스타트업에 투자하며 주요 투자 스타트업으로는 캐로셀, 데일리호텔(Dailyhotel), 스마트카르마, 고젝(Gojek) 등이 있다. 236건의 엑시트를 이뤘으며 특히 국내 기업 중 쿠팡, 마켓컬리, 토스, 데일리호텔 등에 투자했다.

◉ www.sequoiacap.com

● 테크스타(Techstars)

2006년 미국에서 설립된 글로벌 액셀러레이터로 대표는 데이비드 코헨(David Cohen)이다. 스타트업 전 분야에 투자하며 회사 창립 멤버의 자질, 싱가포르 시장에 얼마나 적절한지, 사업 아이디어가 얼마나 독특한지 등을 보고 판단한다. 투자 조건은 6% 지분이며 국내 기업 중 어웨어(실내환경 사물인터넷 생태계 구축) 분야와 샌드버드(모바일용 채팅 API) 프로그램에 참여했다.

🌐 communities.techstars.com/singapore/singapore/about

● 플러그앤플레이(Plug and Play)

2006년에 설립된 미국계 액셀러레이터로, 대표는 사이드 아미드(Saeed Amidi)다. 주요 투자 분야는 핀테크, 인슈어테크, 모빌리티, 스마트시티, 여행과 숙박 등이며 회사 창립 멤버의 자질, 싱가포르 시장에 얼마나 적절한지, 사업 아이디어는 얼마나 독특한지 등을 살펴본다. 투자 조건은 6% 지분이며 국내 기업 중 어웨어(실내환경 사물인터넷 생태계 구축) 분야와 샌드버드(모바일용 채팅 API) 프로그램에 참여했다.

🌐 www.plugandplaytechcenter.com/singapore

● 애크리트 이노베이션(Accrete Innovation)

2005년에 설립된 액셀러레이터로, 대표는 에드마스 네오(Edmas Neo)다. 주요 투자 분야는 디지헬스(Digihealth), 핀테크, 스마트 로지틱스, 인공지능, 사물인터넷, 웹과 모바일 등이며 전 단계의 스타트업에 투자한다. 투자 조건은 추후 결정이며 국내 스타트업 중에서 콰라소프트, 엘핀, 헬로팩토리 등에 참가한 이력이 있다.

2017년 한국 스타트업 기업을 대상으로 론칭한 시앵커(SEA Anchor) 프로그램을 운영하고 있다. 시장 접근 지원, 공간 지원, 전략 자문, 투자 지원, 비즈니스 연결 등을 제공한다. 프로그램 참가비용은 기업당 3만 5천 싱가포르 달러(한화 약 3,014만 원)이며 최대 3인까지 참여할 수 있다.

🌐 www.seaanchor.co

주요 액셀러레이터 프로그램

● 에어메이커(AirMaker)

사물인터넷(IoT) 기술 스타트업을 중점으로 한 액셀러레이팅 프로그램으로, 싱가포르 정부 산하 창업 지원 기관 'SG 이노베이트(Innovate)' 등의 파트너 연결을 지원하며 네트워크 리소스를 제공해 비즈니스 검증, 제품 소싱, 제조, 유통 및 시장 확대 과정을 지원한다. 주요 분야는 스마트시티, 사물인터넷, 디지털헬스이며 주요 파트너로는 어센다스 싱가포르(Ascendas-Singapore), SG 이노베이트, 런양그룹(Runyang Group) 등이 있다. 프로그램 기간은 총 3개월이며, 1년에 한 번 진행한다. 7% 지분에 3만 5천 싱가포르 달러까지 투자가 가능하다.

🌐 airmaker.sg

● 엔터프레너 퍼스트 싱가포르(Entrepreneur First Singapore)

컴퓨터 프로그래머와 엔지니어를 지원하며 원천기술 창업을 초기부터 지원한다. 주요 분야는 딥테크 분야로 머신러닝, 시뮬레이션, 가상현실, 항공, 로보틱스 등이며 주요 파트너에는 그레이록 파트너스(Greylock Partners), 모자이크벤처(Mosaic Ventures), 파운더스 펀드(Founders Fund), 레이크스타(Lakestar) 등이 있다. 6개월에 걸친 프로그램으로, 1년에 두 번 진행된다. 팀이나 사업모델 없이 아이디어 단계에서도 지원할 수 있고, 아이디어 개발과 고객 확보, 투자 유치까지 전 과정을 전체적으로 지원한다. 3개월 동안 창업자당 월 5천 싱가포르 달러(한화 약 431만 원)를 지원한다.

🌐 www.joinef.com

● 핀랩(THE FINLAB)

핀테크 스타트업의 성장을 돕기 위한 프로그램으로, 대기업과 중소기업의 해결과제에 기술 솔루션을 연결해 기업의 디지털 전환을 지원한다. 주요 분야는 핀테크이며 주요 파트너에는 UOB, SG 이노베이트 등이 있다. 프로그램 기간은 3개월이며 1년에 한 번 진행한다.

🌐 thefinlab.com

● ACE

ACE(Action Community for Enterpreneurship)는 싱가포르 1위 액셀러레이터로 지난 2003년 정부산하기관으로 출범한 후 2014년에 민간기관으로 재출범했다. 아래와 같은 다양한 프로그램으로 신생 벤처를 지원하고 있다.

- 멘토십
  경험 있고 성공한 기업가로부터 피드백이나 멘토링 서비스를 제공하며, 멘토는 3개월 동안 멘티를 지도한다.

- 기업 혁신
  선두 기업과 벤처기업과의 파트너십 기회를 제공해 기술적 상호작용과 벤처기업의 성장을 도모한다.

- 피어 그룹(Peer Groups)
  유사한 프로필을 가진 기업가를 한 그룹으로 묶어서 멘토링을 쉽게 하는 것이 목표다. 그룹끼리 자신의 문제점, 성공 및 실패를 공유하고 동료로부터 조언과 지원을 제공받는다. 깊은 유대감을 형성해 서로에게 배우고 함께 성장할 기회를 제공한다.

- SME Talent Program(STP)
  스타트업과 학생을 연결해 인턴십 기회를 제공한다. 이를 통해 학생들이 창업 관련 지식을 습득할 수 있게 돕는다. 비교적 구인이 어려운 스타트업에도 이 프로그램을 통해 인재 채용을 지원하는 셈이다.

🌐 www.ace.org.sg,

스타트업 협업 프로그램 보유 현지 대기업

● 스탠다드 차티드(Standard Chartered)

스탠다드 차티드는 'SC Ventures'라는 사내 벤처캐피털에서 '핀테크 브리지(Fintech Bridge)'라는 프로그램을 운영한다. 주요 투자 분야는 핀테크, 기업 솔루션 등이며 시리즈 B 규모 이상의 핀테크 기업을 대상으로 한다. 시리즈 A 기업은 즉시 적용 가능한 기술이나 상품이 있을 때만 제한적으로 가능하다. 2019년 KOTRA와 SC Ventures가 공동으로 핀테크 데모데이를 개최하고 6개 국내 핀테크 기업이 최종 후보로 선정됐다.

항상 은행 홈페이지의 '도전'란에 문제를 설정해 공지하며 해당 문제의 솔루션을 보유한 스타트업들은 수시로 지원할 수 있다. 선정된 경우 스탠다드 차티드 은행과 개념검증(POC)을 거쳐 협업을 시작한다.

🌐 scventures.io

● 롤스로이스(Rolls Royce)

롤스로이스는 'R2 Data Labs'에서 '오픈 이노베이션 프로그램'을 운영한다. 주요 투자 분야는 항공우주 관련 기술, 블록체인, 기업 솔루션, 4차 산업 관련 기술 등이며 투자 단계는 시리즈 A 이상을 선호한다. 상반기와 하반기로 나누어 연 2회 프로그램을 진행하며 절차는 지원 → 평가 → 1차 피칭 → 4주간 인큐베이팅 프로그램 → 데모데이(2차 피칭) → 검증 및 투자 → 협업 순서다. 인큐베이팅 프로그램을 통해 개념검증 비용 및 창업 비용을 지원하고 전문가 멘토링, 네트워킹 리소스 제공, 롤스로이스 사무실 내 공유 오피스 등을 제공한다.

🌐 www.rolls-royce.com/products-and-services/r2datalabs.aspx

● 메트라이프(Metlife)

메트라이프는 '루멘랩 메트라이프 이노베이션센터(LumenLab-Metlife Innovation Centre)'를 운영한다. 주요 투자 분야는 인슈어테크(보험 산업을 혁신하는 서비스), 헬스테크, 핀테크, 기업 솔루션 등이다. 상품이나 서비스의 프로토타입이 생산 완료된 기업을 대상으로 한다. 2019년 루멘랩은 매년 진행하는 스타트업 액셀러레이팅 프로그램 '콜랩 5.0(Collab 5.0)'을 한국에서 개최했다.

프로그램은 2개월 과정으로 연 1회 진행되며, 아직 날짜는 미정이다. 전 세계 스타트업을 대상으로 매트라이프에 필요한 주요 혁신과제를 해결할 수 있는 솔루션을 개발하도록 지원한다. 우승 기업에는 10만 달러의 상금을 수여하고 선정 시 개념검증 및 메트라이프와 협업을 시작한다.

🌐 lumenlab.sg

● 싱텔(Singtel)

싱가포르 통신사인 싱텔은 펀드 규모 250만 달러의 'Innov8'이라는 사내 벤처캐피털을 운영한다. 주요 투자 분야는 B2B와 기업, 컴퓨터 보안, 데이터 분석, 사물인터넷, 미디어, 모바일 등이며 초기 단계 스타트업에 투자한다. 초기 투자 금액은 10만~3천만 싱가포르 달러(한화 약 8,612만 원~258억 3,720만 원)이며 주요 투자 스타트업으로는 무그소프트(Moogsoft), 파이어글라스(Fireglass), 비트사이트(Bitsight), 테리디온(Teridion), 데이터토렌트(DataTorrent), 호프 테크닉(Hope Technik), 숍백(Shopback) 등이 있다. 총 27건의 엑시트를 이뤄냈다.

🌐 innov8.singtel.com/index.html

03

정부의 스타트업 지원 정책

Startup SG 설립

스타트업 관련 정부 지원 정책을 체계적으로 운영하기 위해 2017년, 싱가포르 기업청(Enterprise Singapore) 산하에 'Startup SG'를 설립했다. Startup SG는 아래와 같이 프로그램을 구분해 지원 자격을 정하고 단계에 맞는 지원을 한다.

● Founder

첫 창업 기업으로 싱가포르인이나 싱가포르 영주권자여야 지원할 수 있다. 신청자는 최소 30%의 회사 지분을 소유해야 하며 6개월 이내 설립된 회사로 현지인이 지분 51% 이상을 보유해야 한다. 신생기업의 투자금 1싱가포르 달러 당 정부에서 3싱가포르 달러를 지원하며 신생 기업 학습 프로그램 멘토링과 네트워킹 지원을 제공한다.

● Tech

보조금 신청 시점으로부터 법인 설립 5년 미만으로 최소 30%의 지분을 현지인이 보유해야 한다. 회사의 연 매출액이 1억 싱가포르 달러(한화 약 861억 2,400만 원)이하 또는 고용 직원 수가 200명 이하일 때 지원할 수 있다. 기업 독점 기술 상용화를 위한 초기 단계에 필요한 자금을 지원하고 기술 개발 단계에 따라 개념검증 및 가치검증 보조금을 지원한다.

● Equity

기업 설립 5년 미만으로 최소 5만 싱가포르 달러(한화 약 4,306만 원)의 자본을 보유해야 한다. 그리고 제품, 응용 프로그램에 대한 혁신적이고 지적인 내용을 입증할 수 있어야 하고 준비된 제3의 투자자가 존재해야 한다. 제3의 투자자 자격 조건은 신생 기업이 성장할 수 있도록 경영 경험, 관련 비즈니스 연락처 및 전문 지식을 보유했는지, 그리고 최소 5만 싱가포르 달러 이상을 상시 투자할 수 있는지 등이다.

지원 내용은 민간 부문 투자를 촉진하는 것을 목표로 제3의 투자자와 함께 공동으로 신생 기업에 투자를 지원한다. 일반 혁신 기술 신생 기업은 ①투자 비율이 7:3인 경우 25만 싱가포르 달러(한화 약 2억 1,531만 원)까지 지원, ②투자 비율이 1:1 일 때 최대 200만 싱가포르 달러(한화 약 17억 2,248만 원)까지 지원한다. 선진 기술 신생 기업은 ①투자 비율이 7:3인 경우 50만 싱가포르 달러(한화 약 4억 3,062만 원)까지 지원, ②투자 비율이 1:1일 때 최대 400만 싱가포르 달러(한화 약 34억 4,496만 원)까지 지원한다.

● Accelerator

신생 기업 육성을 위한 특정 프로그램을 갖춘 창업보육센터이며 지원 자격은 장기적으로 지속 가능한 수익 모델을 보유했는지, 신생 기업을 고성장 기업으로 육성하는 데 필요한 경험과 전문성을 갖춘 검증된 경영진이 있는지 등을 살펴본다.

신생 기업 육성 프로그램 및 멘토링 제공을 통해 성장을 촉진 지원한다. 신제품 및 프로그램 개발, 비즈니스 자금 확보 및 시장 접근성 향상을 위한 비용, 멘토 및 전문가 고용, 그리고 일부 운영비를 지원한다.

● Infrastructure

신생 기업의 성장과 실험, 번영을 위해 필요한 공간을 제공하는 것을 목표로 하는 프로그램이다.

• 블록 71

1970년대에 세워진 낙후된 공단인 에이어 라자 지역을 2011년 스타트업 허브로 변신시켰다. 지금은 전 세계에서 250개 이상의 스타트업, 액셀러레이터 30여 개 등이 상주해 있다.

- JTC LaunchPad @one-north

    지식 기반 기업, 교육기관 및 혁신의 최전선에 있는 연구기관을 포함해 다방면의 연구 개발 환경 및 커뮤니티를 조성했다.

● 엔젤투자자 세금 감면(AITD)

최소 10만 싱가포르 달러(한화 약 8,612만 원) 투자가 가능한 엔젤투자자의 경우 신청할 수 있으며 세금 공제는 신청서가 승인된 투자자에 한한다.

엔젤투자자로 승인을 받으면 투자 후 2년 뒤 투자액의 50%를 세금 공제 받을 수 있다. (최대 50만 싱가포르 달러 투자 시 최대 25만 싱가포르 달러 세금 공제 혜택 부여.)

● 섹션 13H(S13H)

지원 자격은 싱가포르 기반 자본이어야 하고 싱가포르의 통화 당국에서 승인한 라이선스를 취득해야 한다. 예를 들어 캐피털 마켓 서비스 라이선스, 등록된 펀드 매니지먼트 회사 등이 있다. 승인된 벤처캐피털과 사모 주식 펀드는 다음과 관련해 10년간 세금 면제 혜택을 받을 수 있다.

- 투자한 신생 기업들로부터 보유한 자산 매각으로 발생한 이익
- 투자한 외국 신생 기업들로부터의 배당 소득
- 외화 전환 사채에서 발생하는 이자 소득

● 펀드 매니지먼트 인센티브(FMI)

싱가포르에 설립된 펀드 관리회사로서 싱가포르의 통화 당국에서 승인한 라이선스를 취득해야 한다. 승인된 펀드 관리회사는 다음과 관련해 최대 10년 동안 5%의 조세 감면 혜택을 받을 수 있다.

- 벤처캐피털로부터 수령한 관리수수료

- 벤처캐피털로부터 수령한 보너스

● Loan

직원 수 10명 이하, 연 매출 100만 싱가포르 달러(한화 약 8억 6,124만 원) 미만일 경우 소기업 마이크로 대출이 가능하고 직원 수 200명 미만, 연 매출 100만 싱가포르 달러 이상일 경우 중소 벤처 기업 대출이 가능하다.

소기업 마이크로 대출은 기업 운영을 위해 최대 10만 싱가포르 달러(한화 약 8,612만 원)까지 대출을 지원하고 중소 벤처기업 대출의 경우, 제품 또는 서비스를 보유한 고성장 기업은 사업을 확장하기 위해 500만 싱가포르 달러(한화 약 43억 620만 원)까지 대출을 지원한다

* 좀 더 상세한 내용은 Startup SG 홈페이지 참조(www.startupsg.net).

중장기 산업 육성 정책으로 '딥테크' 스타트업 적극 지원

2020년도 정부 예산안의 가장 큰 특징은 정부가 딥테크 스타트업을 지원하기 위해 3억 달러 규모의 예산을 투입할 계획을 세웠다는 점이다. 정부가 운영하는 'Startup SG Equity'에 3억 달러를 투입, 제3자 투자자와 함께 공동으로 스타트업에 투자하며 민간 부문 투자 활성화도 기대하고 있다. 싱가포르 정부는 딥테크 스타트업 육성 지원을 위해 필수적인 스마트 파이낸싱을 위한 핀테크 산업 육성도 적극 지원 중이다. 스타트업 육성 총괄기관인 싱가포르 기업청은 통화청(MAS)과 함께 핀테크 전시회 및 혁신 기술 주간(Singapore FinTech Festival & Singapore Week of Innovation and TeCHnology, SFF&SWITCH)을 매년 공동 주관한다.

스타트업 관련 주요 콘퍼런스

● SFF&SWITCH

전 세계 최대 규모의 핀테크 전시회다. 2020년에는 11월 9일부터 13일까지 개최하며 장소는 싱가포르 엑스포에서 열린다. 전시 규모는 41개 국가관에서 1천여 개 회사가 참가하고 140여 개국에서 온 6만여 명이 참관할 예정이다. 2016년 최초 개최 이후 5회째를 맞고 있다. 2017년도부터 매년 한국관(KOTRA)은 참가하고 있다.

전시 품목은 (SFF) 핀테크 / (SWITCH) 첨단 제조, 도시 솔루션, 헬스·바이오 등 혁신 기술 분야 등이며 비자, 마스터카드, 페이팔, 아마존 웹서비스(Amazon Web Services, AWS) 등 핀테크 관련 글로벌 기업 다수가 참가한다. 전시를 주관하는 곳은 싱가포르 기업청과 통화청(MAS)이다.

🌐 www.sffxswitch.com

싱가포르 핀테크 페스티벌 현장   전 세계 최대 규모의 핀테크 전시회

자료: www.sffxswitch.com / 출처: 구글

스타트업 육성 주요 대학

● 난양이공대학교 산하 에코랩(ECOLABS)

난양이공대학교는 싱가포르 난양에 위치한 연구집약형 공립 종합대학으로 이공계 분야의 세계적인 명문대학교다. 에코랩은 에너지 관련 스타트업을 위한 난양이공대학교 산하 액셀러레이터이며 기업 파트너 등과 함께 초기 단계 스타트업이 사업화할 수 있도록 다수의 프로그램을 제공한다. 지원할 수 있는 온라인 주소는 http://ecolabs.sg/open-programmes.php이며 심사 절차는 프로그램마다 상이하다.

- 에코랩 액셀러레이터 프로그램
  에코랩의 파트너사들, 즉 주요 투자자, 정부 기관, 기업 들과 연결하거나 협업을 제공한다. 투자할 기회도 제공한다.

- 프로젝트 Shea(미슬토 투자 프로젝트)
  미슬토(Miseltoe)가 주관하는 프로그램으로, 선발된 스타트업은 싱가포르 정부에서 추진하는 지속 가능한 스마트시티 건설 프로젝트에 기술 스타트업으로서 참여할 수 있다.

● 싱가포르국립대학교 산하 NUS Enterprise

NUS Enterprise(창업지원센터)는 싱가포르국립대학교 기반의 인큐베이팅과 액셀러레이팅 프로그램이다. 홈페이지 주소는 enterprise.nus.edu.sg이며, 6개월마다 한 번 스타트업 현황을 점검해 장기간 비워두거나 진전 사항이 없으면 퇴출시킨다.

- 블록 71
  싱가포르 스타트업 단지(코워킹 스페이스).

- NOC(NUS Overseas College)
  중국의 상하이와 베이징, 미국 실리콘밸리, 스웨덴 스톡홀름과 인도 및 이스라엘 등에 있는 싱가포르국립대학교 해외 자매학교에서 1년 동안 인턴으로 일하고 월급을 받는다.

• 행어(Hangar·격납고)

  창업 희망자들이 자유롭게 이용하는 창업 지원 공간이다.

● **싱가포르경영대학교 산하 The Institute of Innovation & Entrepreneurship(IIE)**

IIE는 싱가포르경영대학교에서 주관하는 인큐베이팅과 액셀러레이팅 프로그램이다. 싱가포르경영대학교는 2000년에 설립된 비교적 역사가 짧은 대학교이지만 싱가포르 TOP 3 대학(싱가포르국립대학교, 싱가포르경영대학교, 난양이공대학교)에 들 정도로 명성이 높은 학교다. 홈페이지는 iie.smu.edu.sg/about-iie다.

• PEELI 기업가 정신(Entrepreneurship)

  1) 문화 혁신 이머전(Cultural & Innovation Immersion)

    이 대학교 학생 대상으로 중국에 1주일 동안 방문해 텐센트, 알리바바와 같은 유니콘 기업에서 첨단 기술을 경험한다.

  2) 기업가 정신 액셀러레이션(Entrepreneurship Acceleration)

    기업가 정신 교육, 사업 계획 공모전에서 아이디어 발표, 인큐베이션 프로그램을 제공한다.

• 레인 프로그램(Rain Program)

  초기 단계(시리즈 A) 벤처기업을 위한 투자자를 양성하는 프로그램이다.

SINGAPORE

현지 투자자 인터뷰
VC Interview

'V' 벤처파트너스

싱가포르에 본사를 둔 벤처캐피털로, 쿠알라룸푸르와 상하이, 홍콩, 뉴욕, 실리콘밸리에도 사무실이 있다. 아시아 지역을 포함한 해외 여러 지역에 있는 초기 스타트업에 주로 투자한다. 주요 투자 분야는 생명과학 기술, 미디어, 통신, 소비자, 금융 서비스다.

Q 앞으로 어떤 스타트업이 유망할까요?

인공지능, 바이오 등 딥테크 기반 스타트업입니다. 한국은 특히 전자, 자동차, 첨단 소재, 생명공학 분야에서 세계적인 혁신을 이루고 있는 만큼 딥테크 분야에서 가능성이 크다고 생각합니다.

Q 투자할 때 중요하게 보는 부분은 무엇인가요?

해당 스타트업이 해결해야 할 실제 문제는 무엇이고, 그 문제가 얼마나 복잡한지를 살핍니다. 또한 투자 여부를 결정하기 전에 기술 혁신에 대한 연구와 관련 위험성을 평가합니다. 창업가의 혁신 의지 또한 중요한 고려 대상 중 하나입니다.

Q 한국 스타트업이 현지에 진출할 때 흔히 저지르는 실수나 간과하는 부분이 있나요?

보통 싱가포르에 진출한 한국 스타트업의 지사장이 대부분 한국인일 때가 많습니다. 하지만 해외 지사장은 현지 시장을 잘 알고, 로컬 고객들의 특징을 제대로 파악하며, 그 지역 언어도 유창하게 할 수 있는 현지인이면 더 좋을 것 같습니다.

Q 현지 투자자와 만날 때 무엇을 가장 신경 써야 하나요?

2가지가 있는데, 첫 번째로 깊이 있는 커뮤니케이션을 위해 기본적으로 영어를 할 수 있으면 좋겠습니다. 두 번째로 동남아시아의 주요 시장, 즉 인도네시아, 말레이시아, 싱가포르, 필리핀, 베트남 등을 심층적으로 파악하고 있으면 더욱 도움이 될 것입니다.

현지 투자자 인터뷰
VC Interview

'P' 캐피털

미국이나 아시아 지역에서 성장 단계에 있는 스타트업에 주로 투자하는 벤처캐피털이다. 세계화, 기술 변화, 인구 변화에 따라 미래에 성장 가능성이 큰 산업에 투자한다.

Q 앞으로 어떤 스타트업이 유망할까요?

잠재적으로 데이터 센터/퍼블릭 클라우드, 5G(주로 중국), 재택근무 플레이의 수요가 높아질 것 같습니다.

Q 한국 스타트업이 현지에 진출할 때 흔히 저지르는 실수나 간과하는 부분이 있나요?

싱가포르는 이민 인구가 많은 다인종, 다문화 국가입니다. 싱가포르에 딱 맞는 하나의 전략이 명확히 없다는 뜻입니다. 다양한 전략이 있어야 합니다. 하지만 싱가포르는 정부의 적극적인 창업 정책과 함께 규제가 완화되고 있으며, 다른 지역(중국, 말레이시아, 인도네시아)의 테스트베드로서도 좋은 나라입니다.

Q 현지 투자자와 만날 때 무엇을 가장 신경 써야 하나요?

기업의 가치평가(valuation)를 뒷받침할 수 있는 자료와 숫자를 제시하는 것이 가장 효과적이고 도움이 됩니다.

Q 현지 진출을 희망하는 한국 스타트업에 조언을 한다면요?

시장이 작든 크든 진출하려는 시장에 대한 이해가 먼저입니다. 그리고 로컬 고객들을 이해하는 것이 가장 중요합니다.

현지 진출에 성공한 국내 스타트업

원투씨엠㈜

품목(업종)
소프트웨어 개발 및 공급

설립연도
2013년

대표자
한정균(공동 창업자 : 신성원)

소재지
경기도 성남시 분당구 판교로 255번길 35,
A동 501호

홈페이지
www.12cmglobal.com

종업원 수
53명

사업 규모 (연 매출액)
해외거점 싱가포르, 일본, 대만
연 매출액 : 한국 본사 **130**억 원

해외 법인 **260**만 US 달러

Q. 원투씨엠은 어떤 기업인가요?

카페나 미용실 등에서 종이 쿠폰에 스탬프를 찍듯이 스마트폰에 스탬프를 찍어주는 기술을 개발 및 제공하는 기업입니다. 스마트폰에서 고유 인증을 처리하는 독자 기술인 스마트 스탬프(제품명: Echoss Stamp) 기술을 기반으로 2013년 국내에서 창업해 사업을 전개했습니다. 국내 시장에서 SKT, KT, 삼성전자, 쿠팡, 티켓몬스터 등의 파트너를 대상으로 사업을 전개했습니다. 해외에는 2015년 일본 진출을 시작으로 대만, 중국, 싱가포르에 현지 법인을 설립해 사업을 추진하고 있으며 2019년 현재 22개 국가에서 사업화를 추진하고 있습니다.

Q. 해외 창업에 도전한 계기는 무엇입니까?

스마트 스탬프라는 고유 기술을 기반으로 해외 서비스 사업자의 가치를 극대화하는 것을 목표로 해외 창업에 도전하게 됐습니다. 220여 개의 국내외 특허를 기반으로 사업화를 하고 있으며, 동남아시아 시장을 본격적으로 개척하기 위해 싱가포르에 현지 법인을 설립했습니다. 원투씨엠이 자체 기술을 활용해 개발한 에코스 스탬프는 판매시점정보관리시스템(POS)과 연동할 필요가 없고, 따로 충전할 필요도 없어서 매장은 물론 야외 행사장에서도 폭넓게 사용할 수 있습니다. NFC나 블루투스 기술이 적용된 별도의 기기를 구비할 필요가 없어 활용도가 많고 다양한 이벤트 프로모션, 상점 대상 로열티 마케팅, 모바일 쿠폰과 모바일 결제 등에도 서비스 영역을 전 세계적으로 확대해나가고 있습니다.

Q. 아이디어 착상부터 시장 진입 단계까지 해외 창업의 과정이 궁금해요

모바일과 오프라인의 상점을 결합한 서비스를 개발해 사업화 하고자 했으나 실패했습니다. 이때 새로운 기술이 필요하다 는 점을 느꼈고, 체계적으로 특허를 설계해 시제품을 개발한 후, 비즈니스모델을 발굴해 국내에서 먼저 사업을 추진했습 니다. 국내 다양한 사업 성공 경험을 바탕으로 유사한 수요가 있는 해외 기업과 파트너십을 구축해 해외 시장을 공략하고 있습니다.

스마트 스탬프는 온라인과 오프라인을 연계하는 서비스이지 만 오프라인에 별도의 시스템을 설치하지 않고, 고객의 스마 트폰과 클라우드 기반의 소프트웨어를 통해 다양한 서비스모 델을 구현하는 기술체제로 국내뿐만 아니라 해외 시장에 적 합한 사업 특성이 있습니다. 국내 대표적인 6개의 벤처투자 기업으로부터 투자를 유치했으며, SKT로부터 970만 달러의 투자를 받아 사업 환경이 우수한 싱가포르에 신규 법인을 설 립하게 됐습니다.

현재까지 싱가포르, 필리핀, 태국, 인도네 시아, 베트남 등 동남 아시아와 유럽, 미국 시장 등을 대상으로 사업을 추진하고 있습 니다.

2018년 KOTRA에서 주관한 글로벌모바일비전 행사 때 MOU 체결

Q. 비자 등 현지 체류 자격은 어떻게 얻었나요?

해외 법인 설립을 통해 현지 인력 채용과 사업 자격 확보를 추진하고 있습니다. 싱가포르 법인의 경우, 싱가포르 법인의 R&D 센터를 국내에 설립해 국내 인력이 해외 사업을 지원하게 하는 식으로 사업을 운영하고 있습니다.

Q. 현지에서 파트너는 어떻게 발굴했나요?

국내에서 먼저 창업하여 성공한 경험이 있기 때문에 이를 내세워 해외 시장에서 파트너를 발굴하고 있습니다. 현지 법인을 기반으로 다양한 해외 전시회에 참여하는 등 적극적인 영업 활동을 펼쳐 현지 파트너 발굴을 하고 있습니다.

Q. 현지 마케팅은 어떻게 하나요?

전사적으로 온라인 마케팅을 강화하고, 현지의 유력 전시회에 참여하고 있습니다. 투자회사 및 관련 기관과의 네트워킹 등을 통해 현지 마케팅을 하고 있습니다.

Q. 노무나 세무 등 관리 업무는 어떻게 해결하나요?

해외 현지의 관련 행정업무 등은 전문 아웃소싱 파트너를 통해 대응하고 있으며, 전반적인 행정업무는 국내 회계법인과 자문 계약을 통해서 도움을 받고 있습니다.

Q. 현지에 진출할 때 가장 중점을 둔 부분이 있나요? 혹시 팁이나 조언을 한다면요?

자사 기술의 독창성, 글라우느 인프라를 적용한 기술체제 표준화 및 현지 지원 프로세스 확립, 강력한 특허 전략 추진, 국내 성공 사례의 확대 재생산, 합작법인 설립, 현지 전략적 투자자와 재무적 투자자(SI/FI) 연계, KOTRA, 정보통신산업진흥원, 한국투자공사, 창조혁신센터 등 국내 해외 사업 지원 기관과 협업을 통해 여기까지 왔습니다. 혼자서 할 수 있는 일은 없습니다. 내가 가진 기술력에 자신감이 있다면 이후 여러 기관과 협업을 하는 것이 중요합니다.

Q. 향후 어떤 계획을 하고 있나요?

기술플랫폼 서비스를 보편적인 글로벌 서비스로 자리매김하고자 합니다. 동남아의 대표 시장인 싱가포르, 태국, 말레이시아, 인도네시아, 베트남 시장에서 유의미한 사업 성과가 있기를 기대합니다.

VIETNAM

베트남

01

지금 베트남 스타트업 상황

스타트업 창업과 거래 규모 역대 최대치

베트남 정부는 대외 의존도가 높은 경제구조와 주요 산업에 대한 국영 기업의 독과점적인 시장 지배력 문제를 해결하기 위해 중소기업 지원과 더불어 스타트업을 육성하는 데 힘을 쏟아왔다. 스타트업을 위해 '2025 베트남 혁신 스타트업 생태계 지원 제도', '중소기업지원법' 등을 통해 은행 대출 완화, 신용보증 제공, 법인세 감면, 지원 프로그램 구축, 근로자 훈련 지원 같은 지원책을 마련했다.

정부가 스타트업 지원책을 내놓자 IT 기반 소규모 투자가 붐을 이루고 있다. 베트남 통계청에 따르면 2019년 한 해 베트남 내 창업한 기업은 138,100개로 전년 대비 5.2%, 투자 금액은 750억 달러로 17.1% 성장하며 역대 최대치를 달성했다.

싱가포르 벤처캐피털 회사인 센토 벤처스(Cento Ventures)의 조사와 《VN 익스프레스(VN Express)》 기사에 따르면, 2019년 스타트업 투자 거래 건수는 90건으로 전년의 50건에 비해 약 80% 상승했으며, 투자액은 약 7억 4천만 달러를 기록했다. 주요 거래로는 전자결제 앱을 기반으로 한 핀테크 스타트업 투자가 있으며, 일본의 소프트뱅크 비전 펀드와 싱가포르 국부펀드 GIC는 VNPAY(전자결제시스템)에 3억 달러, 미국의 사모펀드 워버그 핀커스(Warburg Pincus)는 전자지갑 모모(MOMO)에 1억 달러를 각각 투자했다.

베트남 신규 창업 기업 수 동향

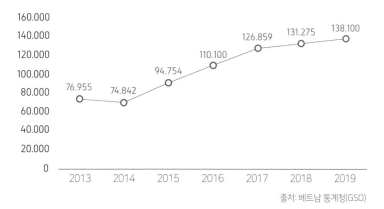

출처: 베트남 통계청(GSO)

베트남 스타트업 투자 동향

● 거래 건수 ◯— 투자 금액, $M

베트남 투자 단계별 비중

◯— Pre A ◯— 시리즈 A ◯— 시리즈 B

출처: 센토 벤처스의 '베트남 테크 투자 리포트'

스타트업 생태계 체계를 구축하다

베트남 과학기술부의 발표에 따르면, 2019년까지 베트남 내 활동 중인 스타트업 수는 약 3,100개 이상이며 다수의 인큐베이팅과 액셀러레이터가 생태계에 참여하고 있다. 과학기술부 산하 기업 및 시장 발전국 발표 자료에 따르면 활동하는 전체 스타트업 기업 수는 약 3,100개이며 스타트업 분야 투자 규모는 연간 8억 달러에 달한다. 구체적으로는 인큐베이팅과 액셀러레이터 기업 수는 40개, 코워킹 센터는 75개, 투자기금 수는 40개, 스타트업 창업 지원 활동 프로그램 보유 대학 수는 130개, 스타트업 지원 중인 지방 수는 41곳이다.

지난 2015년 이후 베트남 스타트업 생태계는 글로벌화 단계를 밟고 있으며 다수의 외국계 스타트업 진출과 기존 베트남 시장의 한계로 외국에 진출했던 자국 스타트업의 유턴 현상이 나타났다.

충분한 잠재력으로 도약을 앞둔 스타트업 시장

베트남 경제의 새로운 화두는 4차 산업혁명과 스타트업 시장 육성이다. 베트남에는 25만 명에 달하는 IT·소프트웨어 엔지니어들이 있으며, 매년 10만 명이 넘는 공과대학 졸업생(세계 10위권)을 배출하고 있어서 4차 산업혁명 관련 인재풀이 충분히 갖춰진 상태다. FPT 그룹, 통신사 비에텔(Viettel), 빈그룹과 같은 베트남 대기업과 비엣캐피털벤처, 비엣파트너스 같은 투자펀드도 스타트업에 투자하기 시작하면서 베트남 내 스타트업 시장은 질적, 양적으로 성장할 것으로 전망된다. 베트남 정부는 해외 직접 투자(FDI) 기업에 대한 의존도를 축소하고 지속 가능한 성장을 위해 민간 스타트업을 계속 육성할 계획이다.

02

주요 도시별 스타트업 생태계의 특징

하노이 | 떠오르는 스타트업 중심지

베트남 주요 벤처캐피털 및 정부 지원 기관이 하노이에 투자를 확대하고 있다. 현재까지 스타트업 창업을 위한 액셀러레이터와 인큐베이팅 시스템, 벤처캐피털 투자 등이 호치민시를 기반으로 발전해왔다. 베트남 상공회의소(VCCI)에 따르면, 1인 창업자 비율은 남부 지역이 약 60% 이상을 차지하고 있으며, 호치민 내 액셀러레이터와 인큐베이터 설립이나 운영 숫자도 약 30개 정도로 전체에서 약 70%를 차지하는 등 호치민 스타트업 생태계가 발전을 주도했다.

이에 따라 베트남 과학기술부와 하노이시는 스타트업 생태계의 기틀을 마련하기 위해 정부가 출자한 스타트업 액셀러레이터인 베트남 실리콘밸리와 하노이 최초 인큐베이팅 사업인 하노이 혁신 정보기술 인큐베이터(HBI-IT)를 설립해 운영 중이다. 또한 하노이 혁신 서밋(Hanoi Innovation Summit), 테크페스트 베트남 하노이(Techfest Vietnam Hanoi) 등 다수의 스타트업 관련 행사를 개최하며 해외 벤처캐피털 기업들의 참여를 유도하고 현지 스타트업 기업과 투자를 연계하고 있다. CMC 혁신펀드(CMC Innovation Fund), 메콩 캐피털(Mekong Capital), 노바온 펀드(Novaon Fund), IDG 벤처스 베트남(IDG Ventures Vietnam), 비나 캐피털(Vina Capital) 등 다수의 벤처캐피털이 하노이를 중심으로 활동하며 투자 프로젝트 발굴에 집중하고 있다.

● 2025년까지 혁신 스타트업 500 육성 계획

하노이시는 '국가 혁신 스타트업 생태계 지원 계획'을 수립했다. 이 계획은 2019~2025년간 500개 스타트업 프로젝트와 150개 스타트업 제품 상용화를 지원하고 이 중 최소 20%의 기업이 벤처 펀드로부터 투자를 받을 수 있도록 한다는 내용이다. 하노이시는 미디어, 스타트업 문화 조성, 인재 양성 및 개발 등 창업 활동에 필요한 재정적 지원을 제공하고 향후 '창조혁신창업센터'를 설립할 예정이다.

또한 6년간 스타트업 생태계 조성을 위한 지원금으로 약 1,350만 달러를 지원해 2~3개의 스타트업 육성기관을 설립하고 3~5개의 민간 투자펀드 설립을 위한 지원 정책도 펴나갈 계획이다. 현재 하노이 지역 전체 스타트업 기업 중 벤처 펀드로부터 투자받은 기업은 약 0.1%에 불과하다.

● 매년 꾸준히 증가는 창업 기업 수

하노이에서 창업하는 기업의 약 80% 이상은 1인 창업자다. 하노이 시에 따르면 2014~2019년 하노이 내 창업 기업 수는 100,850건으로 같은 기간 연 9.7%의 증가 추세를 보였다. 2019년 말 기준, 하노이 내 총 280,304개의 기업이 활동하고 있으며 하노이 인구 수 대비 약 35명당 1개의 기업 경영 활동으로 전국 평균 대비보다 약 3.5배에 달하는 수치다.

● 하노이 스타트업 기업 주요 분야에서 두각

데이터 분석 회사인 트랙슨(Tracxn)에 따르면 현재 하노이에 소재한 창업 및 활동 중인 스타트업 기업은 624개로 전자상거래, 교육, 헬스케어, 물류, 클라우딩, 엔터테인먼트, 블록체인 등 다양한 분야에 진출해 있으며 각 분야에서 두각을 드러내고 있다.

● 대표적인 스타트업

TOPICA LEARN ONLINE. GO GLOBAL	• 설립연도 : 2011년 • 펀딩 자금 : 5천만 달러 • 투자자 : Northstar group, Edulab, 　Keibun 등 7개 사	온라인 대학 과정 및 언어학습
côc côc	• 설립연도 : 2008년 • 펀딩 자금 : 3,400만 달러 • 투자자 : Burda Principal Investments, 　Future Matters	모바일 웹 서칭
vntrip.vn	• 설립연도 : 2014년 • 펀딩 자금 : 1,300만 달러 • 투자자 : Jubilee Capital Management, 　Hendale Capital, IHAG 외 1개 사	온라인 여행, 호텔 예약
APPOTA Entertainment Ecosystem	• 설립연도 : 2011년 • 펀딩 자금 : 1천만 달러 • 투자자 : Korea Investment Partners, 　Mirae Asset Venture, GMO 　Venture Partners 외 4개 사	모바일 게임, 앱, 결제 시스템 등 퍼블리싱
IOTech	• 설립연도 : 2010년 • 펀딩 자금 : 1천만 달러 • 투자자 : Dell Technologes, Northstar 　Ventures 외 3개 투자자	프로그램 개발자 오픈 소스
KiotViet Cùng Bạn Làm Giàu	• 설립연도 : 2017년 • 펀딩 자금 : 800만 달러 • 투자자 : Alpha JWC Ventures, David Su, 　Ethos Partners 외 3개 투자자	클라우딩 기반 중소기업 소프트웨어 관리
Beta MEDIA	• 설립연도 : 2014년 • 펀딩 자금 : 300만 달러 • 투자자 : Bleu HK Investments	온라인 영화 티켓 예약, 구매
JAMJA	• 설립연도 : 2015년 • 펀딩 자금 : 200만 달러 • 투자자 : CyberAgent, Bon Angels 　Venture Partners, KBIC 외 　4개 투자자	안드로이드, iOS 체제 연동 가능 온라인 딜 서칭

출처: 트랙슨 홈페이지(https://tracxn.com/explore/Startups-in-Hanoi),
　　KOTRA 하노이무역관 종합

호치민 | 스타트업의 테스트베드

승인 당국 및 스타트업 관련 부처가 존재하는 수도 하노이와 호치민은 베트남 대표 행정도시이자 상권 중심지로 로컬 및 해외 스타트업이 베트남 시장 진출 기지로 삼고 있다. 호주무역투자진흥기관 오스트레이드(Austrade)가 조사한 베트남 혁신 에코시스템 2019에 따르면 특히 베트남 신생 기업 중 약 50%가 호치민시에 기반을 두며 스타트업 중심지로 발전했다.

호치민시는 월등한 경제 규모와 인구수, 새로운 상품이나 서비스에 호의적인 태도를 보이는 개방적인 소비자 성향 등을 가지고 있어 스타트업의 전초기지로 훌륭하다. 아울러 비즈니스에 필수적인 고급 인력과 대규모 소비 시장 또한 호치민에 집중되어 있다. 참고로 맥도날드, 스타벅스, 유니클로 같은 해외 브랜드는 호치민시에 1호점을 내며 베트남 시장에 진출했다.

호치민시 과학기술부(DOST)에 따르면, 유망 스타트업 분야로 기술 기반 스타트업은 ICT(41.1%), 농업기술(20.13%), 에듀테크(16.11%), 사물인터넷(9.4%), 가공식품(6.71%), 관광(3.36%), 핀테크(0.67%) 순으로 나누어져 있다. 스마트폰 사용 인구 증대, 인터넷 산업 성장, 개인 소득 수준 향상 및 시간 절약 서비스 수요 증대를 발판 삼아 핀테크, 전자상거래, 에듀테크 등의 모바일 기반 서비스 시장이 확장됐다. 이러한 모바일 기반의 서비스 제공 스타트업을 중심으로 현지 스타트업이 질적 성장과 함께 서비스의 고도화가 이루어지고 있다.

특히 두각을 드러내는 모바일 기반 서비스 분야는 O2O 음식 배달 서비스 및 에듀테크다. 베트남 온라인 음식 배달 시장 규모는 2억 700만 달러에 달한다. 현지 에듀테크 산업은 2018년 5,400만 달러에 가까운 투자금을 유치했다.

● 베트남에 진출한 한국 대표 스타트업

• ㈜우아한형제들(배달의 민족)

2011년에 설립해 O2O 배달 주문 서비스를 제공한다. 주요 서비스는 유선으로 이루어졌던 배달음식 주문 형태를 온라인 플랫폼으로 바꿔 스마트폰 기능과 GPS를 활용해 주변의 음식점 정보를 파악하고 배달 서비스를 제공하는 것이다. 2018년 베트남에 진출해 2019년 베트남 음식 배달 스타트업 'Vietnammm'을 인수했다. 그해 6월 베트남에 '배민'으로 배달 앱 서비스를 개시하며 기존의 현지 서비스(foody와 grab food)로 치열한 배달 시장에서 꾸준하게 성장하고 있다. 우아한형제들은 2018년에 유니콘으로 상장했으며 현지 M&A를 통한 스타트업 베트남 진출 기업 중 가장 대표적인 사례로 꼽힌다.

• 플랫팜(Platfarm Inc.)

2014년에 설립됐으며 인공지능 기반 모바일 서비스(이모티콘)를 제공한다. 주요 서비스는 인공지능이 사용자가 보내는 메시지를 분석해 감정과 상황에 적합한 이모티콘을 찾아주는 서비스로, 키워드 중점으로 이모티콘을 추천하는 기계학습 기반 AI 알고리즘을 개발했다. 플랫팜은 2014년 한국에서 창업해 메시지 감정을 분석해 알맞은 이모티콘으로 변환시키는 이모티콘 '모히톡'을 개발했다. 베트남 최대 모바일 메신저 '잘로(Zalo)'에 이모티콘을 공급했고 플랫팜이 제공한 주키즈(Zookiz) 캐릭터 이모티콘은 한 달 만에 120만 다운로드를 달성해 현지에서 인기를 끌며 한류 이모티콘을 확산시켰다.

● 신생 스타트업 수는 최대

베트남 기획투자부에 따르면 2019년도 신생 기업 수 및 자본 규모는 전년과 비교해 최고 수준에 도달했으며 총 신생 기업 수는 138,139개 사에 달한다. 2019년 12월 기준 호치민시 내 신생기업은 44,759개 사이며 이는 전국의 32.4%를 차지한다. 하노이 신생 기업 수(27,711

개)의 약 2배다. 그러나 신생 기업 수는 스타트업뿐만 아니라 소규모 창업 및 자영업을 포함한 수치이므로 베트남 전체 기업의 97.5%가 자영업과 영세기업인 점을 고려하여 해석해야 한다.

● 아직 성장 단계 스타트업 수는 적은 편

현지 자금 조달은 크게 은행과 사모펀드, 벤처캐피털로 이루어진다. 은행을 통한 자금 조달 여건을 살펴보면 스타트업 및 중소기업 대상 은행의 평균 대출 규모는 1천 달러 정도로 소액금융이 대부분이다. 중소기업 대출은 은행이 신용 할당 제한을 두기 때문에 대기업 대비 신용 차이가 있는 편이다. 사모펀드와 벤처캐피털을 통한 자금 조달 여건을 살펴보면 기술 기반 스타트업은 벤처캐피털의 중점 투자 대상으로 메콩 캐피털, 베트남 투자그룹 등 베트남 기반의 사모펀드에 비교적 관심을 많이 받을 기회가 있다.

베트남에는 성장 단계 스타트업이 적기 때문에 타 국가 대비 엑시트 수 또한 많지 않은 편이며 대부분의 엑시트 방법은 인수합병과 매각이다. 메콩 캐피털에 따르면, 600개의 사모투자자(private equity investment)가 있고, 50여 개의 사모투자자를 통해 200여 건의 엑시트가 이루어졌다. 또한 현지 벤처캐피털과의 인터뷰에 따르면 현지 융자 금액 자체가 적은 편으로 평균 거래 소요기간 또한 오래 걸리는 경우가 많다.

03

스타트업에 대한 투자 규모와 트렌드

2019년 싱가포르 제치고 동남아 2위 등극

베트남의 동남아 지역 스타트업 투자 점유율은 2015년 4%에서 2019년 18%로 대폭 상승했다. 인도네시아(59%), 싱가포르(17%), 태국(3%), 말레이시아(1.7%) 순이다. 2019년 베트남에는 가치 기준으로 1개의 유니콘 기업(게임 분야의 VNG)과 13개의 1억 달러 기업인 티키(Tiki), 모모(Momo), 비(Be), VNPAY, 토피카(Topica), 선도(Seondo) 등이 활동하고 있다.

2019년 동남아시아 국가별 스타트업 투자 동향

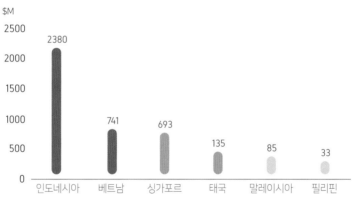

출처: 센토 벤처스의 베트남 테크 투자 리포트

베트남 스타트업에 몰리는 글로벌 벤처캐피털

기존 미국이나 중국에 치우쳤던 벤처투자자들의 동남아 시장 투자가 확대되고 있다. 베트남 하노이와 호치민에서 개최된 '베트남 벤처 서밋 2019'에는 소프트뱅크 비전펀드, 세쿼이아, 테마섹, 인시그니아 (Insignia), 골든게이트 벤처스, 사이버에이전트 벤처스(CyberAgent, 일본), 메콩 캐피털(MeKong Capital, 베트남), 비나 캐피털(Vina Capital, 베트남), 비씨지디지털벤처(BCG Digital Ventures, 미국) 등 국내외 벤처투자자들과 비자, 구글, 롯데, SK, 한화 등 글로벌 기업들이 참여했다. 투자 금액이 집중된 분야는 핀테크, 전자상거래, 물류테크 등이며 최근 스타트업 기업 대부분은 인공지능과 같은 기술을 결합한 모바일 솔루션을 구축했다.

아직은 시드 투자 및 프리 시리즈 A 투자 등 초기 단계에 주로 투자한다. 베트남은 해외교포, 유학파 창업가 등이 주로 스타트업 사업에서 두각을 나타내며 핀테크, 물류, 여행 정보, 기타 생활환경 기반 분야에서 활동 중이다. 베트남은 스타트업 생태계 초기 단계로 아직 시리즈 A, B 투자는 부족하다. 하지만 최근 글로벌 벤처캐피털 투자자들은 곧 다음 단계의 투자 시기가 올 것으로 전망한다.

전자상거래와 핀테크에 관심 집중

주요 투자 분야는 전자상거래, 핀테크 및 각종 지식정보 플랫폼이다. 현재 베트남에서 활동 중인 국내외 주요 벤처캐피털은 약 40여 개로 파악되며, 주요 회사로는 VC, PE 투자그룹인 IDG 캐피털, 몽크스 힐 벤처스(Monk's Hill Ventures), SEAF, 사이버에이전트 캐피털, ESP 캐피털, STIC 투자 등이 있다. 2019년 6월 개최된 '베트남 벤처 서밋 2019'에서 약 18개의 국내외 벤처캐피털 회사가 향후 3년간 베트남에 약 4억 2,500만 달러를 투자할 의향을 밝혔다. 베트남 자국 최대 벤처캐피털 회사인 비나 캐피털 벤처스의 경우 한국의 미래에셋, 네이버 아시안 성장펀드와 전략적 파트너십을 통해 약 10억 달러의 기금을 조성하기로 했다. 2019년 주요 벤처캐피털이 투자한 회사로는

티키(전자상거래), VNPay(결제), VNG(온라인게임), VNTrip(여행 플
랫폼), Elsa(교육)로 티키는 노스스타그룹으로부터 7,500만 달러를
투자받았다.

베트남 벤처캐피털 투자 규모 및 거래 건수 동향

출처: Preqin report 2019

벤처캐피털의 투자 규모와 특징

베트남 벤처캐피털 산업은 2004년 IDG 벤처스 베트남 설립을 시작
으로 발전했으며 베트남 경제 성장을 도모할 수 있는 현지 기술 기
반 스타트업을 중심으로 투자해왔다. 현지에서 관리되는 VC 펀드는
2017~2018년간 총 1억 4,600만 달러에 달했으며 주로 시드에서 시
리즈 A 위주로 투자한다.

현지 벤처캐피털들의 주요 투자 분야는 베트남 국내 IT와 기술 기반
스타트업이다. 기술 기반 외의 분야와 소규모 비즈니스, 해외 스타트
업은 중점 대상에서 제외된다. 베트남의 사내 벤처캐피털(CVC) 역시
현지 스타트업 대상으로 투자 및 기타 서비스 제공, 현지 스타트업 생
태계 조성에 집중하기 때문에 외국 스타트업을 대상으로 하는 별도 프
로그램은 미비하다.

현지 주요 벤처캐피털, 액셀러레이터, 기업형 벤처캐피털

● IDG 벤처스 베트남(IDG Ventures Vietnam)

2004년에 설립됐으며 하노이에 있다. 펀드 규모는 100만 달러다. 주로 시리즈 A, 시리즈 B 단계의 스타트업에 투자하며 투자 분야는 기술, 미디어, 통신, 소비재 등이다. 지금까지 투자한 스타트업 기업에는 VC Corp(온라인 콘텐츠, 전자상거래, 소셜미디어, 광고 네트워크 등 인터넷 서비스 기업), 루비콘(Rubicon, 온라인 홍보 회사), 비나북(Vinabook, 도서 전자상거래 사이트) 등이 있으며 VNG, VC Corp, 뱃 지아(Vat Gia), 속베이(Socbay), 피스소프트(Peacesoft), 비나북, Webtretho, 베트남웍스(Vietnamworks)는 모두 큰 기업으로 성장해 다른 기업에 매각됐거나, 더 큰 기업으로 분리(spin off)됐다.

🌐 www.idgvv.com.vn

● 비나 캐피털(VinaCapital)

2003년에 설립된 비나 캐피털은 하노이에 소재하며 펀드 규모는 100만 달러다. 주로 시리즈 A, 시리즈 B 단계의 스타트업에 투자하며 주요 투자 분야는 정보기술, 클린테크, 생명과학, 나노기술 등이다. 지금까지 투자한 스타트업 기업에는 로기반(Logivan, B2B 트럭 연결 및 물류 네트워크 솔루션 제공), 패스트고(FastGo, 택시나 오토바이 등 호출 모바일 앱) 등이 있다. 비나 캐피털은 18억 달러 규모 자산을 운용하는 기업이며, 기술 기반 스타트업에 투자할 1억 달러 규모의 비나 캐피털 벤처스 프로젝트를 개시하며 로기반과 패스트고에 첫 투자를 실행했다. 로기반은 '우버익스체인지UberEXCHANGE 2017)', '라이즈(Rise 2018)' 등을 수상했으며, 패스트고는 2018년 서비스를 개시한 이래 급격히 성장해 베트남 교통수단 연결 앱 가운데 시장점유율 2위를 차지했다.

🌐 www.vinacapital.com

● 메콩 캐피털(Mekong Capital)

2001년 하노이에 설립했으며 펀드 규모는 1,850만 달러다. 주로 시리즈 A, 시리즈 B 단계의 스타트업에 투자하며 주요 투자 분야는 소매판매 및 유통, 소비재, 요식업 등 소비자 주도 분야, 중산층 타깃 산업이다. 지금까지 투자한 스타트업 기업에는 브아 넴(Vua Nem, 침구류 판매 매장, 베트남 23개 성·시에 40개 매장 보유), 욜라(YOLA, 하노이와 호치민에 11개 학원에서 영어 교습, 시험 준비 지도), 차오 도(Chao Do, 건강한 베트남 전통 레스토랑 체인) 등이 있다. 베트남에서 가장 많은 사모펀드 실적을 보유하고 있으며 33건의 사모펀드 투자를 완료했다. 이 중 26건을 엑시트했다. 펀드 4개를 운영하며, 이 중 1개 펀드가 현재 새로운 투자를 진행 중이다.

🌐 www.mekongcapital.com

● 사이버에이전트 벤처스(CyberAgent Ventures)

일본의 기업 벤처캐피털로, 2009년에 하노이와 호치민에 설립됐다. 동남아시아 지역 펀드 규모는 2,010만 달러다. 주로 시드, 시리즈 A 단계의 스타트업에 투자하며 주요 투자 분야는 첨단 기술, 인터넷, 전자상거래 등이다. 지금까지 투자한 베트남 스타트업 기업에는 티키, NCT 등이 있고 한국 스타트업 기업에는 버드뷰(BirdView), 우아한형제들(Woowa Brothers), 록앤올(LOC&ALL), 다음카카오(Daum Kakao) 등이 있다. 또한 중국, 대만, 홍콩, 베트남, 인도네시아와 한국에 30개가 넘는 인터넷 관련 신생업체에 투자했다. 베트남 주택 공유(home-sharing) 플랫폼인 룩스테이(Luxstay), GS숍, 본엔젤스와 공동 투자한 경험이 있다.

🌐 cyberagentcapital.com

● 골든 게이트 벤처(Golden Gate Venture)

2011년에 설립됐으며 싱가포르, 인도네시아, 하노이 등에 소재한다. 펀드 규모는 알려지지 않았다. 주로 시드, 시리즈 A 단계의 스타트업에 투자하며 주요 투자 분야는 교육, 물류, 전자상거래, 모바일, 핀테크, 미디어 등이다. 지금까지 투자한 베트남 스타트업 기업에는 바오킴(Baokim.vn), 고젝(Gojek), 와이파이 추아(Wifi Chùa), 로찌(Lozi), 아포타(Appota) 등이 있고 한국 스타트업 기업에는 스켈터랩(Skelter Labs), 마이 뮤직 테이스트(My Music Tatse) 등이 있다. 싱가포르를 거점으로 동남아시아, 실리콘밸리, 한국 등에서 활발한 투자 활동을 펼치고 있다. 2019년에는 베트남 벤처 서밋 2019 행사를 개최했다.

🌐 goldengate.vc

● 500 스타트업 베트남(500 Startup Vietnam)

2010년에 설립됐으며 실리콘밸리에 소재한다. 펀드 규모는 1,400만 달러다. 주로 시드 단계의 스타트업에 투자하며 주요 투자 분야로는 핀테크, SMB(server message block), 헬스케어, 전자상거래, 광고 분야 등이다. 지금까지 투자한 베트남 스타트업 기업에는 엘사(Elsa), 와이파이 추아, 베이스(Base.vn), 크리켓 원(Cricket One), 사이고니어(Saigoneer), 숄라(Schola), 파파야(Papaya) 등이 있으며 해외 스타트업 기업에도 투자를 진행했다. GS숍과 함께 베트남 스타트업을 선정해 기업당 20만 달러를 투자할 예정이다.

500 스타트업 베트남이 운영하는 프로그램은 연중 신청서를 접수받으며 4개월간의 트레이닝 및 워크숍, 멘토링, 마케팅 및 세일즈 전략, 자금 조달, 비즈니스 해외 확장 지원, 코워킹 스페이스 등을 제공한다. 기술 기반 및 베트남 연관 스타트업(베트남 시장 내 활동, 베트남인 공동 창립자 혹은 팀원 보유 등)이 지원 대상이다.

🌐 500startups.com.vn

● 액세스 벤처

2017년에 설립됐으며 호치민에 소재한다. 펀드 규모는 1,400만 달러다. 주로 시드, 시리즈 A 단계의 스타트업에 투자하며 주요 투자 분야는 인공지능, 데이터 분석, 전자상거래, 가상현실과 증강현실, 핀테크, 기타 상업용 플랫폼 등이다. 지금까지 투자한 베트남 스타트업 기업에는 에코트럭(Ecotruck), 호메디(Homedy), 모카(Moca), 옴니랩(Ohmni Labs), 벡세르(Vexere), 비엑(Viec.co) 등이 있으며 한국 스타트업 기업에는 아스틴(A-stin), 어웨이어(Awair), 커먼 컴퓨터(Common Computer), 앙코르 컴퍼니(Encore Company), 마이쿤(MyKoon), OP.GG, 피플펀드(People Fund), 스켈터랩(Skelter Labs) 등이 있다.

동남아시아 지역 전문 투자자들로 구성된 글로벌 벤처캐피털 회사로 과거 야놀자의 동남아 1위 호텔 체인 기업인 젠룸스(ZEN Rooms)에 공동 투자했다. 베트남 버스 예약 시스템 제공 기업인 벡세르에 우아한 형제들과 엔코어벤처스와 함께 공동 투자에 참여했다.

🌐 www.accessvc.co

● 넥스트랜스(Nextrans, 한국)

2015년에 설립됐으며 서울과 하노이에 소재한다. 펀드 규모는 알려지지 않았다. 시드, 프리시드 단계의 스타트업에 투자하며 주요 투자 분야는 물류, 테크 분야, 농업기술, 교육 등이다. 미국과 한국 시장에 중점을 두고 있지만 전 세계 여러 국가의 60개가 넘는 회사에 투자한 경험이 있다. 베트남에서는 공유 숙박 서비스업체 룩스테이, 소셜커머스업체 잠자 등에도 투자했다. 지금까지 투자한 베트남 스타트업 기업에는 베이스, 춉(Chop.vn), 룩스테이 등이 있으며 한국 스타트업 기업에는 로킷 헬스케어(Rockit Healthcare), 링글(Ringle), 헬로마켓(HelloMarket) 등이 있다.

🌐 nextransblog.blogspot.com

● ESP 캐피털

2017년에 설립됐으며 싱가포르와 호치민에 소재한 금융 기업 투자 분야의 벤처캐피털이다. 펀드 규모는 2천만 달러다. 주로 시드, 프리시드 단계의 스타트업에 투자하며 주요 투자 분야는 구인 구직, 부동산, 헬스케어, 전자상거래 등이다. 지금까지 투자한 스타트업 기업에는 룩스테이, 에코모비(Ecomobi), 호메디(Homedy), 마인드x(Mindx), 쿠키(Cooky), 카나비(Canavi), 위핏(Wefit), 비자(Viza), 잠자(Jamja. vn) 등이 있다.

🌐 www.espcapital.net

● DFJ Vina Capital

주요 투자 분야는 IT, 유통 및 물류, 부동산 등이다. 지금까지 시실론 미디어(Chicilon Media), 베트남 미디어그룹 예원(Yeah1), 베트남 온라인 네트워크(Vietnam Online Network), 로기반, 패스트고 등에 투자했다.

🌐 dfj-vinacapital.com

● 드래곤 캐피털

2016년 FPT와 드래곤 캐피털이 스타트업에 재정적 지원을 위해 개방형 펀드 'VIISA'를 설립했다.

🌐 www.dragoncapital.com

● 베트남 실리콘밸리 액셀러레이터(Vietnam Silicon Valley Accelerator, VSVA)

2014년에 설립됐으며 하노이에 소재한다. 펀드 규모는 32억 달러다. 주로 초기 단계 스타트업에 투자하며 주요 투자 분야는 핀테크, 에듀테크, 농업테크(agritech), 인공지능, 블록체인 등 모든 종류의 기술 기반 스타트업 등이다. 투자 조건은 10% 지분이다. 지금까지 투자한 스타트업 기업은 로지(Lozi), 테크엘리트(TechElite), 스쿨버스(Schoolbus), 베이스(Base.vn), 십60(Ship60), 하치(Hachi), 핸드프리

(Hand Free), 페코(Peko) 등이다. 로지는 4년간 지원을 받아 약 800만 달러 규모의 기업가치를 지닌 음식을 사랑하는 사람들의 소셜네트워크로 성장했다. Ship60은 운송 시간을 60분으로 줄이는 즉각적인 운송 서비스로, 2년 만에 라자다(Lazada) 등 대형 유통채널의 운송 서비스 제공자가 됐다. 롯데 액셀레이터는 매년 VSVA와 함께 스타트업 경진대회 부트캠프를 개최하고 있다.

- 부트캠프(BOOTCAMP)

  베트남 실리콘밸리 주최로 하노이에서 연례행사로 열린다. 2019년 7월에 신청을 마감해 8월 온라인 인터뷰, 9월 투자자 인터뷰, 10월 부트캠프 프로그램 스타트 등으로 진행됐고 2020년 1월 데모데이를 개최했다. 최종 선정되면 4만 달러 지분투자(본인 자금 10%), 하노이 및 호치민에 코워킹 스페이스 제공, 베트남 유명 벤처캐피털 및 관계자를 연결하는 등의 지원을 받는다.

🌐 www.siliconvalley.com.vn

● 비즈니스 스타트업 서포트 센터(Business Startup Support Center, BSSC)

2010년에 설립됐으며 호치민에 소재한다. 펀드 규모는 알려지지 않았다. 주로 프리시드, 시드 단계의 스타트업에 투자하며 IT, 미디어, 전자상거래, 교육, 핀테크 등에 주력한다. 지금까지 투자한 스타트업 기업은 럭키 텔(Lucky Tel, 환자 의료기록 발급 시스템), Magix(최적 패키징 솔루션 제공), Ekid(가상현실 기술 적용 스마트 토이) 등이다. 스타트업 라이스볼 아세안(Startup Rice Bowl ASEAN) 선정 2017년 최고의 액셀러레이터 프로그램이다. 호치민 인민위원회는 선도적인 종합 지원 센터로 선정했다. 한국 벤처기업협회와 상호 진출 지원 및 기관 간 협력을 위한 MOU를 체결했다.

🌐 bssc.vn

- 베트남 혁신 스타트업 액셀러레이터(Vietnam Innovative Startup Accelerator, VIISA)

2017년에 설립됐으며 호치민에 소재한다. 펀드 규모는 600만 달러다. VIISA는 비즈니스 액셀러레이션 프로그램과 시드 단계 펀드로 현지 IT 기업 FPT와 드래곤 캐피털이 함께 설립했다. 시드 단계의 스타트업에 주로 투자하며 분야는 전자상거래, 헬스케어, 패션 등이다. 투자 조건은 10% 지분이다. 주로 배치 프로그램, 펀딩, 코워킹 스페이스, 멘토링 등을 지원한다.

지금까지 투자한 스타트업 기업은 엘라 스터디(Ella Study, 해외 연수 과정 검색, 관련 졸업생 자문 연결, 온라인 지원 등이 가능한 웹사이트 및 모바일 앱), CYFEER(아파트 및 건물 관리용 전자솔루션 구축), 사이고니어(뉴스, 사회, 식음료 등 부문별 정보 제공 온라인 플랫폼) 등이다. 지금까지 스타트업 400개 사를 지원했고 스타트업 액셀러레이션 프로그램 3개를 운영했다. FPT, 드래곤 캐피털그룹, 한화그룹 등이 파트너로 참여하고 있으며, 다양한 분야의 150개 스타트업 아이디어를 발굴했고, 이 중 다수가 이미 실행에 옮겨지고 있다.

- 액셀러레이션 프로그램 배치(Acceleration Program Batch)

  매년 상반기와 하반기로 나누어 개최된다. 4개월 프로그램으로, 첫 1개월 동안 온라인 코칭 후 3개월간 호치민시에서 글로벌 기업가, 투자자, 기업 파트너의 멘토링, IT 컨설팅, 회계 관리 서비스 등을 지원한다. 스타트업 3~4개 사가 참가하며 배치 프로그램 졸업 스타트업 중 상위 8개 사의 평균 수입 5배 증가, 350개 일자리 창출, 최대 현금 1만 5천 달러 펀딩, 최대 20만 달러 후속 자금 등의 성과를 이뤘다.

  🌐 www.viisa.vn

● 토피카 창업자 인스티튜트(Topica Founder Institute, TFI)

베트남의 스타트업 중 에듀테크의 강자로 떠오르고 있는 토피카는 창업자 인스티튜트를 2011년에 설립했다. 하노이에 소재하며 펀드 규모는 1천만 달러다. 시드, M&A 단계의 스타트업에 투자하며 주요 투자 분야는 빅데이터, 에듀테크 등이다. 지금까지 투자한 스타트업 기업은 Appota(게임 유통 및 모바일 앱 플랫폼, 동남아 3천만 명 이상의 유저 보유), Beeketing(세계 3만 명 이상의 판매자가 이용하는 자동 마케팅 플랫폼), Monkey Junior(100개국 2백만 명이 사용하는 온라인 영어 학습 프로그램), Imap(디지털 지도 데이터베이스 및 소프트웨어, 지리 정보 시스템 기반 솔루션 등 구축) 등이다.

베트남 스타트업 기업을 육성하고 글로벌화를 위한 스타트업 생태계 구축에 보탬이 되고자 한다. 지금까지 이곳을 졸업한 60개 사 이상이 2천만 달러 이상의 펀딩에 성공했다. 2016년 베트남에서 시드 및 시리즈 A 단계 펀딩에 성공한 스타트업 기업의 30%가 TFI 교육 기업이었다. 베트남에서의 성공에 이어 2016년 태국에서도 서비스를 개시했으며, 첫 번째 배치(batch)에 36개 사 스타트업이 참여했다. 트레이닝 코스는 14~15주간 이어지며, SEO(검색엔진 최적화)와 프로그램 개발, 자산 관리 및 회계, 인사 경영, 사업 모델 제작 관련 수업을 진행한다.

🌐 www.topica.asia

● 스타트업 베트남 재단(Startup Vietnam Foundation, SVF)

2014년에 설립됐으며 하노이에 소재한다. 펀드 규모는 알려지지 않았다. SVF는 베트남 최초로 스타트업을 지원한 비영리 펀드다. 주로 프리시드, 시드 단계의 스타트업에 투자하며 주요 투자 분야는 은행 업무, 핀테크, 농업테크 등이다. 지금까지 VAST(Vietnamese Academy of Science and Technology)와의 협업, 학생 지원 네트워크, 핀테크 서밋 인큐베이터 프로젝트, 코워킹 스페이스 구축 프로젝트, 기업가 네트워크 구축 등 여러 프로젝트를 성공적으로 실행했다. 주로 기술 컨설팅, 투자 연결, 제품 상품화 등을 지원한다. 프로그램에 참여한 6천 명 이상에게 SVF의 활동을 알렸으며, 베트남의 혁신과 창업 생태계에 도움이 되고자 하는 많은 전문가, 기업가와 신뢰를 구축했다. 지난 5년간 SVF는 스타트업 훈련 프로그램을 제작해 약 만 개의 비즈니스 및 스타트업에 영향을 주었으며 'For You, For Vietnam'이라는 슬로건을 가지고 베트남 스타트업 생태계 조성에 힘쓰고 있다.

• 리더업 액셀러레이터 프로그램(LeaderUP Accelerator Program)
  2020년 주최 시기는 미정이다. 3개월 집중 리더십 프로그램으로, 팀워크와 전략적 사고방식, 회계 관리, 소프트 스킬 관련 훈련을 제공한다.

🌐 www.svf.org.vn

● 해치 벤처스(Hatch Ventures)

2012년에 설립됐으며 하노이에 소재한다. 펀드 규모는 알려지지 않았다. 시드 단계의 스타트업에 투자하며 주요 투자 분야는 정보기술 또는 제품이나 서비스 개발 등이다. 지금까지 KidsOnline(클라우드 기반 유치원 운영 시스템), Triip.me(여행객과 현지인을 연결해 주는 여행 플랫폼), Money Lover(모바일 기기 기반 개인 재무관리 앱) 등이 해치 벤처스의 지원 프로그램에 참여했다. 2017년 하노이와 호치민에서 창업 지원 프로그램 개발이나 실행과 관련해서 VYE(Viet Youth

해치 페어 현장

Entrepreneurs)와 협력했다. 베트남 창업 생태계를 조성하려는 노력의 일환으로 동남아시아 최대 스타트업 행사 중 하나인 'HATCH! Fair'를 만들어 매년 개최 중이다.

- 해치 페어

하노이, 다낭, 호치민에서 2013~2018년까지 연례 개최됐다. 2020년 개최는 미정이다. 베트남 청년을 위한 혁신 기술박람회이며 호주 대사관, 핀란드 대사관, 베트남 실리콘밸리(VSV) 등과 공동으로 개최한다. 약 50명의 각 벤처캐피털 담당자 및 스타트업 기업 150여 개 사가 참여한다. 스타트업 전시회, 국제 기업가 콘퍼런스, 스타트업 최신 트렌드, 베트남 스타트업 기업과의 Q&A, 기술 시연 등으로 이루어진다.

🌐 www.hatch.vn, fair.hatch.vn/hatch-fair-reports.html

● Women's Initiative For Startups And Entrepreneurship(WISE)

2017년에 설립됐으며 하노이에 소재한다. 투자 규모는 알려지지 않았다. 주로 프리시드, 시드 단계의 스타트업에 투자하며, 주요 투자 분야는 정보기술과 생활 전 분야다. 'She Means Business' 프로그램과 'Her Venture' 앱을 운영했다. WISE 액셀러레이터 데모데이, 우먼 이노베이션 페스티벌을 개최하고 여성을 위한 모바일 앱 개발 교육 프로그램을 운영한다.

🌐 wisevietnam.org

● FPT 벤처스

2015년에 설립됐으며 하노이에 소재한다. 펀드 규모는 500만 달러다. FPT는 베트남 최대 정보기술 서비스 기업으로 스타트업에 투자, 근무지, 시장 확장 및 고객 확보 자문, 기술 인프라, 마케팅 및 PR 등을 제공한다. 주로 시드, 시리즈 A 단계에 투자하며 FPT 사의 인프라와 기술을 활용한 공동개발을 추진한다. 주요 투자 분야는 온라인 미디어, 교육, 원격의료 시스템, 온라인 몰, 광고, 5G, 교통시스템 등이다. 투자 요건은 기본적으로 제한이 없으나 아이디어 상품화 및 구체화 단계 이상으로 법인 설립을 마치고 해당 분야에서 실질적으로 활동하는 기업이어야 한다.

FPT 스타트업 프로그램 또는 500 스타트업, 창업자 인스티튜트, 매직, JDFI, Dream+ 등에 참여하거나 졸업한 기업을 대상으로 한다. VIISA, FPT 벤처스와 드래곤 캐피털 사와 공동 투자해 운영된다. 최근 베트남 개발은행(BIDV)과 우리 기업 한화가 600만 달러를 투자했다. 또 베트남 내 스타트업 투자 프로그램을 운영한다.

🌐 www.viisa.vn

- VIISA 액셀러레이터 프로그램

  FPT 벤처스 주최로 하노이와 호치민에서 연례행사로 열린다. 2019년에는 3~7월에 걸쳐 개최됐다. 4개월 과정으로 프로그램이 진행된다. 최대 1만 5천 달러 크라우드펀딩이 이루어지며 코워킹 스페이스, 프로그램 지원과 멘토십(150개 이상의 기업, 투자자, 사업가 등에 컨설팅 지원), 사원 활용(IT 컨설팅, 금융 관리 서비스 등 제공) 등이 추진된다. 프로그램 졸업 후 VIISA는 약 20만 달러를 지원한다. 기업 연계 지원과 향후 팔로우업이 추진되며 한국 또는 싱가포르에 진출을 희망할 경우 지원해준다.

🌐 fptventures.com, www.viisa.vn/investment-day-2019

VIISA 액셀러레이터 프로그램

● CMC 혁신 펀드

2017년에 설립됐으며 하노이에 소재한다. 펀드 규모는 250만 달러다. 주로 시리즈 A 단계의 스타트업에 투자하며 경영에는 참여하지 않고 재무적 투자를 한다. 주요 투자 분야는 능동형 컴퓨팅, 핀테크, 광고, 지능형 데이터 분석, 블록체인 등이다. 현재 제품이 있으며 시장 진출이 바로 가능한 스타트 기업, 3~5년 내 200~300만 달러의 매출 발생이 기대되는 기업, 향후 기술이전에 대한 논의가 가능한 기업을 대상으로 한다. 베트남 과학기술부 산하 국가 스타트업지원센터 내 별도 프로그램에 파트너로 참여 중이다(nssc.gov.vn) 단독으로 운영하는 프로그램은 없다.

🌐 www.cmc.com.vn/innovation-fund

● 빈그룹 벤처스(Vingroup Ventures)

베트남 최대 대기업 빈그룹의 벤처캐피털로, 성장 단계에 있는 스타트업에 1억 달러를 투자할 계획이다. 주요 관심 분야는 인공지능, 빅데이타, 핀테크, 사물인터넷 등이다.

🌐 vingroupventures.vn/en

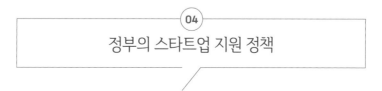

04

정부의 스타트업 지원 정책

2025년까지 스타트업 지원 제도 제정

베트남은 2016년 '국가 창업의 해'로 지정하고 '2025 베트남 혁신 스타트업 생태계 지원 제도(Decision 844/QD-TTg)'를 발표했다. 이후 지속 가능한 기업 생태계 구축을 위해 여러 정책을 수립하고 있다. 정부 결정서 844/QD-TTg의 실질적 성과 창출을 위해 '국가 프로젝트

844(The Initiative for Startup Ecosystem in Vietnam)'를 시행해
스타트업 기업 육성을 위한 제도, 자금 조달, 교육 등 지원책을 실시
하고 있다. 2018년에는 학생과 여성의 창업을 지원하기 위해 별도의
지원 제도를 마련하는 등 적극적으로 지원하고 있다.

● 스타트업 생태계 지원 제도의 주요 내용

베트남 정부 결정서 844/QD-TTg의 목표는 지식, 기술, 신경영 모델
개발을 기반으로 성장 가능성이 높은 스타트업의 창업과 발전을 지원
하는 것이다. 2025년까지 ①2천 개 혁신 스타트업 지원, ②300개 스
타트업 지원, ③100개 기업의 벤처캐피털 투자 유치 또는 M&A 달성
등의 목표를 설정했다.

지원 대상은 ①창업 프로젝트를 가진 기업으로서 활동 기간이 기업등
록인증서 발급일로부터 5년 이하인 기업, ②혁신 스타트업을 대상으로
시설, 기술, 투자, 통신 서비스를 제공하며 다음 조건을 만족시키는 조
직, ③대표자가 기업 대상 투자, 재무, 지원 컨설팅, 기업 개발과 관련
해 최소 1년 이상의 경험 보유, ④최소 1년간 10개 이상의 혁신 스타
트업을 대상으로 서비스 제공 경험이 있으며 10억 VND 규모(약 4만 3
천 달러)의 투자 유치 경험 보유, ⑤조직 활동의 기능, 임무에 적합한
창업 지원 규정이 있으며 베트남의 혁신 스타트업을 대상으로 국내·외
기업과 협업 약정(투자·양성·컨설팅 관련)을 체결한 조직 등이다.

구체적인 지원 활동으로는 기술, 특허, 국가표준, 인력 등의 정보 제
공을 위한 국가 차원의 포털 사이트를 구축하고, 혁신 스타트업 성장
잠재력이 높은 지역에 스타트업 지원 서비스센터를 설립한다. 과학기
술 관련 연간 국가 예산에 테크페스트(TechFest, 국제 규모의 국가 기
술 창업 페스티벌) 개최를 위한 경비를 편성해 2020년까지 국가 과학
기술 프로젝트 차원에서 기술 상업화 프로그램을 지속적으로 추진한
다. 혁신 스타트업을 위한 인력 양성 및 서비스 활동을 개발하고 시

설·기술 개발을 지원한다. 또 스타트업 활동 관련 방송 프로그램 제작을 위한 경비를 지원하고 역내 및 세계 스타트업 네트워크 구축을 위한 경비 역시 지원한다. 이뿐만 아니라 해외 시장 개척을 위한 파트너, 투자자 소개, 투자자와 국내 스타트업 수속을 지원하고 혁신 스타트업의 연구, 시험, 시장 테스트, 저이자/무이자 융자 등에 중앙 행정부처와 직할 성·시의 과학기술 발전기금 사용을 장려한다. 혁신 스타트업 환경 조성에 필요한 각종 법규를 개정 혹은 신설할 예정이다.

● **국가 프로젝트 844 주요 내용**

스타트업 창출과 성장에 유리한 환경을 조성하고 스타트업 지원을 위한 법적 프레임 워크를 구축하고 개선한다는 목표를 두고 있다. 또 국가 스타트업 포털을 생성하고 총 2천억 VND(28억 달러) 규모의 2천 개 프로젝트를 지원한다. 교육과 역량 개발 측면에서 스타트업 생태계 이해관계자들을 위한 기능 개발과 교육 프로그램을 지원한다. 커뮤니케이션과 홍보 측면에서는 스타트업 생태계, 지역, 국가, 국제 스타트업 생태계 내 이해관계 간의 네트워킹을 장려한다. 정책과 법적 기틀 마련 측면에서는 벤처기업 등록, 활동 그리고 베트남 투자에 유리한 법률 기틀을 마련하고 유지한다. 펀딩은 대학, 연구소와 스타트업, 멘토, 코치, 투자자 및 지방 정부 공무원을 위한 교육 프로그램 제공 기업, 스타트업 생태계의 구성 요소를 위한 서비스 제공 기업, 혁신적인 스타트업 생태계를 위한 커뮤니케이션 대행사 그리고 인큐베이터, 액셀러레이터 등에 중점을 둔다.

최근 정부의 스타트업 생태계 지원 조치

지원 정책	2025년까지 스타트업 생태계 지원 제도 (정부 결정서 844/QD-TTg, 2016년)
	스타트업 생태계 지원 제도 참가 신청 안내 (과기부 결정서 3362/QD-BKHCN, 2017년)
	2025년까지 창업 학생 지원 제도 (정부 결정서1665/QD-TTg, 2017년)
	2017~2025년 여성 창업 지원 제도 (정부 결정서 939/QD-TTg, 2017년)
	중소기업 지원법 및 중소기업 지원 시행령 제정 (2017~2018년)
	중소기업 및 스타트업 투자 규정 제정 (정부 의정서 38/2018/ND-CP, 2018년)
금융과 재정의 변화	중앙은행 핀테크 산업 관리반 설립
	현금 없는 거래에 관한 규정 (정부 의정서 80/2016/ND-CP, 2016년)
세제 지원	과학기술 분야 기업에 대한 세금 감면 지원 규정 (정부 의정서 13/2019/ND-CP, 2019년)

출처: KOTRA 하노이무역관 종합

스타트업 정부 및 유관 기관 조직도

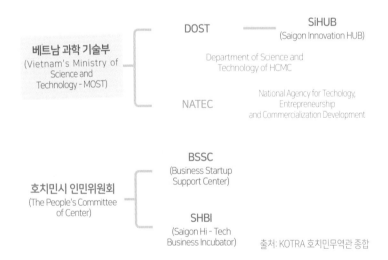

출처: KOTRA 호치민무역관 종합

무엇보다 자국 스타트업에 초점을 맞추다

베트남 정부는 스타트업을 통해 경제 부흥을 도모한다. ①인공지능, 로봇, 스마트 시스템, ②교육, ③하이테크 농업 및 음식 가공, ④그린에너지, 환경, 건강, 관광 등 2050년까지 적용될 4대 분야를 선정해 하노이, 호치민, 다낭에 주력 분야를 각각 배정했다. 이 중 호치민시의 주력 분야는 하이테크, 마이크로 전자기술, IT, 텔레커뮤니케이션, 신소재, 나노테크, 사물인터넷 등이며 이를 뒷받침하기 위해 혁신적인 아이디어를 가진 스타트업 육성에 심혈을 기울이고 있다. 일례로 호치민시 인민위원회는 현지 스타트업 커뮤니티 조성 및 지원에 적극적으로 나오고 있다. 2020년까지 50만 개 기업 설립을 목표로 하며 호치민시를 베트남의 스타트업 중심지로 만들기 위해 노력하고 있다. 베트남 정책관리연구소에 따르면 호치민시 인민위원회는 4대 분야 중 호치민시 주력 분야와 연관된 스타트업에 지원금 약 9만 달러를 2년에 걸쳐 지급하겠다고 발표했다(Decision 5342, 2016년).

외국 스타트업 기업에 대해서는 아직 제도 미흡

우리 스타트업이 베트남에 진출할 때 어려운 점을 살펴보면 베트남 정부의 지원 제도가 얼마나 자국 스타트업 중심으로 되어 있는지 알 수 있다. 베트남 정부 산하 스타트업 지원 제도와 벤처캐피털 투자 대상이 자국 스타트업으로 제한되어 실질적으로 외국 스타트업이 혜택을 보기는 어렵다. 베트남 정부 부처에서 만든 투자 및 펀드의 경우, 대부분 과학 및 기술 분야에 국한되어 있으며 현지 기관 혹은 개인의 연구와 기술 활동 지원을 위해 설립된 경우가 많다. 현지에서는 스타트업 진출도 외국인 투자로 간주되며 현지에서 법인을 설립하기 전에 업종과 소재지에 따라 세금 감면, 컨설팅 제공 등의 혜택은 있으나 비자 지원 혹은 인센티브는 없다. 또한 외국인 투자자는 베트남에서 개인사업자 등록이 불가하며 일반적으로 외국인 투자 법인을 설립해야 진출할 수 있어 소자본 창업을 할 때도 법인을 설립해야 한다.

주요 콘퍼런스와 프로그램

스타트업 관련 주요 콘퍼런스

● 베트남 벤처 서밋(Vietnam Venture Summit)

베트남 기획투자부(MPI), 베트남 과학기술부, 골든게이트 벤처스(Golden Gate Ventures) 주최로 하노이와 호치민에서 비정기적으로 개최된다. 2019년에는 6월 10일과 12일에 개최됐다. 베트남 스타트업 투자환경을 소개하고 스타트업 생태계를 연구한다. 스타트업 지원을 위한 국가 지원 정책을 소개하고 국제 벤처캐피털 회사들과 질의응답 시간 등을 갖는다. 주요 참가 기업에는 사이버 에이전트 벤처스, 메콩 캐피털, 구글, 비자, BCG 디지털 벤처스, 롯데 등 100개가 넘는 벤처캐피털 회사가 있다.

🌐 dean844.most.gov.vn/vietnam-venture-summit-2019.htm

베트남 벤처 서밋 현장

● 하노이 이노베이션 서밋(Hanoi Innovation Summit)

하노이시, 베트남 기획투자부(MPI), 스쿨랩, Startup Sesame 주최로 하노이시에서 열리는 연례행사다. 2019년에는 8월 28~30일에 걸쳐 개최됐다. 하노이시와 민간 주도로 개최되는 베트남 최대 스타트업 행사. 환경, 스마트시티, 모빌리티, 생활과학, 업무혁신, 소비재 등 6가지 주제로 전시회, 워크숍, 강연, 데모데이 등이 진행된다. 전 세계 70명의 연사가 워크숍과 강연을 진행하고 스타트업 부스 150개가 운영된다. 데모데이에 글로벌 팀 60곳이 참여하고 상금과 실리콘밸리 부트캠프 참여권 등이 제공된다. 정부 기관, 대기업, 스타트업, 언론사 등 약 3천 명이 참여한다. 주요 참가 기업은 빈그룹, 다솔트 시스템(Dassault Systemes), 드림플렉스(Dreamplex), 빈테크 시티(Vintech City), 오페나시아(Openasia), 마이크로소프트, 유니버설 로비나(Universal Robina), 겟 링크스(Get Links), 해치 벤처스, 신한 퓨처스랩(Shinhan Furtures Lab) 등이다.

🌐 hanoiinnovationsummit.com

하노이 이노베이션 서밋 현장

● 테크페스트 베트남(TechFest Vietnam)

베트남 과학기술부(MOST) 주최로 하노이(2015~2017년 개최), 꽝닌성(2019년) 등에서 매년 개최된다. 정부 주도로 개최되는 창업 지원 연례 프로그램으로 한국과 미국에서도 열린다. 2019년 11월 8일,

한국 벤처기업협회와 공동으로 서울 콘퍼런스를 개최했다. 오프닝 의식, 데모데이, 해커톤, 전시회 등으로 구성된다.

🌐 techfest.vn

테크페스트 현장

● 베트남 스타트업 휠(Vietnam Startup Wheel)

BSSC(Business Startup Support Center)가 주최하는 베트남 스타트업 휠은 글로벌 스타트업과 창업가들이 참여하는 현지 최대 창업 경진대회다. 2019년에는 한국 스타트업 '잔디(업무용 메신저 플랫폼)'가 최종 우승을 차지하며 국내 스타트업의 베트남 진출 가능성을 인정받았다. '잔디' 외에도 해외 송금 서비스 전문인 '모인', 스마트 헬멧 '아날로그플러스'까지 국내 스타트업 3개 사가 최종 TOP 5에 선정됐다. 열리는 시기는 8월 21~22일이다. 약 1만 명의 참가자와 12개국 200개 사, 투자자 100명이 참여하는 규모다. TOP 50 선정 스타트업 피

베트남 스타트업 휠 현장   출처: BSSC

칭, 스타트업 전시회 등이 진행된다. 현지 투자자와 스타트업이 네트워킹할 수 있는 장을 마련하고, 43만 달러 상금을 제공하며, 베트남 진출을 위한 상담 등을 지원한다

스타트업 관련 정부 부처나 유관 기관의 프로그램

● 교육훈련부(Ministry of Education and Training)

학생들의 기업가 정신을 고취하고 스타트업 창업을 추진할 수 있도록 지원하는 세부 프로그램과 계획을 수립한다. 기업가 정신과 스타트업 창업 관련 기술이나 지식을 배울 수 있는 교육 훈련 과정과 대학 등 교육기관 내 스타트업 센터에 필요한 장비를 제공한다.

🌐 www.moet.gov.vn

● 과학기술부(Ministry of Science and Technology)

지적재산, 기술, 신규 비즈니스모델에 기반한 스타트업 설립과 육성을 위해 우호적인 여건을 조성하는 것이 목적이다. 혁신 스타트업 지원을 위한 법률체계 조기 완성, 베트남 혁신 포털 구축, 800개 프로젝트와 200개 스타트업 지원 등을 추진한다.

🌐 www.dean844.most.gov.vn

● 호치민시의 과학기술부

베트남 과학기술부 산하 기관으로 호치민시의 과학기술 활동을 관리하며 호치민시 스타트업 커뮤니티와 생태계 발전을 담당한다.

● 사이공 이노베이션 허브(Saigon Innovation Hub, SIHUB)

베트남 과학기술부 소속 호치민시 스타트업지원센터로 자국과 해외 스타트업 연합을 통해 베트남 경제 발전 가속화라는 목표를 가지고 활동한다. 2018년 SIHUB는 한국, 말레이시아, 독일, 태국, 핀란드, 미국, 대만에 스타트업 커뮤니티를 조성했으며 2020년 전략적 프로그램

의 일환으로, 글로벌 파트너십, 글로벌 전략적 제휴, 이벤트 등 현지 스타트업과 해외 파트너 연결 지원 사업 10개를 발표했다.

● 비즈니스 스타트업 서포트(Business Startup Support Center, BSSC)
호치민시 인민위원회에서 설립한 BSSC는 남부 최대 창업지원센터로 2011년 설립되어 초기 스타트업에 맞춤형 프로그램을 제공하는 유일한 기관이다. 스타트업이 안정적으로 기반을 닦을 수 있도록 컨설팅과 인큐베이션 등 실질적인 창업 지원 프로그램을 운영한다. 현지 스타트업에는 대출을 통한 재정 지원을 제공하며 현재까지 총 대출액은 4만 3천 달러로 천 개가 넘는 프로젝트를 지원했다.

🌐 bssc.vn

● 사이공 하이테크 인큐베이터(Saigon Hi-Tech Business Incubator, SHBI)
SHBI는 사이공 하이테크 파크 소속의 비영리 기관으로 호치민시 인민위원회가 2006년에 설립했다. 초소형 전자 공학, ICT, 나노테크, 재생 가능 에너지, 바이오테크 같은 하이테크 분야와 기술 관련 신생 기업이 우선 지원 대상이다. 초기 스타트업에 12~36개월 인큐베이션 프로그램을 제공한다. 현재까지 호치민시에 있는 약 950개 스타트업 기업을 지원했다.

🌐 sihub.vn

● NATEC(National Agency for Technology Entrepreneurship and Commercialization Development)
2015년 9월부터 혁신 기업 에코시스템 지원 국가 프로그램으로 개발됐다. 베트남 국내외 스타트업 창업과 비즈니스모델 개발에 경험 있는 전문가와 성공적인 기업가들을 연결하는 시스템과 데이터베이스를 구축할 예정이다. 조세 관련 정책, 법률, 재무 및 회계 등 관련 컨설팅과 함께 스타트업이 전문 기업으로 성장할 수 있도록 교육 훈련 코스 등을 지원한다.

🌐 www.natec.gov.vn

● NATIF(National Technology Innovation Fund)
국가 기술 혁신을 위한 정부 기금으로, 각 연구기관과 기업, 개인에 우대 금리로 제공하는 비영리 자금이다. 과학기술 분야 중 농업, 임업, 수산업 개발을 위한 응용기술을 소개하고 활용하기 위해 사용된다.

🌐 www.most.gov.vn/vn/pages/ChiTietToChuc.aspx?tochucID=2745

● FIRST(Management board of Fostering Innovation Through Research, Science, And Technology)
과학 연구와 기술을 통해 혁신적인 발전을 꾀하려는 장기적인 목표 아래 효율성 증가와 경쟁력 확보 방안을 마련하는 것이 목적이다. 기금 사용을 신청하는 주요 연구기관, 기업, 개인은 정해진 기준을 통과해야 한다. 지원 비용은 총 1억 1천만 달러이며 연구비 우대대출 지원(세계은행 IBRE-IDA 1억 달러)과 대응비용 지원(1천만 달러)으로 구성되어 있다.

🌐 first-most.vn

● NAFOSTED(National Foundation For Science And Technology Development)
국가 과학기술 발전 기금으로, 과학기술 분야에서 생산성과 효율성을 높일 만한 프로젝트를 보유한 기업이나 개인이라면 누구나 신청할 수 있다. 자금 지원과 자금 대출 지원 사업으로 나뉘며 국가 단위 과학기술 분야와 과학기술부 장관의 심사를 받은 사업에 지급된다.

🌐 nafosted.gov.vn

● IPP(Innovation Partnership Program)

베트남과 핀란드 간 혁신개혁 프로그램으로, ODA(선진국에서 개발도 상국이나 국제기관에 하는 원조) 자금을 통해 운영된다. 현재 IPP는 2단계(2014~2018년)를 종료했으며 총 1천만 유로를 지원했다. 주로 대학과 연계해 교육과 혁신을 통한 창업 활동에 지원한다.

🌐 ipp.vn

● MBI(Mekong Business Initiative)

MBI는 아시아 개발은행과 호주 정부가 베트남, 캄보디아, 라오스, 미얀마 혁신 개발을 위해 조성한 기금이다. 주요 활동으로 베트남 여성의 창업과 스타트업 활동을 지원하기 위한 단체를 설립했고 (wisevietnam.org), 호치민, 다낭, 프놈펜 등에서 스타트업과 벤처기업 지원 프로그램을 개최했다.

🌐 mekongbiz.org

 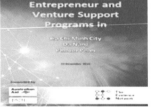

베트남 여성 창업 활동 지원 단체 설립

스타트업 육성 주요 대학과 연구기관

● 하노이과학기술대학교(Hanoi University of Science and Technology)

하노이 과학기술대학교 안에 스타트업을 위한 인큐베이터가 있다. 벤처기업, 협회 등에 비즈니스를 위한 자본 투자를 한다. 기술에 대한 제품 상용화, 기술 컨설팅 및 기술이전, 투자 컨설팅 지원, 기타 국내외 벤처캐피털과의 연계를 지원한다. 누구나 참여할 수 있다.

🌐 www.bkholdings.com.vn

● RMIT Vietnam-Centre of Digital Excellence(CODE)

베트남 RMIT 대학교 안에 있는 디지털 분야 비즈니스 및 국가 프로젝트 수행을 위한 연구와 교육을 하는 센터로 2016년 CODE를 설립했다. 하노이와 호치민에 소재하고 있다. IT 및 디지털 분야 교육을 위한 연구와 더불어 지원 활동 프로젝트(CODE4 SCHOOLS), 블록체인과 재무 분야 연구 및 개발을 위한 프로그램 등을 진행한다. 또 구글과 협력해 베트남 디지털 4.0을 실행하기 위해 중소기업과 스타트업을 지원하는 프로그램을 진행한다.

🌐 www.rmit.edu.vn/about-us/schools-and-centres/centre-digital-excellence

● 베트남 국립농업대학교(Center for Agricultural Technology Incubation, CATI)

하노이에 소재하는 대학으로 기술 트렌드, 콘퍼런스 정보 제공, 센터가 보유한 기술이전 관련 우선권 부여, 마케팅 및 시장 접근 지원, 금융 지원과 조언, 경영 기술 교육, 인적 자원 관리 교육, 회계 및 감사 자문, R&D 활동 지원과 자문, 기술이전 자문, 법률과 지적재산권 관련 자문 등을 지원하는 인큐베이션 프로그램을 진행한다. 개인적인 사무공간, 회의실, 연구실과 장비 같은 시설도 사용할 수 있다. 심사 절차는 ①프로그램 참여 등록, ②등록 시 제출한 프로파일 검토, ③대면 인터뷰, ④인터뷰 합격자 대상 사전 인큐베이션 진행(비즈니스 아이디어 완성 지원, 법률과 경영 자문 제공), ⑤공식 선발과 계약 체결 순으로 진행된다.

🌐 cativnua.org

● 호치민시 경제대학교(Center for Entrepreneurship Development, CED)

호치민시 경제대학교에서 2016년 CED를 설립해 운영 중이다. 스타트업 활동과 스타트업 생태계 분야와 관련한 응용 연구를 수행한다. 컨설팅과 자영업자 대상 업무 처리 역량 강화 트레이닝을 지원한다. 또 사업 지원 서비스, 학생과 농어촌 청년 대상 창업 지원 서비스를 제공한다.

● 호치민시 기술대학교(Technology Business Incubator, TBI)

호치민시 내 기술 기반 창업을 도모하기 위해 2010년에 설립됐다. 비즈니스 관리, 기술과 컨설팅을 지원한다.

VIETNAM

현지 투자자 인터뷰
VC Interview

액세스 벤처스(Access Ventures)

동남아시아 지역 전문 투자자들로 구성된 글로벌 벤처캐피털이다. 현재 북미, 동남아시아, 한국 지역 투자를 진행하고 있다. 베트남에 진출한 시기는 2017년으로 현재까지 약 500만 달러의 투자 자금을 운용 중이며, 실제 베트남에는 300만 달러가 투자됐다.

현재까지는 스타트업 지원 프로그램을 운영하고 있지 않으나 추후 테크페스트, 베트남 벤처 서밋과 같은 국가 규모의 스타트업 지원 프로그램을 개최할 계획이다.

현재 액세스 벤처스는 베트남 스타트업 기업뿐만 아니라 외국 스타트업에 대한 투자에도 관심이 많다. ESP 캐피털과 같은 글로벌 캐피털 회사와 공동 투자에도 관심을 갖고 있다. 특히 동남아시아 및 한국 시장을 눈여겨보고 있다.

Q 베트남 스타트업 생태계의 전망은 어떻게 되나요?

베트남은 훌륭한 외국인 투자 정책을 펼치고 있고 안정된 정치와 경제 덕분에 동남아시아 지역에서 가장 잠재력 있는 시장으로 평가받고 있습니다. 무엇보다 우수한 인력이 풍부하다는 점이 중요한 장점입니다. 특별히 우수한 능력을 보유한 기술 인력이 많다는 점은 스타트업 발전에 좋은 영향을 주리라 생각합니다.

다만, 정부의 조세 정책은 스타트업 시장 발전을 저해하는 요인으로 꼽힙니다. 현재 베트남 정부는 20%의 법인세를 납부하도록 규정하고 있습니다. 이 때문에 많은 벤처 캐피털은 베트남보다는 싱가포르에 사무실을 내고 있습니다. 싱가포르의 법인세율은 0%이기 때문입니다. 이는 투자이익 회수 측면에서 상당히 중요한 요인입니다.

현재 베트남의 스타트업 기업들은 투자 자금을 유치하는 데 많은 어려움이 있는 것이 사실입니다. 투자자들은 스타트업의 현재뿐만이 아니라 향후 국제시장으로 진출 가능성을 매우 중요한 요소로 고려합니다. 제품의 우수성과 함께 모든 스타트업의 체계는 인터넷 및 물류 시스템을 활용할 수 있는 접근성이 필요합니다. 이를 통해 빠르게 글로벌 시장 진출이 가능하기 때문입니다. 우리 벤처사는 향후로도 이러한 정보통신 기반의 스타트업 기업에 관심이 있으며 현재도 베트남에서 베트남과 동남아시아 구직지원 플랫폼인 비엑(Viec.co)에 투자를 고려 중입니다.

Q 투자할 때 중요하게 보는 부분은 무엇인가요?

사업의 잠재력과 비전이 부합한다면 투자를 결정할 때 특별한 기준은 없습니다. 투자 지분은 최대 20%를 넘지 않는 선에서 진행하고 있습니다.

Q 현지 진출을 희망하는 한국 스타트업에 조언을 한다면요?

베트남에 진출하고자 하는 한국 스타트업 기업들이 있다면 먼저 베트남 시장을 이해하는 데 많은 시간을 할애하라고 조언하고 싶습니다. 또한 현재 베트남에서 활동하고 있는 다수의 한국 벤처캐피털 회사와 접촉해 현지 진출 방법과 협력 가능성 등을 충분히 검토한 후 성공 가능성이 있을 때 진출해야 합리적입니다. 모든 시장은 나름대로 흐름이 있고 국가별 차이가 있으니 이 점을 유의해야 합니다.

현지 투자자 인터뷰
VC Interview

파타마 캐피털(Patamar Capital)

베트남과 동남아시아에 중점을 둔 임팩트 투자(Impact investment) 벤처캐피털이다. 베트남에서 주요 투자 대상은 대량 판매 시장을 타깃으로 하는 기술 기반의 회사나 플랫폼이며, 주로 시리즈 A와 B에 투자한다.

Q 앞으로 어떤 스타트업이 유망할까요?

넓은 소비 계층을 아우르는 에듀테크, 헬스케어, 유통 및 금융기술 분야가 앞으로 주목을 받을 것 같습니다. 실제로 파타마 캐피털의 주요 베트남 포트폴리오 분야는 에듀테크, 금융 소프트웨어 및 청소 서비스 플랫폼입니다.

Q 투자할 때 중요하게 보는 부분은 무엇인가요?

베트남이나 다른 동남아시아 국가에서 발생한 수익을 중요하게 보고 있습니다. 1년에 백만 달러 정도의 수익을 기준으로 평가합니다. 수입이 발생했다는 것은 시장에 안정적으로 진출했음과 성장 가능성을 보여주기 때문입니다.

Q 현지 투자자와 만날 때 무엇을 가장 신경 써야 하나요?

현재까지 몇몇 한국 스타트업을 만나보았는데 그들은 매우 창의적인 아이디어를 가졌으며 베트남에 흔치 않은 독특한 사업 모델을 가지고 있었습니다. 현지 투자자를 만날 때는 타깃 시장에 집중하고 있다는 충분한 활동 근거를 보여줘야 합니다. 설립 초기 단계를 벗어나서 비교적 안정된 후에 베트남 시장 진출을 고려하고 투자자를 만나는 것이 좋습니다.

Q 현지 진출을 희망하는 한국 스타트업에 조언을 한다면요?

베트남 진출을 희망한다면 우선 어떤 시장에 집중할 것인지 선택해야 합니다. 한국과 베트남 시장 둘 다에 집중하기는 어렵기 때문입니다. 베트남 시장에 먼저 집중한다면 현지 시장과 소비자를 이해하는 것이 급선무입니다. 베트남 현지 스타트업을 인수하거나 현지 팀을 구성해 언어 장벽이나 문화 차이를 극복해 나가야 합니다.

현지 투자자 인터뷰
VC Interview

500 스타트업 베트남

샌프란시스코에 본사를 둔 글로벌 초기 단계 벤처캐피털 회사다. 지난 몇 년 동안 세계에서 가장 활발한 투자활동을 했던 투자자 중 하나다. 500 스타트업 베트남은 베트남 중점 펀드로 베트남 지역과 글로벌 시장에 서비스를 제공하며 베트남 기반 스타트업을 대상으로 한다. 2020년 3월 31일 기준으로 60개 사에 투자해왔다. 금융 지원 외에도 500 스타트업 베트남은 베트남 기반 액셀러레이터 프로그램을 포함한 멘토링과 현지와 글로벌 스타트업의 연계를 지원한다.

Q 앞으로 어떤 스타트업이 유망할까요?

당사의 투자 분야 중 70%는 핀테크, 에듀테크, 전자상거래, 엔터테인먼트와 미디어, 광고 및 마케팅입니다. 동 분야 외 현지 유망 스타트업 분야는 헬스테크, 농업테크, 푸드테크라고 생각합니다.

Q 투자할 때 중요하게 보는 부분은 무엇인가요?

500 스타트업 베트남의 투자 대상은 기술 기반 스타트업이며 성장 초기 단계(엔젤~Pre A 시리즈)에 해당합니다. 또한 스타트업은 베트남에 서비스를 제공해야 하며 현지 경쟁 동향, 고객 선호도와 소비자 행동을 이해하고 있어야 합니다.

Q 현지 진출을 희망하는 한국 스타트업에 조언을 한다면요?

'제품 우선' 사고방식에서 '고객 우선'으로 발상을 전환해야 합니다. 한국과 베트남은 역사나 문화 면에서 유사점이 많지만 한국에서 적용된다고 베트남에서도 당연히 적용되는 것은 아닙니다. 따라서 베트남에 진출할 때는 한국과 비교해 현지 시장과 소비자가 어떻게 다른지 연구해야 합니다. 현지 시장에 최적화한 브랜딩과 제품, 서비스 메시지로 접근해야 합니다.

현지 진출에 성공한 국내 스타트업

로자인 비나
Rosign Vina

품목(업종)
4종 차선도료, 카멜로드,
미끄럼방지 포장재(도로, 교통 분야)

설립연도
2019년 06월

대표자
신성철

소재지
Lot B52-53, D6 street, Tan An Huy Residential,
Phouc Kien, Nha Be, Ho Chi Minh City, Vietnam

홈페이지
rosign.net (현지 홈페이지는 제작 중)

종업원 수
3명

사업 규모 (연 매출액)
한국 본사 자본금 **2억 원**
해외 법인 자본금 **10만 달러**

Q. 로자인 비나는 어떤 기업인가요?

로자인 비나는 한국의 우수한 도로 교통 신기술을 베트남 현지에 도입해 베트남 도로 교통 환경을 개선하고자 하는 목표로 사업을 진행하고 있습니다. 그 시발 제품이 4종 차선도료입니다. 베트남은 차선도료 제품의 자급률이 30%이고 나머지 70%를 수입에 의존하고 있습니다. 이 중 대부분이 중국 제품인데 현지에 한국 기술을 도입해 제조공장을 설립하고 수입제품을 대체해 현지 생산 제품을 공급함으로써 한국과 베트남의 이상적인 성공 사례로 거듭나기 위해 노력하고 있습니다.

베트남 진출은 우연한 계기에 이뤄졌습니다. 2018년 3월에 경제사절단 행사에 참여하면서 베트남을 방문했는데 그때 강렬한 인상을 받았습니다. 다른 동남아시아 국가들과 달리 활기와 생동감이 넘쳤습니다. 무엇보다도 건설과 개발 붐이 일고 있다는 것은 로자인에 기회 요소로 보였습니다. 게다가 포스트 차이나로 주목받는 나라여서 베트남 진출을 적극적으로 고려하게 됐습니다. 이후 비즈니스 파트너십 행사에서 만난 파트너들과 사업을 협의하고, 현재의 파트너와 합작 사업을 추진하게 됐습니다.

Q. 법인 설립 과정을 들려주세요. 고객과 투자는 어떻게 유치했나요?

2019년 6월 호치민에 합작법인을 설립해 운영하고 있습니다. 로컬 파트너인 부동산 투자개발 회사 비디코(BIDICO)가 31,000㎡ 공장 부지 현물을 투자했고, 공단 및 도시개발 사업의 일환으로 4종 차선도료 1만 2천 톤 공급계약을 체결했습니다.

사이공 리버 터널 4종 차선도료, 미끄럼방지 포장 시범사업, 호치민시 광장 도로 4종 차선도료 시범사업을 진행했습니다. 베트남, 라오스, 캄보디아 삼각주 도로 연결 공사 4종 차선도료 공급 계약 또한 추진 중입니다.

Q. 현지에서 파트너는 어떻게 발굴했나요?

현지 파트너 발굴은 KOTRA 프로그램과 베트남 무역관의 출장 서비스를 활용했습니다. 현재의 파트너 발굴과 현지에서 영업할 때도 KOTRA와 현지 무역관의 프로그램과 도움을 적극적으로 활용하고 있습니다.

KOTRA와 해외 무역관은 해외 진출이나 파트너 발굴 등 현지 진출 초기에 필요한 지원을 모두 해주는 기관으로 처음 시장에 진입할 때 많은 도움을 받았습니다.

Q. 현지 시장 진입 과정이 궁금해요

시장 진입 과정은 매우 많은 준비와 사전 조사가 있어야 합니다. 무엇보다도 베트남 사람들에 대한 문화와 종교, 인식 차이를 공부하고 필수 예의를 지키는 것부터 시작해야 합니다.

또 현지 진출에 대한 막연함과 어려움을 이유로 확인되지 않은 한국 컨설팅 업체나 사람들을 통해 준비하는 것은 조심해야 합니다. 내가 주체가 되어 필요한 정보 조사나 파트너 접촉을 위해 활용하는 것은 괜찮지만 컨설팅 업체에 의존해 그들의 제안을 전적으로 받아들여 준비하는 것은 지양해야 합니다.

가장 큰 이해가 필요한 부분은 베트남의 관계 문화인 '띵감(징감)'입니다. 중국의 '꽌시'처럼 관계 중시 문화가 있는데요. 그렇다고 띵감이 모든 문제를 해결해주는 것은 아닙니다. 띵감은

필요조건이지 충분조건은 아닙니다. 그리고 사업을 진행할 때 매우 느리고 더디다는 점에 유의해 진출 계획을 세울 때 충분한 시간적 여유를 확보하고 계획을 수립해야 합니다.

마지막으로 파트너와 협의한 사항은 반드시 문서화하고 사인을 받아야 합니다. 협의를 진행할 때 거절하지 않았다고 해서 긍정을 뜻하는 것은 아닙니다. 베트남 사람들은 앞에서 거절하는 것을 예의에 어긋난다고 생각하기 때문입니다. 따라서 꼭 협의 사항을 문서화하고 사인을 받아 재확인해야 합니다.

Q. 비자 등 현지 체류 자격은 어떻게 얻었나요?

저를 비롯해 한국 직원의 체류 자격 취득은 현재 진행형입니다. 대표인 저는 투자 지분을 일부 습득해 투자자 거주 등록을 진행하고 있고, 한국 직원은 정상적으로 노동비자를 신청해놓았습니다. 그전까지는 3개월 상용비자(DN)를 기간마다 연장해 체류 자격을 취득했습니다. 가장 쉬운 방법은 투자 지분을 습득해 투자자 거주 등록을 하는 것이라고 전해 들었습니다.

현지에 법인을 만들어 운영할 계획이라면 비자 관련한 대행 에이전시를 찾아 상담을 받은 후 진행하는 것을 추천합니다.

Q. 노무나 세무 등 관리 업무는 어떻게 해결하나요?

노무나 세무 등 관리 업무는 여러 방법이 있겠지만 정석대로 해야 합니다. 현지에 진출한 한국 기업이 많으니 이들과 상담을 해보고 계약을 체결해 운영하는 것이 좋습니다.

베트남과 한국의 노무와 세무 관련법이 크게 달라서 안이하게 대응하면 나중에 문제의 소지가 될 수 있습니다.

Q. 현지에 진출하면서 KOTRA 사업 참가 또는 지원을 받은 경험이 있나요?

로자인 비나는 진출할 때 A부터 Z까지 KOTRA의 지원을 많이 받았습니다. 한국-베트남 비즈니스 파트너십 행사부터 한국-베트남 공공조달 사절단, KOTRA 하노이무역관 소개로 참여한 현지 창업경진대회 '베트남 스타트업 휠 2019' 참여, 스타트업 쇼케이스 등 다양한 행사에 참여해 파트너를 발굴하고 사업 진행에 필요한 도움을 많이 받았습니다.

비즈니스 파트너십 행사에서 소개로 만난 파트너와 합작법인을 설립했고, 공공조달 사절단 행사에서 만난 파트너와는 현재 시범사업 진행에 대한 협의를 진행 중입니다. 또 스타트업 행사에서 만난 파트너도 사업 추진을 위해 협의 중이어서 법인 설립 및 파트너 연결 부분에 유의미한 성과를 거둘 수 있었습니다.

Q. 현지에 진출할 때 가장 중점을 둔 부분이 있나요? 혹시 팁이나 조언을 한다면요?

현지 진출을 위해서는 첫 번째로 베트남 사람들의 문화와 종교, 습관에 관해 공부를 많이 하고 이해해야 합니다. 당연한 말이지만 비즈니스는 사람이 전부이기 때문입니다. 현지인에 대해 아는 것이 우선시되어야 합니다.

두 번째로 베트남의 관계 문화인 '띵감'을 이해하고, 그들의 관점에서 명확한 수익모델을 제시해야 합니다. 베트남 사람들도 이익에 민감합니다. 그에 반해 어떻게 수익을 만드는지는 모르는 경우가 많습니다. 그러니 사업 혹은 업무 제안을 할 때 반드시 얼마큼의 수익이 어떻게 생기는지에 대해 명확히 설명하고 이해시켜야 합니다. 그래야 계약이 성공적으로 이루어집니다.

INDONESIA

INDONESIA

인도네시아

INDONESIA

01

지금 인도네시아 스타트업 상황

큰 시장을 바탕으로 아세안 디지털 경제 견인

인도네시아는 미국, 인도, 영국, 캐나다, 독일에 이어 가장 많은 스타트업이 활동하는 국가로 알려져 있다. 고젝(Gojek), 토코페디아(Tokopedia), 트래블오카(Traveloka), 부카라팍(Bukalapak) 등 4개사가 유니콘 기업으로 활동 중이다. 동남아시아 유니콘 기업 7개 사중 4개가 인도네시아 기업인 것이다.

아세안(ASEAN) 경제의 40%를 차지하는 인도네시아의 경제 규모, 인구 구조 등 성장 가능성을 높게 평가해 글로벌 벤처캐피털이 진출, 대규모 투자를 진행 중이다. 2018년 스타트업 랭킹 기준에 따르면 각국의 스타트업 수는 미국(45,193개), 인도(5,290개), 영국(4,717개), 캐나다(2,315개), 독일(1,908개), 인도네시아(1,822개) 순이다.

개발도상국 특유의 한계와 기회가 공존

인도네시아는 개발도상국으로서 한계가 분명 있다. 오프라인 산업의 발달이 낮은 수준이고, 빈부 격차와 도시와 농촌 간의 격차가 심각하다. 구매력이 낮은 편이며 행정 또한 일관성이 부족하다. 사용할 수 있는 데이터가 제한되어 있으며 인적 자원이 풍부하지 못하다. 동남아시아 기업 환경 순위를 살펴보면 인도네시아 73위, 싱가포르 2위, 말레이시아 15위, 태국 27위, 베트남 69위 등으로 평가받는다.

그러나 이러한 한계를 오히려 기회 삼아 부족한 인프라를 디지털 경제로 극복하는 방식으로 인도네시아의 스타트업 생태계가 구축되고 있다. 예를 들어 낮은 대중교통·승용차 보급 수준 → 오토바이 중심 헤일링(호출) 서비스로 극복 → 다양한 파생산업 발달과 같은 전개 형태를 보인다. 또 국민의 75%가 제도권 금융 서비스를 못 받는 현실 → P2P 등 핀테크 스타트업 우후죽순 확대와 같은 양상을 보이기도 한다.

반면 이러한 익숙하지 않은 상황과 외국 기업에 대한 차별로 인해 비아세안 출신 외국인이 현지 파트너 없이 단독으로 창업하는 데는 어려움이 따른다. 비아세안이라면 현지어, 개도국 생활문화에 대한 피상적 이해, 인맥 부족, 제도적 차별 등의 문제로 성공 가능성에 제약을 받는다. 하지만 현지인은 화교·해외 유학 부유층, 언어 능통, 긴밀한 인맥 등으로 비교적 손쉬운 투자 유치를 받아 스타트업 창업에서 우위를 차지할 수 있다.

대규모 투자로 플랫폼 선점 경쟁 치열

현재 시장에서 선전하고 있는 스타트업의 주요 성공 요인을 보면 기술적 차별성보다는 시장 선점과 대규모 투자 유치에서 성공한 점이었다. 2019년 전자결제 회사 OVO, 인도네시아의 우버에 해당하는 고젝은 캐쉬백 20%라는 파격적인 프로모션 경쟁으로 모바일 페이 대중화에 성공했다. 온라인 결제, 헤일링(호출) 서비스를 기반으로 한 O2O 서비스, 온라인 쇼핑, P2P 대출, 디지털 미디어 기업 간 경쟁에 대규모 외국 자본이 가세하고, 플랫폼의 지배적 위치 확보를 위해 물량 공세를 벌이는 중이다. 브랜드보다는 가격에 민감한 소비자 특성 때문에 참신한 아이디어로 현지 투자한 외국 기업도 로컬 스타트업의 투자 유치에 따른 할인 경쟁으로 고전한다.

데카콘의 등장으로 뜨거운 스타트업 창업 열기

글로벌 자본과 로컬 자본이 스타트업에 대한 투자로 모이면서 고젝은 유니콘에서 데카콘(기업가치가 100억 달러 이상인 신생 벤처기업)으로 등극했다. 유니콘과 센타(기업가치가 1억 달러 이상인 신생 벤처기업) 기업도 출현해 고임금 양질의 일자리가 확대되고 있다. 기존 일자리는 임금 수준이 낮기 때문에 영어와 기술에 능통한 우수한 인력이 스타트업 창업에 적극적이다. 국제학교가 다수 존재하며 학교 영어몰입교육으로 영어와 경영에 뛰어난 인재가 많다. 최근에는 고젝 출신들이 고젝에서의 근무 경험과 인맥을 바탕으로 창업하고 고젝 플랫폼과 제휴를 통해 성장하는 소위 고젝 마피아의 영향력이 커지고 있다.

탄탄한 스타트업 생태계 구축

인도네시아에는 다양한 스타트업 액셀러레이팅 프로그램과 보편화한 공유 오피스 등 창업을 위한 인프라가 갖춰져 있어 수월하게 창업할 수 있다. 다만 외국인의 경우 약 8억 원을 자본금으로 설정해야 하며, 이에 따라 납입액 2억 원이 필요한 점 등 현지인과 비교해 창업의 장벽이 높은 편이다.

인도네시아 스타트업 에코시스템 지도 2018

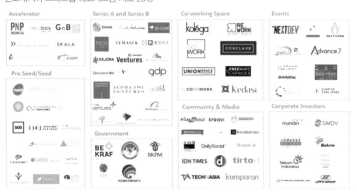

출처: Hebronstar, 인도네시아 스타트업 에코시스템 지도 2018

스타트업명	설립연도	주요 제품(서비스)	웹사이트
인도네시아 상위 20개 스타트업			
Gojek	2010	교통수단 서비스	www.go-jek.com
Tokopedia	2009	마켓 플레이스	www.tokopedia.com
Traveloka	2012	온라인 여행사	traveloka.com/en
Bukalapak	2010	마켓 플레이스	bukalapak.com
Akulaku	2016	대출 및 신용거래	akulaku.com
MatahariMall	2015	마켓 플레이스	matahari.com
PT MCash Integrasi	2010	시스템 개발	www.mcash.id
Pundi X	2017	결제, 송금	pundix.com
FinAccel (Kredivo)	2017	대출 및 신용거래	kredivo.com
C88 (CekAja, eCompareMo, Premiro)	2013	금융 상품 비교	c88fin.com
Sale Stock	2014	패션, 마켓 플레이스	salestockindonesia.com
CoHive	2018	코워킹	cohive.space
KoinWorks	2016	대출, 신용	koinworks.com
Snapcart	2015	빅데이터, 시장 조사	snapcart.global
UangTeman	2017	대출, 신용	uangteman.com
Sociolla	2015	마켓 플레이스, 뷰티	sociolla.com
Carmudi	2013	마켓 플레이스(자동차)	carmudi.co.id
Alodokter	2014	디지털 미디어, 건강	alodokter.com
Bizzy	2015	B2B, 이커머스	bizzy.co.id
Warung Pintar	2017	소매, 빅데이터	warungpintar.co.id

스타트업에 대한 투자 규모와 트렌드

02

큰 폭으로 증가한 투자 규모

인도네시아 스타트업에 대한 펀딩은 2012년 4천 4백만 달러에서 2017년 30억 달러, 2018년 약 40억 달러로 큰 폭으로 증가하고 있다. 이러한 투자는 유니콘과 센터급 스타트업 대상으로 외국의 사모펀드와 기관의 대형 투자가 주를 이루고 있으며, 초기 단계의 스타트업은 인도네시아 로컬 벤처캐피털이 주로 투자하고 있다.

주목받고 있는 핀테크 산업 시장

인도네시아 스타트업은 핀테크, 전자상거래, 서비스형 소프트웨어(SaaS), 디지털 미디어 분야에 집중된 경향이 있다. 전자상거래는 토코페디아, 부카라팍, 쇼피(Shopee), JD.id, 블리블리 등 거대 C2C 플랫폼이 시장을 주도한다. 치열한 마케팅 경쟁 중으로 신규 진출이 쉽지 않은 상황이다. 또한 해외 직구의 급격한 증가로 외환 유출을 우려한 정부가 탁송화물 면세 범위를 75달러에서 3달러로 대폭 축소, 사실상 모든 제품에 관세를 부과함에 따라 역직구 판매가 급감하고 있다. 이에 따라 한국 화장품 직구와 같은 차별화된 품목으로 경쟁하기가 더욱 어려워졌다.

반면 현지 미비한 금융 인프라와 급격한 스마트폰 보급, 온라인 쇼핑 대중화를 발판으로 핀테크 산업은 성장이 두드러진다. 동남아 지역은 국가별로 근소한 차이는 있으나 빈부 차이가 크고 국토가 고르게 발전하지 못한 특성 때문에 오프라인 금융 접근성이 열악해 금융 서비스를 누리는 비중이 성인 인구의 25% 정도에 불과하다. 특히 인도네시아는 동남아 지역 평균에도 미치지 못하는 23% 수준이다. 인도네시아는 유럽과 비슷한 넓이의 광대한 국토, 도서 국가 특징, 수도권에 집중된 도시화 등으로 지역 곳곳까지 은행 지점을 운영하기에는 비용이 과다하다. 또한 신원 등록, 신용정보 조회 등 행정력이 부족하며 금융당국의 규제가 과도해 금융 산업이 충분히 발달하지 못한 것이 현실이다. 이런 빈자리를 핀테크 기업이 P2P 대출, 보험, 송금, 전자결제 서비스로 극복하고 있어 정부와 금융권도 핀테크 스타트업 육성에 적극적이다. 핀테크 분야별 거래 규모를 살펴보면 아직 결제 서비스가 대다수를 차지하고 있으나 P2P 대출도 꾸준히 비중을 늘려가고 있다.

동남아시아 금융 서비스 접근 현황

- ● 은행서비스를 이용함(Banked)
- ● 은행서비스에 접근하기 어려움(Underbanked)
- ● 은행서비스를 이용하지 않음(Unbanked)

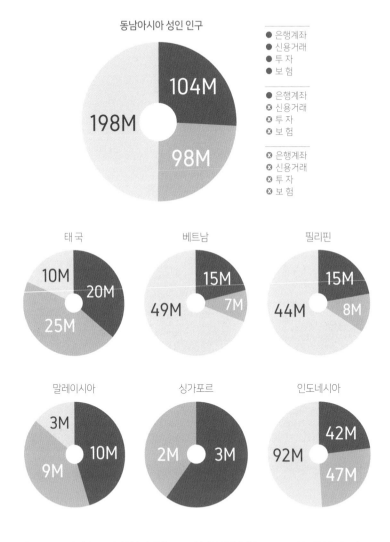

동남아시아 성인 인구

- ● 은행계좌
- ● 신용거래
- ● 투 자
- ● 보 험

- ● 은행계좌
- ✪ 신용거래
- ✪ 투 자
- ✪ 보 험

- ✪ 은행계좌
- ✪ 신용거래
- ✪ 투 자
- ✪ 보 험

104M
198M
98M

태국
10M
20M
25M

베트남
15M
49M
7M

필리핀
15M
44M
8M

말레이시아
3M
9M
10M

싱가포르
2M
3M

인도네시아
42M
92M
47M

출처: Google과 싱가포르 국영 회사 테마섹(Temasek)이 공동 작성한 'e-conomy SEA 2019' 보고서

인도네시아 핀테크 거래 규모 전망

(단위: 백만 달러)

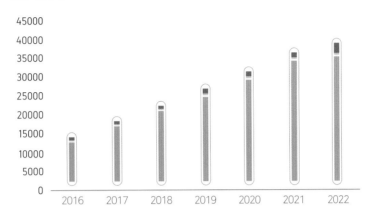

	2016	2017	2018	2019	2020	2021	2022
● 개인 금융	324.6	530.5	810.5	1163.2	1579.9	2047.3	2552.3
● 대안 대출	6.2	16.6	38	73.4	122.7	182.7	248.4
대안 금융	0.9	1.8	3.7	6.9	11.8	18.2	25.7
● 디지털 경제	15545.3	18605.1	22427.2	26575.1	30565.9	34113	37237.7

출처: 독일 온라인 설문조사업체 스태티스타(Statista)

인도네시아 정부는 금융 산업 구조조정을 위해 외국 은행에 현지 금융 시장을 개방했다. 이에 따라 우리나라 시중은행은 현지 은행을 인수합병하는 방식으로 계속 진출하고 있다. 핀테크 분야 스타트업이 우후죽순으로 생겨나고 있으나 현지 금융기관 대비 선진 금융기법을 보유하고 있으며 인수한 은행을 통해 현지화를 진행 중인 한국 금융기관을 고려할 때 충분히 진출해볼 만하다.

이외에도 2018년 인도네시아 정부가 스타트업 업계에서 육성하겠다고 발표한 농업, 교육, 의료, 관광, 물류, 스마트 에너지 등 총 6개 분야는 많은 개발과 투자가 필요하며 새로운 유망 분야로 평가되고 있다.

투자 건수는 하락하고 금액은 상승

데일리소셜(DailySocial)에 따르면 2018년 총 펀딩 발표 수는 54건으로 전년 91건보다는 줄어들었다. 그러나 금액은 전년 대비 30억 달러를 넘어설 것으로 추정한다.

Investment by Vertical Business

※ 자세한 펀딩 내역은 부록(420쪽) 참조 ● 2017 ● 2018

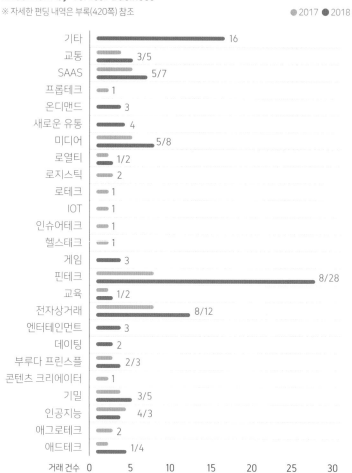

출처: 데일리소셜 발표 내용을 KOTRA 자카르타무역관에서 재가공

스타트업 단계별 투자 상황을 보면 2017년에는 시드 펀딩에 집중된데 비해 2018년에는 비교적 고른 투자를 보이고 있다. 분야 또한 스타트업 투자가 붐을 이룬 2017년에는 건수 기준 핀테크, 이커머스에 집중됐으나 2018년에는 업종별 고른 투자 분포를 보인다.

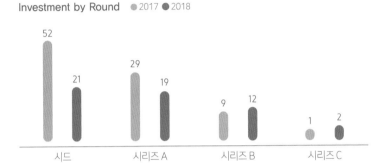

Investment by Round ● 2017 ● 2018

출처: 데일리소셜 발표 내용을 KOTRA 자카르타무역관에서 재가공

한국 스타트업에 대한 투자 동향

한국인이 공동 창업자인 스타트업 기업에 대한 펀딩은 있으나 순수 한국 스타트업에 대한 펀딩 사항은 파악된 바 없다. 또한 현지 VC 및 CVC는 동남아시아 스타트업 투자에만 집중, 한국으로의 투자는 아직 이루어지지 않고 있다.

현지 주요 벤처캐피털, 액셀러레이터, 기업형 벤처캐피털

*인도네시아는 VC, CVC, AC간 명확한 역할 구분이 없다.

● MDI 벤처

인도네시아 최대 통신사이자 국영기업인 텔콤(Telkom)의 투자 자회사로서 2015년 8월에 설립됐다. 자카르타, 싱가포르, 실리콘밸리 등에서 운영 중이다. 직원 수는 11~20명이며 시드에서부터 시리즈 C

단계까지 다양한 단계의 스타트업에 투자한다. 펀드는 ①MDI Fund(1억 달러 규모, 100% 텔콤그룹), ②Centauri Fund(1억 5천만 달러 규모, 텔콤그룹은 총액의 10%, KB Investent 3천만 달러 등)으로 구성되어 있다. 관심 분야는 디지털 애드(Digital Ads), 결제 솔루션(Payment Solutions), 클라우드 컴퓨팅, 빅데이터, 미디어 서비스, 디지털 라이프, 모바일 앱, 전자상거래, 딥테크, 인공지능과 딥러닝, 사물인터넷 등이다.

한국의 KB 국민은행과 공동 펀드를 조성한 바 있다. 텔콤의 액셀러레이팅 프로그램인 인디고(Indigo)를 통해 스타트업을 발굴 육성하고 투자 및 텔콤그룹과의 연계성을 고려해 파트너십을 체결한다. 협력 파트너에는 500 스타트업, 웨이브메이커 파트너스(Wavemaker Partners), 컨버전스 벤처스(Convergence Ventures), 스파이럴 벤처스(Spiral Ventures), NSI Ventures 등이 있다. 최근 핀테크 분야의 크레디보(Kredivo)에 9천만 달러, QFPAY에 2천만 달러, CXA에 2,500만 달러, 인스타렘에 2천만 달러 등을 투자했다. 인수 합병과 기업공개 형식으로 엑시트가 활발히 이뤄지고 있다.

◉ www.mdi.vc

● 만디리 캐피털 인도네시아(Mandiri Capital Indonesia)
인도네시아 최대 은행인 만디리그룹(Mandiri Group)의 사내 벤처 캐피털로서 2016년에 설립됐다. 직원 수는 11~50명이다. 시드, 시리즈 A와 B 단계의 스타트업에 주로 투자한다. 펀드는 ①Corporate fund(3,700만 달러 규모, 재원 100% 만디리그룹), ②Venture Fund(5천만 달러 규모, 만디리그룹 및 일본 투자가) 등으로 구성되어 있다. 관심 분야는 핀테크, 금융 서비스 등이다. 한국과는 아직 관계가 없으나 금융 관련 스타트업에 관심을 갖고 있다. 현재 총 12개의 포트폴리오가 있으며 모두 인도네시아 기업들이고 핀테크 분야다. 단계별로 보면 시리즈 A 6개, 시리즈 B 4개, 시드 2개 회사로 구성되어 있다. 협업 파트너는 이스트 벤처스(East Ventures), 머니 포워드(Money Forward), 핀치 캐피털(Finch Capital), 컨버전스 벤처스, 쿠오나 캐피털(Quona Capital) 등이며 최근 투자한 스타트업에는 핀테크 분야의 아마르타(Amartha)와 할로피나(Halofina), 크라우디(Crowde), 메카리(Mekari), 코인웍스(Koinworks) 등이 있다.

🌐 mandiri-capital.co.id/en/home

● UMG 아이디어랩(UMG Idealab)

UMG 아이디어랩 미얀마의 인도네시아 자회사다. UMG 그룹은 미얀마 대기업으로 중공업, 식품, 텔레콤, 금융 등의 분야에서 사업을 진행 중이다. 2016년에 설립됐으며 직원 수는 10~25명이다. 프리시드, 프리시리즈 A 단계의 스타트업에 투자한다. 펀드의 규모는 공개되지 않았으나 현재까지 투자 액수는 2,800만 달러이며 자금원은 UMG 그룹이다.

관심 분야는 사물인터넷, 빅데이터, 인공지능, 머신러닝, 음성 인식 등이다. 그리고 한국 스타트업과 파트너십 관계에 있는 스타트업에 투자 중이다. 총 32개의 포트폴리오가 진행 중이며 국가별로 보면 인도네시아 29개, 태국 1개, 중국 1개, 미얀마 1개 회사 등으로 분포되어 있고, 분야별로는 인공지능 8개, 농업테크 6개, 사물인터넷 4개, 핀테크 3개, IT 3개, 엔터테인먼트 2개, 마켓 플레이스 2개, 로지스틱스 2개, 가상현실 1개, 로테크 1개 회사 순이다. 단계별로는 시드가 31개, 기업공개가 1개 회사다. 최근 투자한 스타트업에는 스바라(Svara), 크레디보, 레갈쿠, 세레나고(SelenaGo) 아루나(Aruna), 크라우디, 위디아(Widya), 페라와쿠(Perawatku.id) 등이 있다.

🌐 umgidealab.id

● GDP 벤처

담배 제조를 기반으로 성장한 인도네시아의 자룬그룹(Djarun Group)의 사내 벤처캐피털이다. 2010년에 설립됐으며 직원 수는 1~11명이다. 시드, 시리즈 A에서 C 단계의 스타트업에 투자한다. 과거 1년간 1,550만 달러를 투자했으나 펀드 규모는 공개되지 않았다. 재원은 100% 자룬그룹에서 지원한다. 주로 전자상거래, 미디어와 엔터테인먼트, 솔루션 등에 관심이 있다. 한국 창업진흥원 초청으로 관계자 다수가 방한한 바 있다. 총 53개의 포트폴리오가 존재하며 국가별로 인도네시아 45개, 미국 3개, 싱가포르 3개, 일본 1개 회사가 있다. 분야별로는 미디어와 엔터테인먼트 22개, 솔루션 17개, 전자상거래 14개 회사가 있고, 단계별로는 프라이빗 19개, 시드 15개, 시리즈 A 8개, 시리즈 B 6개, 시리즈 C 2개, 벤처 2개, 시리즈 F 1개 회사의 분포를 보인다. 협업 파트너에는 카카오 벤처스, 플러그 앤 플레이, 앱웍스, KB Investment, MDI 벤처 등이 있다. 최근 핀테크 분야의 디저브(Deserve), 전자상거래와 교육 분야의 하루카에듀(HarukaEdu), 광고 분야의 구시클라우드(Gushcloud), 플랫폼 분야의 스위트 이스케이프(Sweet Escape), 인공지능 분야의 6Estates Pte 등에 투자했다.

🌐 www.gdpventure.com

● PT 아스트라 디지털 인터내셔널(Astra Digital International)

인도네시아에서 가장 큰 자동차 기업인 아스트라그룹(Astra Group)의 사내 벤처캐피털이다. 2018년 4월에 설립됐으며 직원 수는 60명이다. 시드, 초기 단계, 프리시드, 프리시드 A 단계의 스타트업에 투자한다. 펀드 규모는 공개되지 않았으며 자동차 산업 관련, 퍼스널 모빌리티, 자산, 핀테크, 인공지능 등에 관심이 많다.

아직 한국과는 관계가 없으며 총 4개의 포트폴리오를 보유하고 있다. 국가별로는 인도네시아 4개 회사이며, 분야별로는 마켓 플레이스 2

개, 주차앱 1개, 공유주행 1개 회사다. 단계별로는 모두 시드 단계에
있다. 협업 파트너에는 아스트라 미트라 벤처(Astra Mitra Ventura)
가 있다. 최근 모빅(Movic), 세바(Seva.id), 카리파키르(CariParkir),
세자란(Sejalan) 등에 투자했다.

🌐 www.astradigital.id

● 알파 모멘텀 인도네시아(Alpha Momentum Indonesia)

인도네시아 소프트웨어산업 3대 기업인 아나바틱 테크놀로지
(Anabatic Technology)의 사내 벤처캐피털이다. 2018년에 설립됐으
며 직원 수는 20~50명이다. 시드에서 시리즈 A 단계의 스타트업에
주로 투자한다. 펀드 규모는 공개되지 않았으며 인공지능, 금융 서비
스, 전자상거래, 에듀테크, 헬스테크, 블록체인, 애드테크 등에 관심
이 많다. 한국과의 관계는 아직 없다. 총 4개의 포트폴리오가 있으며
인도네시아 기업 4개 사다. 분야별로는 애드테크 1개, 디지털 콘텐츠
1개, 보안 1개, 에듀테크 1개 사다. 단계별로는 프리시리즈 A 1개, 프
리시드 1개, 프라이빗 1개, 시리즈 A 1개 사다. 최근 투자한 스타트
업으로는 ADX, 안나푸르나 스튜디오(Anapruna Studio), 이키가이
(IKIGAI), 디지털 익스체인지(Digital Exchange) 등이 있다.

🌐 alphamomentum.id

● BRI 벤처

인도네시아 메이저 은행인 BRI의 사내 벤처캐피털로 마이크로파이낸
스에 특화됐다. 2018년 설립됐으며 직원 수는 20~50명이다. 펀드는
①Corporate fund(2억 5천만 달러 규모), ②Venture Fund(2020년
에 투자 시작, 재원은 BRI 등)로 구성됐다. 관심 분야는 결제, 클라우
드 펀딩, P2P 대출, 인슈어테크, 자산 관리, 신용 등급, 빅데이터 등
이며 한국과의 관계는 아직 없다. 협업 파트너에는 MDI 벤처스, 만디

리 캐피털 인도네시아, UMG 아이디어랩, GDP 벤처스, 테마섹, 엠텍(Emtek) 등이 있으며 최근 아마르타, 링크Aja, 트래블오카에 투자했다.

🌐 bri.co.id/en/bri-venture

● **엔젤 투자 네트워크 인도네시아(Angel Investment Network Indonesia)**
2013년에 설립된 인도네시아의 초창기 벤처캐피털로 직원 수는 20~50명이다. 2019년 한국에서 개최하는 스타트업 콘퍼런스에 참여했다. 시드 단계 중심으로 투자하며 펀드 규모는 공개되어 있지 않다. 특정 분야로 한정하지 않고 다양한 분야에 관심을 갖고 있다. 협업 파트너에는 사이버 에이전트 벤처스(Cyber Agent Ventures), 그루파라(Grupara Inc.), 인도누사 드위타마(Indonusa Dwitama), 알파 JWC 벤처스(Alpha JWC Ventures), 500 스타트업, 이스트 벤처스(East Ventures), 웨이브메이크 파트너스 등이 있다. 최근 리워크(Rework), 버그린스(Burgreens), 템플로이(Temploy), 델 마레(Del Mare), 바로엥 미(Waroeng Mee), 칩멍크스(Chipmunks) 등에 투자했다.

🌐 www.angin.id

주요 AC 프로그램

● **1001 스타트업 디지털**
2016년부터 시작된 프로그램으로 자국 내 스타트업으로 지원 자격이 제한되어 있다. 팀당 최소 2명 이상이어야 하며 1,001개 스타트업 육성이라는 추진 목적을 가지고 있다. 참가비용은 무료이며 지원 기간은 6개월이다. 세미나 교육 프로그램, 워크숍, 사업개발, 마케팅, 펀딩 발굴, 네트워킹 확장 등을 지원하며 주요 지원 분야는 농업, 로지스틱스, 스마트 에너지, 헬스케어, 교육 등이다. 코워킹 스페이스도 제공된다. 현재까지 15개 대도시에서 프로그램을 진행했으며 인큐베이팅 참가 중인 스타트업 수는 525개 사다.

● BEKUP

스타트업 인력을 육성하기 위해 관광창조경제부 산하의 창조경제진흥원(BEKRAF)에서 2016년부터 시행한 프로그램으로 지원 자격은 스타트업 창립자다. 지원 규모는 팀당 최소 2명 이상이며 참가 비용은 무료, 지원 기간은 4개월이다. 주요 지원 분야는 어플리케이션 개발, 게임, 애니메이션, 디자인 및 패션이다. 재능 개발, 창립 준비, 인큐베이션 전 단계 같은 세 종류의 프로그램으로 구성된다. 10개 시에 'DILO'라는 워크숍 공간이 제공된다. 투자자, 인큐베이터, 액셀러레이터를 서로 연결해준다. 시장 동향, 브랜딩 방향, 고객 특성 파악 등의 정보도 제공한다. 디지털 앱 개발을 지원하기도 한다. 2016년 자카르타, 보고르, 탕에랑(Tangerang) 등 10개 대도시에서 워크숍을 진행했다.

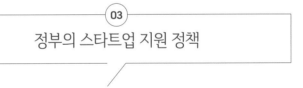

정부의 스타트업 지원 정책

스타트업 육성 프로젝트 진행 중

인도네시아 정부도 스타트업 육성을 표방하고는 있지만 이와 관련된 정책이나 액션플랜은 구체적이지 않은 편이다. 민간 중심의 스타트업 생태계가 형성된 이유다. 그나마 인도네시아 정보통신부가 2016년부터 2020년까지 1,001개의 스타트업 양성을 목표로 민간과 협업해 진행하는 프로젝트가 있다. 프로그램은 농업, 교육, 의료, 관광, 물류, 스마트 에너지 등 총 6개 분야에 주력해 편성됐다. 이 프로젝트에는 워크숍, 해커톤(팀을 이뤄 마라톤을 하듯 긴 시간 동안 시제품 단계의 결과물을 완성하는 대회), 부트캠프, 인큐베이팅 프로그램 등으로 구성되며 현재까지 자카르타, 족자카르타, 수라바야, 반둥, 스마랑, 메단, 폰티아낙, 덴파사르, 마카사르 등 대도시에서 진행되고 있다.

이러한 프로그램에서 정부는 프로그램의 구심점 역할 및 투자자와 스타트업이 만날 기회를 제공하는 역할을 한다. 실제 액셀러레이팅은 민간 벤처캐피털에서 담당한다. 또한 잠재성이 큰 44개 현지 스타트업을 선정하고, 2017년에 실리콘밸리 등 미국의 주요 IT 및 스타트업 거점에서 스타트업 로드쇼를 개최하는 등 차기 유니콘으로 육성하고자 노력하고 있다.

스타트업 관련 법령 및 규정

스타트업 육성과 관련한 직접적인 법령이나 규정은 없다. 또한 정부의 정책 방향은 자국 창업 기업의 육성과 외국 투자 자금 유치이기 때문에 외국인의 스타트업 설립의 경우 일반 외국투자법인에 적용되는 각종 규제가 똑같이 적용된다.

● 기업 설립 관련

스타트업 설립은 기본적으로 기업 설립 과정임으로 PT라는 유한 책임 회사를 설립하는 관련 규정이 적용된다. 2명 이상의 공동 설립자가 있어야 하고, 최소 자본은 IDR 50,000,000(약 3,599달러)이며, 최소 납입 자본금은 수권 자본의 25%여야 한다.

● 투자에 관한 법률과 투자 절차에 관한 투자조정청장령 등

외국인투자법인 설립은 BKPM(투자조정청)의 투자 허가를 받고, 유한 책임 회사 형태로 설립된다. 설립 업종에 맞는 영업허가를 별도로 취득해야 한다. 외국인투자법인 설립의 경우 최소 투자 금액이 100억 루피아(한화 약 8억 원)이며, 업종에 따라 외국인 지분율이 제한되는 경우가 많다. 따라서 인도네시아에서 외국인으로서 새롭게 스타트업을 설립하려면 시간과 비용이 꽤 큰 부담으로 작용한다.

● 외국인 고용에 관한 대통령령 2018년 제20호 등

인도네시아는 외국인 체류 비자 및 노동 허가 취득이 매우 까다롭다. 2018년 6월 29일 자로 발효된 대통령령 2018년 제20호에 의거해 외국인 고용 허가 신청 절차를 간소화한 반면 외국인에 대한 감독은 강화했다. 노동부는 2018년 5월 3일에 외국인 근로자에 대해 인니어 시험 의무화를 재추진하고 관련 법안을 마련하겠다고 발표한 바 있다.

● 핀테크 관련

2017년 12월 30일부터 시작된 이 규정은 중앙은행으로부터 이미 사업 승인을 받은 지불 시스템 운영업자 또는 P2P 대출 기업과 같은 다른 권한 기관으로부터 관리 감독을 받는 경우를 제외하고는 핀테크 기업은 반드시 인도네시아 중앙은행에 등록하도록 규정하고 있다.

● 교통수단 관련 교통부 장관령 No.108

앱 기반 공유 교통수단 서비스를 제공하는 고젝이나 그랩 등에 해당하는 규정이다. 사업 장소, 차량 대수, 최고·최저 요율, STNK(운전면허) 등록, 온라인 앱 서비스 공급 관련 제한 사항, 형식 시험 등록 면허 획득에 대한 요건, 미터기 혹은 온라인 앱의 책정 요율, 영업 차량 번호판 등록 장소 제한 등에 대해 규정하고 있다.

● 전자상거래 관련 정보통신부·무역부 규정

스타트업 및 핀테크와 관련된 전자상거래법은 현재 공표되지 않았으나, 온라인 거래 사기 방지 등 전자상거래 사용자를 보호하기 위한 법을 정보통신부에서 준비 중이다. 규정 중 하나로, 전자상거래 사이트가 전부 '.id'로 끝나는 도메인을 사용하도록 해 정부 차원에서 전자상거래 사이트를 관리 감독할 계획이다.

주요 콘퍼런스와 프로그램

스타트업 관련 주요 콘퍼런스

● 테크인아시아(Tech-In-ASIA)

테크인아시아 인도네시아 주최로 2020년에는 9월 29~30일 양일간
에 걸쳐 개최된다. 참가 규모는 방문자 총 5,728명, 294개 사의 스타
트업 등이며 전시회, 투자자와 3분 미팅, 피칭대회 같은 프로그램이
열린다. 주요 참가 기업으로는 AWS, 구글, 알리바바, 이스트 벤처스,
레노보, SEA 그룹, 빅뱅 엔젤스, 제트로, DBS 은행, HP, 그랩 등이
있다.

● 넥스트아이콘(Next Indonesian Unicorns Internatnional Summit,
   NEXTICORN)

넥스트아이콘 주최로 2019년 11월 14~15일, 이틀에 걸쳐 개최됐으
며 2020년 일정은 아직 미정이다. 참가 규모는 100개 이상의 스타트
업과 파트너사이며, 키노트 스피치, 스타트업 인사이트 등의 프로그
램이 열린다. 정보통신부와 더불어 주요 참가 기업으로는 고젝, 아스
트라그룹, BCA 그룹, 시나르마스그룹(Sinarmas Group), 토코페디아
등으로 유니콘과 시리즈 A급 스타트업이 있다.

● 딜스트리트아시아(DealStreetAsia) PE-VC 회의

딜스트리트아시아 주최로 2020년 1월 15일에 개최됐으며 30개국 이
상에서 온 600개 스타트업들이 참가했다. 키노트 스피치, 네트워킹,
다양한 비즈니스 미팅 등의 프로그램이 열리며 주요 참가 기업에는 그
랩, 이스트 벤처스, REDHILL, 위워크(wework), SGInnovate, 아토

텔그룹(Artotel group), 밀리맨(Milliman) 등이 있다.

테크인아시아 행사 현장

출처: 테크인아시아

스타트업 관련 정부 부처나 유관 기관의 프로그램

● 정보통신부(Ministry of Communication and Informations)
e-Government, e-Business 관련 정책을 수립하는 부서로, 정보 보안 및 정보 응용 인프라 정책을 수립하고 정보 응용의 표준, 기준, 절차 역시 담당한다. 또 인도네시아 중심의 창업 캠페인, 1001 스타트업 디지털을 지원한다. 이를 통해 총 15개 대도시에서 인큐베이팅 프로그램을 진행하고 있는데 누계 525개의 스타트업이 참가했다.

🌐 www.kominfo.go.id

● 창조경제원(Creative Economy Agency)
창조 경제 분야 정책을 수립 및 실행한다. 창조 경제 관련 기술 훈련 지원과 세부 프로그램을 기획하고 실행한다. BEKUP(Bekraf for Pre-Startup) 등 관련 액셀러레이팅 프로그램 역시 지원한다. 자카르타, 보고르, 탕에랑 등을 포함한 10개 대도시에서 워크숍을 진행했다.

🌐 www.bekraf.go.id

스타트업 육성 주요 대학 및 연구기관

● 비누스대학(Binus University)

자카르타에 위치한 인도네시아 명문 사립대학교로서 바누스대학 스타트업 액셀러레이팅 프로그램을 진행한다. 재학생과 졸업생을 대상으로 심사 절차를 거쳐 5개 스타트업을 선발한다. 선발된 스타트업은 12주간 진행되는 액셀러레이팅 프로그램에 참여할 수 있다. 창업 공간, 멘토링, 투자자 대상 피칭 기회 등을 제공하며 1,600달러를 창업 자금으로 지원한다.

⊕ creates.binus.edu/binus-start-up-accelerator

● 가자마다대학(Universitas Gadjah Mada)

중부 자바의 족자카르타에 위치한 인도네시아 최고 명문 국립대학교로서 '혁신적인 아카데미 UGM' 프로그램을 통해 1001 스타트업 디지털 등을 운영한다. 더불어 구글 개발자들과 정기적인 콘퍼런스도 개최한다.

⊕ www.iaugm.com

● 반둥공대 경영대학(School of Business and Management ITB)

인도네시아 최고 명문 국립공과대학교이며 스타트업의 산실 중 하나다. '위대한 허브(The Greater Hub)'를 통해 12주간 액셀러레이터 프로그램을 운영하고, 코워킹 스페이스 등을 제공한다.

⊕ thegreaterhub.id

INDONESIA

현지 투자자 인터뷰
VC Interview

UMG 아이디어랩

UMG 미얀마(umgmyanmar.com)의 인도네시아 사내 벤처캐피털이다. 주요 투자 분야는 애그노스틱 기술(Agnostic Technology)이며, 특히 4차 산업혁명 관련 인공지능, 머신러닝, 사물인터넷 같은 기술 분야에 관심이 많다.

Q 앞으로 어떤 스타트업이 유망할까요?

코로나19 팬데믹으로 유망 산업의 트렌드가 바뀌고 있습니다. UMG는 헬스케어, 가상현실 콘텐츠(콘서트, 여행), 에듀테크, 오픈 소스 빅데이터, 원격 화상회의, 그리고 인공지능 분야가 유망하다고 생각합니다.

Q 투자할 때 중요하게 보는 부분은 무엇인가요?

UMG는 시드 단계의 스타트업에 집중하기 때문에 주로 창업자의 역량을 중요시합니다. 또한 우리 회사의 포트폴리오와 시너지를 만들어낼 것인지, 확장성은 있는지, 어떤 셀링 포인트가 있는지를 꼼꼼히 살펴봅니다.

Q 한국 스타트업이 현지에 진출할 때 흔히 저지르는 실수나 간과하는 부분이 있나요?

인도네시아에 오는 한국인은 대체로 인도네시아 시장이 한국과 유사하다고 생각해 시장 분석을 소홀히 하는 경우가 있습니다. 반드시 인구구성이나 사회·경제·문화에 대해 깊이 있게 살펴봐야 합니다. 인도네시아인 직원을 고용하는 것도 좋은 방법입니다.

Q 현지 투자자와 만날 때 무엇을 가장 신경 써야 하나요?

깔끔하고 잘 준비된 피치 덱(pitch deck: 회사 소개 자료)이 필요합니다. 이런 피치 덱은 재무 현황과 다양한 데이터 설명을 포함해야 합니다.

Q 현지 진출을 희망하는 한국 스타트업에 조언을 한다면요?

현지 시장 조사를 철저히 하고, 영어와 현지어로 관계자들과 협력하는 것이 매우 중요합니다. 현지인을 고용해 도움을 받는 것이 좋은 방법입니다.

현지 투자자 인터뷰
VC Interview

글로벌 파운더스 캐피털(Global Founders Capital)

독일에 본사를 둔 벤처캐피털.

Q 앞으로 어떤 스타트업이 유망할까요?

특정 분야를 꼽긴 어렵지만, 우리 회사는 글로벌 시장에서 트렌드를 배우고 있습니다. 미국, 유럽, 그리고 중국의 작년과 올해의 트렌드를 살피면서 인도네시아에 어떤 트렌드가 유행할지를 분석하는 것이 유망 산업 동향을 전망하는 데 가장 쉬운 접근법입니다. 그리고 이렇게 파악한 분야에서 인도네시아에 어떤 기업이 비슷한 모델을 가지고 있는지를 찾으려고 노력합니다.

Q 투자할 때 중요하게 보는 부분은 무엇인가요?

GFC는 창업자들의 배경을 중시합니다. 투자로서 좋은 방식이라고 할 수는 없지만 대개 뛰어난 창업자가 이끄는 스타트업은 언젠가는 좋은 실적을 거두기 때문입니다. 회사의 핵심은 뛰어난 창업자와 그가 실행하는 전략에 있습니다. GFC는 창립자 평가 관련 3가지 지표를 가지고 있습니다. 첫 번째는 경험 지표입니다. 예를 들어 창업자가 《포춘》 500대 기업에 몇 년간 일한 경험이 있고 창업한 스타트업과 관련 있는 전문성 또는 백그라운드가 있는지를 봅니다. 두 번째는 교육 지표입니다. 아이비리그 수준의 출신인지를 살펴봅니다. 마지막 세 번째로 창업자의 영어 능력입니다. 창업자는 피칭을 유창한 영어로 해야 합니다. 우리 회사의 마지막 스타트업 사정 단계인 피칭은 외국인인 회사 대표에게 영어로 직접 해야 하기 때문입니다. 자기 회사가 어떤 일을 하는지를 아주 세세하고 설득력 있게 이야기해야 합니다. 창업자가 위에 말한 3가지를 다 충족할 필요는 없지만 적어도 2가지는 충족해야 합니다. 2가지 중 영어 능력은 필수입니다.

Q 한국 스타트업이 현지에 진출할 때 흔히 저지르는 실수나 간과하는 부분이 있나요?

한국 스타트업은 특히 창업자들이 회사에 대해 프레젠테이션을 할 때 매우 기술 지향적입니다. 반면 투자자들이 듣고 싶은 것은 숫자입니다. 그 숫자들은 구독자 수나 자산의 규모, 협력 금융기관 수 등이 될 수 있습니다. 이러한 숫자들이 한국 스타트업들이 강조하는 기술 부분의 유효성을 입증하는 요소이기도 합니다.

Q 현지 투자자와 만날 때 무엇을 가장 신경 써야 하나요?

피치 덱을 준비하는 것은 기본입니다. 자료는 포괄적이고 설득력 있어야 합니다. 투자자에게 무언가를 팔려고 영업하는 것이 아니고 자신의 비즈니스가 돈을 벌 수 있다는 것을 설득하는 것입니다. 글로벌 플레이어의 예를 들어 자신의 비즈니스모델이 다른 시장에서 검증받았고 인도네시아에서도 통용되리라는 것을 설득해야 합니다. 이렇게 성공 사례를 드는 것이 투자자와 대화를 풀어나가는 데 효과적인 방식입니다.

Q 현지 진출을 희망하는 한국 스타트업에 조언을 한다면요?

창업자 중 한 명은 영어가 유창해야 합니다. 유창한 영어 실력을 바탕으로 기술적 부분보다는 앞서 말한 회사의 성장 가능성에 대해, 왜 인도네시아에서 통하는지를 잘 설명해야 합니다.

현지 투자자 인터뷰
VC Interview

MDI 벤처

인도네시아 국영 통신사인 텔콤의 사내 벤처캐피털로 지카르타, 싱가포르, 실리콘밸리 등
세 곳에서 운영 중이다.

Q 앞으로 어떤 스타트업이 유망할까요?

유연한 근무와 환경과 관련된 에듀테크, 핀테크, SaaS, 전자상거래 분야가 유망할 것
입니다.

Q 투자할 때 중요하게 보는 부분은 무엇인가요?

시리즈 A+ 그룹에 집중하기 때문에 비즈니스모델이 지속 가능한지를 가장 중요하게
봅니다.

Q 한국 스타트업이 현지에 진출할 때 흔히 저지르는 실수나 간과하는 부분이 있나요?

현지화, 즉 로컬라이제이션(Localization)입니다. 대부분 한국인은 한국에서 성공적인 모델들이 인도네시아에서도 순조롭게 진행되리라고 생각합니다. 막연한 기대일 뿐 알 수 없습니다. 인도네시아와 같은 나라에서는 현지에 대한 지식이 정말 중요합니다. 따라서 현지 시장에 대해서 그리고 소비자 행동에 대해서 반드시 확인하고 분석해야 합니다.

Q 현지 투자자와 만날 때 무엇을 가장 신경 써야 하나요?

견고한 성장 이력과 적합한 비즈니스모델을 강조하는 것이 중요합니다. 계획을 실행할 뛰어난 경영관리팀이 있다는 점도 강조할 필요가 있습니다. 왜냐하면 투자자 관점에서는 아무리 뛰어난 아이디어를 제시한다고 해도 그것을 실행할 역량이 있는지를 중요하게 보기 때문입니다.

Q 현지 진출을 희망하는 한국 스타트업에 조언을 한다면요?

일단 시장을 철저히 조사하기를 바랍니다. 더불어 믿을 만한 현지 파트너를 찾는 것이 중요합니다. 인도네시아는 한국뿐 아니라 다른 시장과 아주 다릅니다. 현지 사정에 따라 전략을 적절히 조정하는 것도 중요합니다.

현지 진출에 성공한 국내 스타트업

에프비코리아(국내)
(인도네시아)
- FAST BEAUTY INDONESIA
- DUNIA KOSMETIK INDONESIA

품목(업종)
소비재 유통(온라인/오프라인 B2B, B2C), 마케팅
(영상 촬영)

설립연도
2019년

대표자
한동관

소재지
(국내) 경기도 의정부시 시민로 156번길 35-11
(인도네시아) 14A-B JI.FATMAWATI, JAKARTA
               SELATAN

홈페이지
www.fastbeauty.com

종업원 수
11명

Q. 에프비코리아는 어떤 기업인가요?

저는 인도네시아 지역 K-뷰티 전문가를 꿈꾸며 사업을 시작한 한동관이라고 합니다. 2007년 자카르타와 처음으로 연을 맺은 후 1년간 어학연수 경험과 국내 대학 졸업 후 7년간 자카르타 소재 한국 기업에서 직장생활을 하며 언어와 문화에 익숙해졌습니다. 그때 현지 친구들도 사귈 수 있었습니다. 현지 지인들과 사교모임 등을 통해 대화 주제가 어느 순간부터 K-팝, K-드라마 그리고 K-뷰티가 되면서, K-뷰티의 가능성을 엿보았습니다. 이후 과감히 사표를 던지고 창업하게 됐습니다.

현재 한국법인 에프비코리아를 통해 인도네시아 법인인 패스트 뷰티 인도네시아(Fast Beauty Indonesia)와 두니아 코스메틱 인도네시아(Dunia Kosmetik Indonesia)에 수출하고 있습니다. 단순 유통이 아닌 신규 K-뷰티 브랜드 인지도를 높이기 위해 마케팅 사업을 겸하고 있고, 비디오 제작을 위한 인하우스 스튜디오와 인도네시아의 유명 KOL(Key Opinion Leader의 약자)들과의 협업을 통해 조금씩 성장해가고 있습니다.

Q. 법인 설립 과정을 들려주세요. 고객과 투자는 어떻게 유치했나요?

국내 법인과 인도네시아 외국인 투자법인은 2019년 9월에 설립했고, 인도네시아 현지 외국인 투자법인의 투자 제한에 한계를 느껴 영상 제작과 소매 판매, 마케팅 대행 및 컨설팅 종목을 추가해 2020년 1월에 현지 내수법인을 추가로 설립했습니다. 현지 법인과 함께 인하우스 스튜디오를 만들며 비디오 프로덕션(Video Production)을 유통과 함께 주요 사업으로 진행하게 됐습니다.

고객으로는 현지에 진출한 브랜드사로부터 영상 제작 의뢰, FDA 인증 대행, KOL 마케팅 등의 사업을 진행하고 있고 인도네시아에서 독점으로 유통 중인 6개 브랜드 제품은 10여 명의 현지 대형 도매상을 통한 B2B 판매를 하고 있는데 매출의 큰 부분을 차지하고 있습니다. 현재 매출 구성은 마케팅 30%, FDA 인증 대행 20%, 유통 50%이며 영상 제작이 늘어나면서 마케팅과 유통 부분 매출이 성장할 것으로 기대합니다.

현재 투자자는 따로 없고, 100% 자기 자본으로 운영 중이며 뜻이 맞는 투자자를 통해 사업 규모를 확장할 계획을 가지고 있습니다.

Q. 현지에서 파트너는 어떻게 발굴했나요?

인도네시아에서 7년간 직장생활을 한 덕에 출발은 순조로웠습니다. 도움을 요청할 수 있는 인맥도 많았고 나름 시장을 잘 이해한다고 생각했기에 조금은 자만도 했습니다. 그러나 현실은 달랐습니다. B2C 온라인 판매 실적이 저조했고 대형 도매상을 찾아 B2B 판매를 해야 했는데, 주변에 지인들 인맥으로 소개받기에는 한계가 있었습니다.

처음엔 온라인에 제품을 올리면 고객이 알아서 사갈 것이라고 생각했습니다. 1주일이 지나도 구매가 일어나지 않자 KOL을 통해 광고를 시작했고 마케팅의 중요성을 깨닫는 계기가 됐습니다. 현재는 10명 이상의 대형 도매상과 끈끈한 관계를 유지하며 사업을 진행하고 있습니다.

Q. 현지 시장 진입 과정이 궁금해요

익숙한 인도네시아 현지어와 젊음, 이 2가지 장점을 바탕으로 시장에 성공적으로 진입할 수 있었습니다. 대부분 도매상들이 20~30대 여성이어서 한국인 젊은 남성이 현지어로 영업하면 경쟁력이 있었습니다. 첫 만남 때 한국의 유행에 관한 이야기를 나누며 우선 친구가 되기 위해 애를 썼습니다. 이렇게 두세 번 만나다 보면 한 번 구매가 이뤄지고 구매가 계속 이어졌습니다. 또한 정규 유통채널의 MD들과는 인도네시아 직장생활을 이해하는 외국인이라는 점을 강조하며 거래 관계를 유지하고, 이제는 업계의 최신 정보까지 공유할 정도로 가까워졌습니다.

하지만 이런 인맥 위주의 관계를 유지하다 보니 비즈니스 관계를 넘어 무리한 요구를 하는 경우 거절하지 못하거나 때로는 당사의 이익보다 관계를 우선시하는 일이 종종 발생했습니다.

이런 점을 방지하기 위해 현재는 영업 시작 단계에서 역할을 한 후에는 담당 직원들에게 업무를 일임하는 식으로 변화를 주었고, 업무 프로세스 표준을 만들면서 조금씩 회사로서의 모습을 갖춰가고 있습니다.

Q. 비자 등 현지 체류 자격은 어떻게 얻었나요?

현지 체류 자격은 투자자 대상 발급되는 외국인 투자 비자가 있습니다. 외국인 투자법인의 주주이면 체류 자격이 됩니다. 또는 정관상 회사의 이사로 등재되어 있으면 연간 미화 1,200달러의 세금만(진행비 제외) 납부하면 체류 허가와 근로 허가가 발급됩니다. 다만 일반 직원으로서 외국인이 근무하는 경우에는 25세 이상, 경력 5년 이상 등의 암묵적인 제한이 있어 사국민 우선채용을 권고하고 있습니다. 인도네시아 이민국은 외국인 체류와 근로 허가에 엄격합니다. 사업 초기 관광비자로 현지 사무실에서 업무를 보다가 적발되어 구금되거나, 현지 직원이 신고해 벌금 및 추방을 당하는 일도 종종 있습니다. 따라서 사업 진행 전에 비자를 전문으로 하는 컨설팅 업체와 충분히 상담한 후 체류와 근로 허가 자격을 획득한 후 진행할 것을 추천합니다.

Q. 노무나 세무 등 관리 업무는 어떻게 해결하나요?

현지의 노무와 세무 문제는 외국인에게 아킬레스건과도 같습니다. 현지 문화와 언어에 익숙하지 못해 잘 운영하던 사업체를 하루아침에 무너뜨리기도 합니다. 따라서 한국인 전문 인력이 운영하는 노무와 세무 컨설팅 업체를 3~4곳을 직접 만나보고 정기적인 컨설팅을 받으면 좋습니다. 상담을 받으면서 현지 노무와 세무 지식을 쌓다 보면 이후에는 최소한의 컨설팅만 받아도 가능해집니다. 또는 KOTRA나 대사관 등 한인 단체에서 발간하는 노무와 세무 관련 사례집을 통해 꾸준히 공부하면 실제 사업을 운영하는 데 큰 도움이 됩니다.

Q. 현지에 진출하면서 KOTRA 사업 참가 또는 지원을 받은 경험이 있나요?

현지 법인을 설립하기 전 KOTRA 자카르타 무역관을 통해 인도네시아 뷰티 시장의 규모와 현황에 관한 정보를 얻었습니다. 사업을 시작한 이후에는 인도네시아에 진출하려는 국내의 브랜드사들을 각종 소싱페어를 통해 소개받았고, 이를 통해 2개 브랜드사와 총판 계약까지 맺었습니다. 유통뿐 아니라 무역관에서 진행하는 메트로 백화점 입점 사업을 통해 홍보와 판매 기회를 얻었습니다.

현재 정기적으로 KOTRA 무역관 담당자를 찾아가 당사가 마주한 어려운 점에 대해 컨설팅을 받고, 근처 동남아 국가에서 비슷한 사례에 대한 정보도 얻으면서 사업을 운영해가고 있습니다.

Q. 현지에 진출할 때 가장 중점을 둔 부분이 있나요? 혹시 팁이나 조언을 한다면요?

인도네시아 현지의 문화를 이해하고 현지 언어를 익히는 것이 좋습니다. 현지어를 모르면 미팅이나 중요한 자리에서 소외당하고 핵심도 놓치게 됩니다. 한국어를 구사하는 현지 직원이 있다고 믿고 있다가 마지막에 큰 문제가 생기기도 합니다. 반드시 중간에 수시로 확인해야 합니다. 인도네시아 시장에서는 외국 기업에 대한 좋은 소문이든 나쁜 소문이든 빠르게 퍼집니다. 한인사회는 지인 1명만 거치면 모든 교민을 알정도로 커뮤니티가 작습니다. 이는 곧 조금만 잘하면 빠르게 성장할 수 있고, 조금만 못하면 쉽게 몰락할 수 있는 환경입니다.

현지 직원들에게 관리자로서 업무 지시를 정확하게 하는 것도 중요합니다. 한국과 달리 스스로 일을 찾아서 하길 기대하면 실망이 커집니다. 하지만 정확한 지시와 확인을 계속하다 보면 저렴한 인건비에 비해 업무 성과가 나오는 직원을 보유할 수 있습니다.

※부록

2018년 인도네시아의 스타트업에 대한 펀딩 실적 (총 54건)

회사	투자자	가치	분야	단계
TaniGroup	Alpha JWC Ventures, Angel Investor	비공개	애그로테크	Pre-Series A
BeliMobilGue	Intudo Ventures, Angel Investor	비공개	Classified	Pre-Series A
Carmudi	HV Holtzbrinck Ventures, Tengelmann Ventures, APACIG	$10 million	Classified	Pre-Series A
Bizzy	SMDV	$8 million	전자상거래	Pra-Series B
DMS	NFC Indonesia, M Cash	비공개	애드테크	Seed Funding
Sikumis	Metralog	비공개	애그로테크	Seed Funding
PHI Integration	East Ventures, Skystar Capital	비공개	인공지능	Seed Funding
Nodeflux	East Ventures	비공개	인공지능	Seed Funding
Prosa.ai	Kaskus	비공개	인공지능	Seed Funding
NaoBun Project	Discovery Nusantara Capital	비공개	콘텐츠 크리에이터	Seed Funding
SayurBox	Patamar Capital, Angel Investor	비공개	전자상거래	Seed Funding
HelloBeauty	Nest Corp	비공개	전자상거래	Seed Funding
Crowde	GREE Ventures	비공개	핀테크	Seed Funding
Medi-Call	Angel Investor	비공개	헬스테크	Seed Funding
Kontrak Hukum	Kaskus	비공개	로테크 (Lawtech)	Seed Funding
Pakde	TNKapital	$400,000	로지스틱 (Logistic)	Seed Funding
Waresix	East Ventures	비공개	로지스틱	Seed Funding
Narasi TV	GDP Venture, Go-Ventures	비공개	쥬빌	Seed Funding
Warung Pintar	SMDV, Digital Garage, East Ventures, Triputra Group, Angel Investor	$4 million	뉴 리테일	Seed Funding

2018년 인도네시아의 스타트업에 대한 펀딩 실적 (총 54건)

회 사	투자자	가 치	분 야	단 계
Fore Coffe	East Ventures	비공개	뉴 리테일	Pra-Series A
Kopi Kenangan	Alpha JWC Ventures	$8 million	뉴 리테일	Pra-Series A
Cetaku	IDN Media	비공개	SaaS	Pra-Series A
Sampingan	Golden Gate Ventures, Antler	$100,000	SaaS	Pra-Series B
Moladin	East Ventures, Berjaya Group, Ethos Partners	$1.2 million	교통수단	Seed Funding
Automo	Startup SG	비공개	교통수단	Seed Funding
Gorry Holdings	PE firm Heritas Capital Management	비공개	인공지능	Series A
EV Hive	Softbank Ventures Korea, H&CK Partners Tigris Investment, Naver, LINE Ventures, STIC Investment, East Ventures, SMDV, Sinar Mas Land, Insignia Venture Partners, Intudo Ventures, Angel Investor	$20 million	코워킹 스페이스	Series A
GoWork	Gobi Partners, Indonesia Paradise Property	$10 million	코워킹 스페이스	Series A
Lemonilo	Alpha JWC Ventures, Unifam Capital	비공개	전자상거래	Series A
Cicil	East Ventures, Vertex Ventures, K3 Ventures, Ethos Partners, Accord Ventures	비공개	핀테크	Series A
KoinWorks	Mandiri Capital Indonesia, Gunung Sewu, Convergence Venture	$15.7 million	핀테크	Series A

2018년 인도네시아의 스타트업에 대한 펀딩 실적 (총 54건)

회사	투자자	가치	분야	단계
AwanTunai	Insignia Venture Partners, AMTD Group, Global Brains, Fenox Venture Capital	$4.3 million	핀테크	Series A
PasarPolis	Go-Jek, Tokopedia, Traveloka	비공개	인슈어테크	Series A
eFishery	Wavemaker, 500 Startups, Unreasonable Capital, Social Capital, Northstar Group, Triputra Group, Maloekoe Ventures	$4 million	사물인터넷	Series A
Katadata	East Ventures, Emerging Media Opportunity Fund, Angel Investor	비공개	미디어	Series A
Nusantara Technology	Alpha JWC Ventures, Insignia Ventures	비공개	미디어	Series A
Warung Pintar	Vertex Ventures, Pavilion Capital, Line Ventures	$4 million	뉴 리테일	Series A
Travelio	Vynn Capital, Insignia Ventures Partners, Fenox Venture Capital, IndoGe Capital, Stellar Kapital	비공개	프로프테크	Series A
Qareer Group Asia	Emtek Group	$10.5 million	SaaS	Series A
Montir	East Ventures	비공개	교통수단	Series A
Ralali	SBI Group, AddVentures, Digital Garage	$7 million	전자상거래	Series B
Dekoruma	Blibli, AddVentures	비공개	전자상거래	Series B
Orori	Amand Ventures	비공개	전자상거래	Series B
Cermati	Djarum Group	비공개	핀테크	Series B
Tada	Finch Capital	비공개	로열티	Series B

2018년 인도네시아의 스타트업에 대한 펀딩 실적 (총 54건)

회사	투자자	가치	분야	단계
Kredivo	Square Peg Capital, MDI Ventures, Atami Capital, Jungle Ventures Ope Space Ventures, GMO Ventures, Alpha JWC Ventures, 500 Startups	$30 million	핀테크	Series B
Investree	SBI Holdings, Mandiri Capital Indonesia, Persada Capital, Endeavor Catalyst, 9F Fintech Holdings Group, Kejora Ventures	비공개	핀테크	Series B
Tempo.co	Bina Artha Sekuritas	비공개	미디어	Series B
Moka	Sequoia Capital India, Softbank Korea, EDBI, EV Growth, Mandiri Capital Indonesia, Convergence Ventures, Fenox Ventures	$33 million	SaaS	Series B
Travelio	Vynn Capital, Insignia Ventures Partners, Fenox Venture Capital, IndoGe Capital, Stellar Kapital	비공개	SaaS	Series B
OnlinePajak	Warburg Pincus, Global Innovation Fund, Endeavor Catalyst, Alpha JWC Ventures, Sequoia India, Primedge	$25 million	SaaS	Series B
Sociolla	EV Growth	$12 million	전자상거래	Series C
Akulaku	Fanpujinke Group, Sequoia India, BlueSky Venture Capital, Qiming Venture Capital	$70 million	핀테크	Series C
kumparan	Go-Ventures	비공개	미디어	비공개

출처: 데일리소셜에 발표된 내용을 KOTRA 자카르타무역관이 재가공

2021 글로벌 스타트업 생태계 (상)

초판 1쇄 인쇄 2020년 11월 17일
초판 1쇄 발행 2020년 11월 30일

지은이 | KOTRA
발행인 | 권평오
책임편집 | 김소정
펴낸이 | 이종문(李從聞)
펴낸곳 | 국일미디어

출판등록 | 제 406-2005-000025호

주 소 | 경기도 파주시 광인사길 121 파주출판문화정보산업단지(문발동)
전 화 | 영업부 본사 (031)955-6050 · 서울 (02)2237-4523
팩 스 | 영업부 본사 (031)955-6051 · 서울 (02)2237-4524
평생전화번호 | 0502-237-9101~3

홈페이지 | www.ekugil.com
블 로 그 | blog.naver.com/kugilmedia
페이스북 | www.facebook.com/kugilmedia
E-mail | kugil@ekugil.com

ISBN 978-89-7425-984-6(14320)
      978-89-7425-983-9(세트)